JN084868

コンサルタントが
現場から語る

人事・組織マネジメントの処方箋

33ケースから読み解く課題解決の視点

株式会社日本総合研究所
人事組織・ダイバーシティ戦略グループ　編

労務行政

はじめに

日本総合研究所の人事組織・ダイバーシティ戦略グループには、人や組織の問題に悩む企業から毎年100件を超える相談が寄せられる。年功序列の悪平等を打破したい、若年層の離職を食い止めたい、年齢や性別にかかわりなく多様な人材が活躍できる環境を整えたい……。こうした悩みに応え、課題解決のための処方箋を提供するのがわれわれ人事コンサルタントのミッション（使命）である。

クライアントの悩みを聞いてみると、人事制度そのものに問題があるケース、制度ではなく、その運用に課題があるケース、さらに遡（さかのぼ）って組織風土に問題があるケースなどさまざまである。コンサルタントには、複雑な事象を解きほぐし、クライアント企業が抱える課題の真の原因を見極めて、最善の解決策を導き出す力量が求められる。

本書では、上記のように企業の現場で実際に起こった事例を題材にして、人事・組織マネジメントを適切に推進するための「勘どころ」を人事コンサルタントの視点から平易に解説する。事例の検討を通じて、人や組織を巡る課題の読み解き方や、課題解決へのアプローチ方法を紹介していきたい。

コンサルティングの現場では、必ずしもコンサルタントがクライアントに対して一方的に指導・助言を行うとは限らない。実際には、クライアントとのディスカッションの中で、コンサルタント自身が新たな気づきや示唆を与えられることがしばしばある。本書で取り上げる事例の多くもこうした経験に基づいたものであり、題材とさせていただいた企業に心より感謝したい。

本書が人や組織の問題に悩むすべてのビジネス・パーソンの一助となれば幸いである。

2020年10月

株式会社日本総合研究所
リサーチ・コンサルティング部門
人事組織・ダイバーシティ戦略グループ

Contents

Contents

［プロローグ］
事例を見れば人事・組織マネジメントのヒントが見えてくる！

1. 人事・組織マネジメントにおける“事例”の意義

情報通信業A社では、会社業績の変動にかかわらず比較的安定的に賞与を支給している。これまでは、赤字決算の場合でも賞与をあまり減額することなく支給する一方、史上最高益が出たときでも、例年よりも少しだけ賞与の支給額を積み増す程度にとどめてきた。

しかし、近年の市場競争の激化に伴い、A社の経営陣は、社員が会社業績に対してもっと関心を持ってほしいと考えている。また、最近、若手社員を中心に、人事評価に応じた報酬のメリハリを拡大するよう求める声が寄せられるようになってきた。こうした状況の中で、A社の人事部では、業績連動型賞与の導入など、成果主義型の報酬制度を導入すべきか思いを巡らしている。

確かに成果主義型の報酬制度への転換は、社員個々人の業績意識の向上、さらには、会社全体の成長への関心を高める効果があるに違いない。その一方、社員の間に過度の競争心が巻き起こり、チームワークが乱れてしまうかもしれない。また、業績連動型賞与を導入するといっても、具体的にどのような業績指標に連動させればよいのか、さらには、その業績指標に応じてどの程度のメリハリをつけたらよいのか見当がつかない。人事スタッフの悩みは尽きることがない。

このような場合にA社が取り得る方法は二つある。一つは、自社内で小規模な試行的な実験を行う方法、もう一つは、他社における実験――すなわち他社事例を参照する方法である。

［1］自社で試行的な実験を行う

全社的に導入する前に、社内で特定の部門を選び出し、試行的に（実験的に）幾つかのパターンの業績連動報酬を導入し、社員の業績向上意識やモチベーションにどのような影響があるかを検証してみることができる。

しかし、そのような「実験」を行うためには、労働組合や実験を行う部門に所属する社員の同意を得る必要がある。小規模な報奨金制度の導入効果を確認する場合などでは効果的かもしれないが、労働条件に重大な影響を及ぼす事項について、このような実験を行うことは現実的には難しい。人事・組織マネジメントは「ヒト」という経営資源を取り扱うだけに、慎重にも慎重を重ねた取り組みが必要とされるのである。

[2] 他社の事例を集める

もう一つのより現実的な方法は、他社の先行事例――いわば、生きた実験結果を集めることである。A社の抱える課題との関連でいえば、業績連動報酬を導入して成功している企業の事例を研究すれば、自社にとってのヒントが見えてくるはずだ。他社が絶対にまねすることができないキワモノの人事制度を作ろうと意気込んでいる場合はともかく、他社の事例を参考にし、使えそうなところはそっくりそのまま取り入れ、自社に合わないところは少し手直しすることで、人事制度の見直しを効果的・効率的に進めることができる。

この場合、成功事例だけではなく、失敗事例も参考になる。例えば、成果主義志向を強めて業績連動型の報酬制度を入れたものの、意図に反して社員のモチベーションが低下し、かえって業績が悪化してしまった企業の事例があれば、自社の制度構築における「反面教師」として参考になるだろう。

2. 最善派？それとも最適派？

このように、好事例や反面教師的な事例をチェックすることで、自社の人事・組織マネジメントの改善に向けたヒントが見えてくるはずだ。それでは、ただやみくもに沢山の事例を集めれば、より良い経営判断ができるようになるのであろうか？

結論的には、事例を集めただけでは自社にとっての正答を導き出すことはできない。それどころか、事例の理論的な背景を十分に理解しないままそれをまねるのは、危険ですらある。

人事戦略の二つのアプローチ――最善派（Best Practice School）と最適派（Best Fit School）を手掛かりにして、この問題について考えてみよう。

[1] 最善派（Best Practice School）の考え方

「成功している企業には共通の人事施策がある」という考え方を支持する

人々のことを人事戦略の最善派（Best Practice School）と呼ぶ。例えば、イノベーションを実現して長期間にわたり成長を続け、人材の獲得や定着にも成功している企業において、業績連動型の報酬制度の採用が共通して確認できたとする。このような場合、業績連動型の報酬制度は、人事施策のベストプラクティス（最善策）とみなすことができるだろう。そこで、これらの事例を参考に業績連動型の報酬制度を導入することで、成功企業と同様のインパクトを自社でも期待することができる。

［図表1］は最善派の考え方に基づく他社事例の活用イメージである。成功企業A社、B社、C社において共通して見られる人事施策を探索し、仮にそのような施策が存在するならば、それは人事施策のベストプラクティスとみなすことができる。ただし、「木を見て森を見ず」とならないよう、業績連動型の報酬制度と関連が深い他の施策——例えば成果を適正に測定するための人事評価制度など、人事施策の全体像に着目することも欠かせない。

もし、あなたが最善派の考え方に共感するのであれば、このような視点から事例を分析・解釈していくとよいだろう。

図表1　最善派（Best Practice School）による事例の解釈

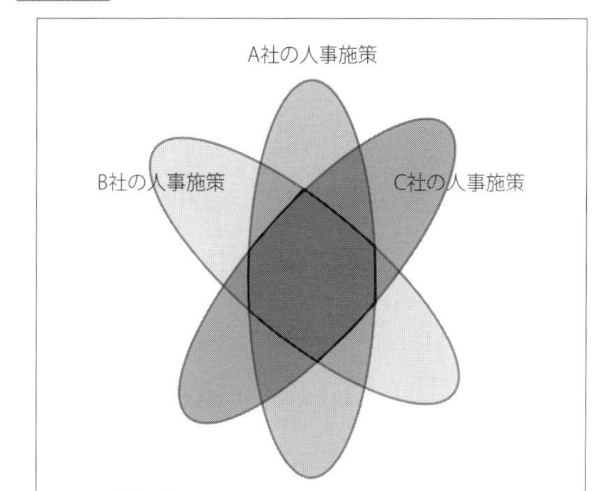

[2] 最適派（Best Fit School）の考え方

しかし、うまくいっている企業の人事制度をまねれば本当に自社も成功企業の仲間入りができるのであろうか？

人事戦略のもう一つのアプローチとして、最適派（Best Fit School）と呼ばれる考え方がある。これは、ある人事施策が自社に適合するか否かは、経営環境や経営戦略に依存する、という考え方のことをいう。例えば、最先端の技術開発で市場をリードする戦略を採用している企業と、フォロワーとして先行技術を改良し、マーケットでの販売シェア拡大を図る戦略を採用している企業では、戦略遂行に必要な人材像が異なるだろう。前者のタイプの企業であれば､例えば異能人材や､リスクを取ってでも新しいことに果敢にチャレンジする人材が求められるのに対し、後者の企業では、リスクテイクではなく、業務改善への動機づけや販路拡大のための組織一丸となったチームワークの発揮が求められるだろう。このような場合、仮に業績連動型の報酬制度の採用が、前者のタイプの成功企業で広範に見られたとしても、自社の立ち位置が後者であるならば、業績連動報酬は自社にはフィットしないかもしれない。

図表 2　最適派（Best Fit School）による事例の解釈

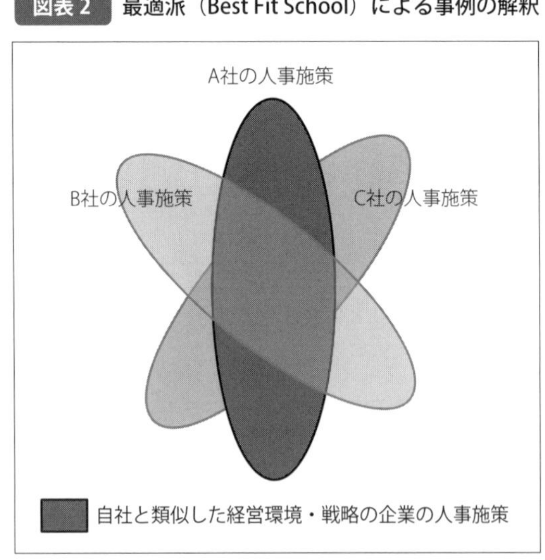

［図表2］は最適派の考え方に基づく事例の活用イメージである。成功企業であるA社、B社、C社の中から自社の経営環境・経営戦略に近い会社に着目し、そこで採用されている人事施策の事例を参考に自社の人事処遇制度の改善を図るのである。

もし、あなたが最適派の主張に共感を覚えるのであれば、このような視点で事例を見ていくとよいだろう。

3. セオリーを理解し、事例を活用する

最善派、最適派いずれの立場を支持するにせよ、「何となく良さそうに見える他社事例」に飛びつくアプローチは回避すべきであり、事例の背後にある人事・組織マネジメントのセオリーを十分に理解することが欠かせない。

そこで本書では、まず、企業の最前線で起こった事例をショート・ケースとしてコンパクトにまとめて紹介する。そのほとんどは、日本総合研究所の人事・組織コンサルタントがクライアント企業とのやり取りの中で遭遇した生(なま)の事例である。紹介する事例は、好事例のほか、反面教師的な事例、さらには珍事例まで多岐にわたる。

次に、その事例を形づくる人事・組織マネジメントの基本概念を平易に解説する。どのような事例であっても、それは偶然生まれたわけではなく、何らかの必然性をもって存在している。事例の基となる考え方を整理し、体系的に理解することで、さまざまな事例を読み解くための鑑識眼を養っていただきたい。

最後に、紹介した事例をどのように解釈し自社に応用すればよいのか、読者の皆さんへ課題解決のためのヒントを提供する。

本書で紹介する事例のテーマは、人と組織、人材戦略、人事制度、人事評価、報酬管理など幅が広い。もちろん、最初から順に読み進めるだけでなく、皆さんが関心のあるテーマ、まさに悩みを抱えているテーマから読んでいただいても差し支えはない。

それでは早速、多種多彩な事例の世界に読者をご案内することとしよう。

第1章

人材マネジメント

人材戦略と人事制度の事例を読み解く

Introduction 第１章 「人材マネジメント」の事例を読み解く視点

第１章「人材マネジメント」では、人材戦略と人事制度の事例を紹介する。

近年、「ジョブ型雇用かメンバーシップ型雇用か」という議論が過熱している。ジョブ型とは、担当職務を明確に定めた上で採用し、スペシャリストとしての活躍を促す人事管理のことを指す。この場合、一般に報酬体系は担当職務の市場賃金に連動した職務給（職務等級制度）になる。

一方、メンバーシップ型とは、担当職務を限定せず、組織の一員（メンバー）として採用し、ジョブローテーションを繰り返しながらゼネラリストとしての活躍を促す人事管理のことをいう。この場合、一般に報酬体系は職務ではなくスキル・ベースの職能給（職能資格制度）となる。

実はこの議論は今に始まったことではなく、バブル崩壊後の30年前から延々と議論され続けている課題である。年功秩序を中心とした日本的雇用慣行に基づく職能資格制度（メンバーシップ型）から、欧米流の職務等級制度（ジョブ型）への転換を図るべき、という議論である。

それでは、どの程度メンバーシップ型からジョブ型への転換が進んでいるのであろうか。労務行政研究所「人事労務諸制度実施状況調査（2018年）」によれば、職能資格制度（メンバーシップ型）の採用率は50.0%、職務等級制度（ジョブ型）は24.1%となっている。意外とジョブ型が多いと感じるのではなかろうか。

しかし、必ずしも「ジョブ型」の趣旨どおりに運用できていない企業も少なくないと考えられる。メンバーシップ型に特徴的な年功秩序が、「日本的雇用慣行」という企業の「習慣」あるいは「癖」に根差しているためである。一度身に付けた習慣や癖を矯正するのは容易ではない。制度上（建前）はジョブ型であっても、実際の運用（本音）は年功秩序に基づくメンバーシップ型に近い企業が少なからず存在すると推察される。

人材マネジメントの事例を読み解く際は、「建前と本音」に留意し、趣旨どおりの運用を期するためにはどのような制度設計が必要かを考えてみてほしい。

1 「負けない採用」の実現に向けて

全社員型の採用活動とエンゲージメント強化

CASE

中堅IT企業A社の人事部長Xは、部員Yからの報告に耳を疑った。当社の新卒採用選考に合格し、入社を約束していた複数の学生から「御社も魅力的だが、悩んだ末に他社に入社を決めた」旨の連絡があったという。このまま入社を辞退する学生が増えれば、採用目標数を充足できないことは確実だ。

思えば数カ月前。新卒採用活動の早期化が進む中、A社も採用活動に必要十分な予算を確保し、インターンシップを開催。このインターンシップで多くの応募者と接触することができ、胸をなで下ろしていた。説明会、面接も順調で、当初よりも早めに採用活動を終了できる見込みであることをYから聞いていた。ところが、この結果である。

ある日、自宅に帰ったXは、大学1年生の娘から驚くべき話を耳にする。「お父さんの会社のインターンシップ、先輩が何人も参加していて、選考にも合格したらしいんだけど、その先輩たち、面接が始まる前の段階でお父さんの会社に入社するつもりは全くなかったみたい……」

Xは愕然(がくぜん)とした。「入社するつもりは全くなかった」という言葉が頭の中にいつまでも残った。

インターンシップでは多くの人材と接触することができ、当社にも興味を持ってくれていた様子である。そして、選考は順調に進んでいたはずであった。採用スケジュールの縛りがほぼなくなり、これからはますます先が読めそうにない。どうすればよいのか……。Xは困り果てていた。

解説　関心を寄せる応募者に“選ばれる”採用を目指す

1　これからの新卒採用活動の難しさとポイント

人材マネジメントシステムの入り口となる採用。企業の存続や成長のために人的資源の確保は不可欠であり、経営課題のテーマとして採用活動の強化を挙げる企業も少なくない。近年は、企業による採用手段の多様化や就業者の価値観の変化もあり中途採用市場も活況であるが、新卒採用が主要な人材確保の手段であることに変わりはない。新卒採用は、企業内で長い時間をかけて人材を育成することで結束力を強化することができ、また、世代ごとの人員のバラつきを避けることができる点においても有用である。

2　近年の新卒採用活動の難しさ

しかしながら、近年、大きく以下の三つの理由から新卒採用活動は以前よりも難化している［図表1-1］。

第一に、求人倍率の高さが挙げられる[1]。企業側の労働力不足が顕著となり、応募者である学生にとっての売り手市場の状態が続いてきた。この状況下において、企業は応募者を「選ぶ」立場であると同時に、応募者から「選ばれる」立場であることを意識する必要がある。言い換えれば、適性検査や面接による選抜に注力すること以上に、自社に入社することの魅力＝自社広報を強化する必要がある。新型コロナウイルス感染症の蔓延(まんえん)に伴い、今後、企業側の採用意欲は衰える可能性があるものの、少子化による労働力人口の減少の流れを踏まえれば、「選ばれる」立場であることを意識し続けることは変わりないだろう。

第二の理由は、採用市場を取り巻くルールの変更に伴う新卒採用活動の長期化・多様化である。事例にあるようなインターンシップもこの長期化・多様化の一パターンであり、人事部としては各種施策の準備・実行に一定の労

[1] 今後は新型コロナウイルス感染症の蔓延に伴い求人倍率の低下が予想されるものの、リクルートワークス研究所「ワークス大卒求人倍率調査」によれば、2020年3月卒の大卒求人倍率は1.83倍となっており、リーマン・ショックで求人倍率が大幅に低下した2010年卒以降、継続して高い水準を維持している。

図表 1-1　これまでの採用活動と近時の採用活動の特徴の違い

これまでの採用活動	・採用活動は一斉にスタートし、活動期間も短い ・応募者が入手できる情報も少ない ・ゆえに応募者がエントリーする企業数は少なく、「選ぶ」採用活動が可能
近時の採用活動	・インターンシップも事実上の採用活動となり、採用活動の期間が長期化 ・応募者は多数の情報を有し、多数の企業にエントリー ・結果的に応募者に「選ばれる」採用活動に

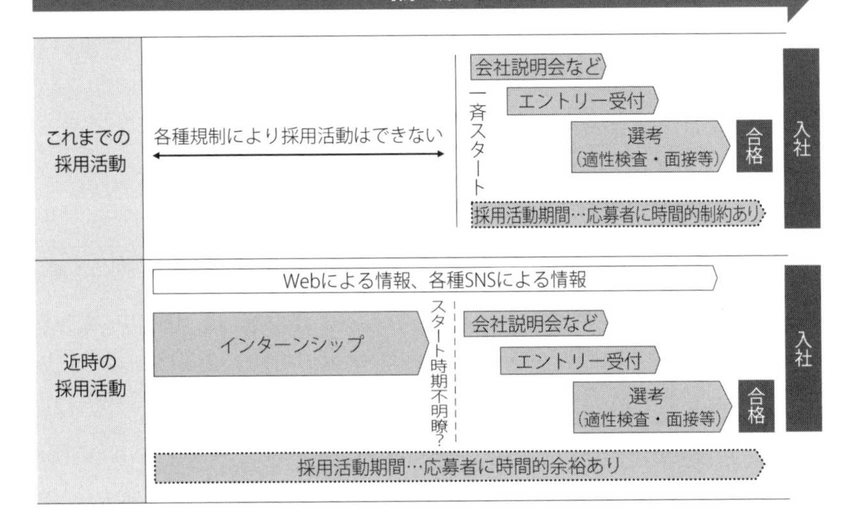

力を要することになる。

第三に、社会全体のデジタル化による応募者の情報収集能力の向上が挙げられる。WebやSNSの活用により、応募者が得られる情報や企業との接点は無数にあり、企業サイドも多数の接点をコントロールしなければならない。

このように難しさは増している一方、第二、第三の点は企業にとって必ずしもマイナス面ばかりではない。うまく施策を実施すれば、自社広報の機会が増え採用活動にプラスに働く。実際に、インターンシップの実施やSNS等の活用により、これまで以上に多くの応募者を確保した企業も少なくない。

ところで、本来、採用活動は一定数の応募者を確保し、その中から、選考等でマッチングを実施することで入社へと導くものであるから、応募者が増えることは基本的には望ましいことである。しかしながら、筆者の元には、「応募者は増加しており、選考の合格者も増やしているが、最終的に入社を辞退されてしまう」「応募者が当社を『第一志望です』と言ってくれたので選考合格としたが、実は志望度は低かった」といった相談が多く寄せられる。極端な場合には、冒頭の事例のように予想以上に辞退者が多くなり、採用目標数を充足できないこともある。

3 「負けない採用活動」とは

採用活動が短期間で行われ、かつ、応募者が取得できる情報が限定的であった時代には、応募者は関心の高い企業を中心に応募していた。この場合、企業側から見れば辞退者数は限定的であり、応募者の集団からエントリーシートの審査、適性検査、面接等の選考によって絞り込みを行うことで採用活動を進めることができた。また、採用活動における初期段階でのKPIは「応募者の人数」でよかった。

しかしながら、採用活動の長期化・多様化と各種ツールの発達により、応募者数が見た目では増えるようになっても、応募者全員が自社に高い関心を持っているとは限らない。応募者は業界、職種、企業規模を問わずさまざまな企業にアプローチしようとする。つまり、大きくいえば「自社に関心のある応募者」と「何となく応募した応募者」が混在する。そこで重要となるのは、単なる「応募者の人数」を積み上げるのではなく、「自社に関心のある応募者」の母集団を築くことが重要となる。

もちろん、何となく応募した応募者にその後の採用活動のプロセス（説明会や面接等）を通じて自社への関心を高めてもらい、入社意思を固めるように導くことが採用数充足のために必要な場合もある。しかしながら、「何となく応募した応募者」に自社を選んでもらうためには、相応の労力を要する上、最終的に入社意思を固める可能性も高いとはいえない。

なぜなら、応募者には当該企業の応募に至るまでに、何らかの就職・就業に対する価値観が形成されており、その価値観を基に応募しているからである。歳の経過とともに築かれてきた価値観を覆すことは容易ではない。とす

図表1-2　プロセスごとの応募者数の変化

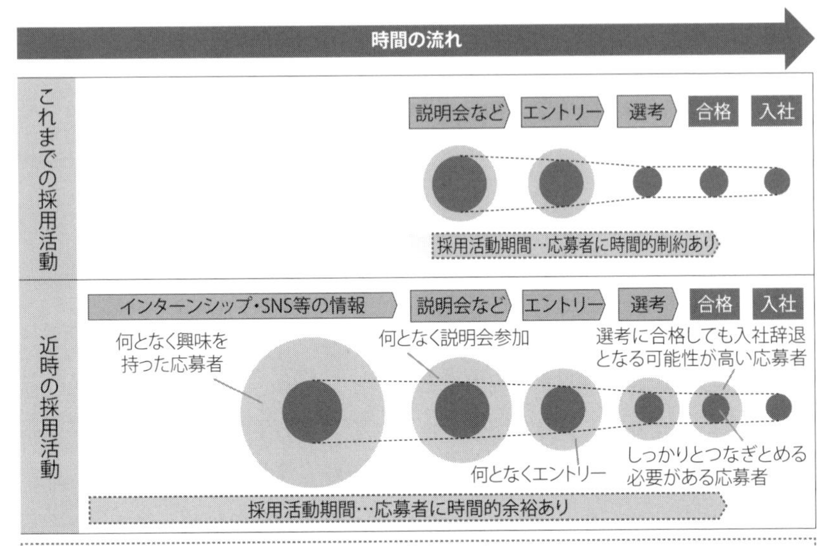

れば、「関心の低い応募者に対し、関心を強く持ってもらう採用活動」よりも、「自社に対してある程度の関心を持っている応募者を確実に入社に導く採用活動」のほうが重要である。これが、「負けない採用活動」である。

なお、ここでお伝えしたいのは、関心の高い応募者を選考で優遇すべき、ということではない。選考は、関心の強さにかかわらず平等に行われるべきである。先に述べたように、採用活動には企業の立場から見れば「選ぶ」「選ばれる」という二つの要素を持つ。「選ぶ」基準はあくまでも平等に、「選ばれる」ためのアプローチについて軽重をつけ「関心の低い応募者を自社に惹きつけるよりも、関心の高い応募者に確実に自社に入社してもらうこと」に注力すべきである［図表1-2］。

4　「自社に関心のある応募者」とは？

それではどのようにして、「自社に関心のある応募者」を確保するのか。

当然ながら、表面的な言動から応募者の真意を測ることはできないし、最近では応募者自身も自分の関心がどこにあるのか整理できていないケースもある。このため、適性検査の結果を基に、社内の人材と近い傾向を示す応募者を優先する、面談等により当該学生の価値観を見極める、などが必要になろう。

多くの企業では、こうした適性検査や面談を選考目的でのみ活用している。しかしながら、こうした価値観の認識合わせこそが、難化する採用活動において重要であり、選考目的のみならず、応募者の関心度合いの確認においても適性検査の結果や面談結果を積極的に利用すべきであろう。

なお、この場合の「面談」とは、選考プロセスの一つである「面接」に限られるものではない。説明会の一環として行うものやOB･OG訪問等、カジュアルな形式での接触・対話も含めて考えてよい。むしろ、このようなカジュアルな場であるほうが価値観の認識合わせを行いやすく、採用活動において重要な位置づけとして捉える必要がある。

新型コロナウイルス感染症の蔓延の影響もあり、物理的に同じ環境下において対面で面談することが難しくなっている。代替手段として、オンラインでの面談等も多く行われており、今後はオンラインを積極的に活用する必要がある。もちろん、オンラインは直接会う場合よりもお互いの理解が深まらない、というのが応募者にとっても企業にとっても本音であろう。オンライン面談で相互理解を深めるためには、直接会う場合よりも回数を増やす必要があり、特定の時期に面談を数回行う採用活動では不十分である。これまで以上に時間をかけて、面談を一定回数行うことが求められる。

5 採用活動は人事部で行うものか

採用活動が、人材マネジメントシステムを支える重要な要素である以上、人事部が採用活動を主導するのは当然のことである。しかしながら、面談等を通した応募者との価値観の認識合わせには、一定の面談回数を重ねることが必要なので、人事部だけで実施するのは困難である。特に、人事の現場からは「採用活動に割くことのできる人事部のリソースは潤沢でない」という声がしばしば聞こえてくる。専任の担当者がおらず、他の人事業務を担当する社員が、採用も兼務で行うこともあるだろう。

そこで、先の面談の場には、人事部以外の社員も積極的にアサインすることが望ましい。営業職を含め対人関係に長けた人材であれば、こうした価値観の認識合わせは、人事担当よりも得意とするところではなかろうか。

また、採用活動は、先に触れたとおり「自社を広報する」という営業的な側面も持ち、他の人事の業務とは異なる部分もある。繰り返しになるが、今後の採用活動において重要となるのは「選ぶ」こと以上に「選ばれる」存在になることである。人事部の立場だけで「選ばれる存在」になることは限界がある。むしろ、営業担当や広報担当など、日常の業務の中で「選ばれる存在」となることを業務としている人材がいれば、価値観の合う人材に対して、適切な自社広報を行うことができ、負けない採用活動の実現につながる。

事例のＡ社も、採用目標数を確保できなかった失敗を経て、翌年以降、若手社員の一部を採用活動の自社広報に従事させた。「関心の高い応募者」に対して、継続的に自社の魅力を訴求し続けることで、確実に入社の意思を固めるフォローを行い、翌年以降は採用目標数を確保し続けている。

6 採用活動とエンゲージメント強化

また、事例のＡ社も含めて、人事部以外の社員を採用活動の中の自社広報に巻き込むことは、上記のような「広報活動に長けた人材の活用」「採用活動のリソース確保」以外にも社内にメリットをもたらす。

社員は自社広報を行う中で、自社の存在価値を見直し、自社の経営戦略、事業戦略、社会的意義を理解し、それらを言語化する必要に迫られる。通常、多くの社員は日常の業務に忙殺される中で、自社の強みを再認識する時間などなかなか確保できない。採用活動を通して、あらためて自社の目指す方向性を理解し、それを自分自身の考えや業務とベクトルを合わせた上で、第三者に語る。自社での働きがいを再発見する良い機会となり、エンゲージメントを高めることにつながる。

その後、Ａ社は全社員に対して、階層別研修に組み込む形で、自社の強みや自身の業務の社会的意義を言語化するプログラムを実施した。このプログラムにより、全社員がいつでも面談を担当できる状態となり、自社広報活動に厚みをつけることができたのである。また、若手社員のプレゼンテーション能力が向上しただけでなく、社員が自社の魅力を再認識するきっかけとなり、若手社員の退職率を減らすことにもつながった。今では、入社後、一定の年齢までは毎年採用活動に協力する仕組みを構築しており、採用活動が社員のエンゲージメント強化にも寄与している好事例となっている。

時代の流れもあり、これまで以上に新卒採用は各企業にとって体力が必要となる。中途採用や業務の外部委託等、さまざまな人的資源の確保手段がある中で、各企業においては、本当に新卒採用が必要な人材確保の手段であるかどうかを検討する必要もあろう。

とはいえ、会社としての組織文化の醸成や、人員構成のバランス確保の観点からは、新卒採用は重要な手段である。長期化・多様化や応募者の情報収集力が高まる中で、負けない採用を行うためには、単純に応募者数を積み上げるだけではなく、応募者との間で価値観の認識合わせを繰り返すことにより、「自社に関心のある応募者」を見極め、そうした応募者から「選ばれる」存在になる必要がある。

そうした意味からも、人事部のみならず多くの社員で採用活動を推進することが望ましい。人事部以外の社員にカジュアルな面談等の機会を与えることは、効率的に「自社に関心のある応募者」を発掘することになり、併せて社員のエンゲージメント強化も期待できる。

2 次世代を担う人材の選抜と登用

過去の実績と未来の期待へ

CASE

昇格や昇進、管理職の登用を年功序列的な発想で行う会社は少なくない。その結果、部下の立場からは、「なぜあの人が管理職なのか理解できない」といった不満が聞こえてくることがある。

専門商社C社もこのような状況に陥っていた。C社は創業以来順調に成長を続け、全国各地に拠点を構えるようになり、従業員数も1000人規模まで拡大していた。会社としてさらなる成長を目指す上で、社員一人一人の能力向上・育成が喫緊の課題になっており、そのためには管理職のマネジメント力の不足がボトルネックとなっていた。

C社では、初級管理職である「所長」の20%を30代が占めるなど、「早期抜擢（ばってき）」の風土が根付いていた。そのこと自体は経営方針とも適合しており、望ましいことであったが、問題はこの「早期抜擢」の基準にあった。管理職という新たな役割を担う人材の登用にもかかわらず、①これまでの営業成績、②上司推薦の二つだけで決定していたため、部下の仕事の管理や労務管理ができない管理職が目立っていたのである。

そこでC社では、管理職登用を決定する仕組みを一新し、管理職としての適性を問う「プレゼン審査会の実施」などを含めた新たな管理職登用試験制度を導入した。

このような管理職登用試験制度を導入したC社の狙いはどこにあるのだろうか。

解説　脱年功序列！　マネジメント適任者を選抜する管理職登用試験制度とは

1 はじめに

あらためて議論するまでもなく、経営目標を達成するために管理職に求められる主な役割は「的確にマネジメントを行うこと」である。それでは、「マネジメント」とはいったい何だろうか。また、「的確にマネジメントを行う人材」を見極めて選抜するためには、どのような管理職登用試験が必要なのだろうか。

2 マネジメントとは

マネジメント（management）とは、端的に和訳すると「管理」や「経営」という意味であり、現在では、組織の管理や運営を示す言葉として日常的に使われる。その定義はさまざまだが、P. F. ドラッカーが提唱する「組織に成果を上げさせるための道具・機能・機関」[2]という定義が一般的に広く認識されている。

図表 1-3　マネジメントの領域

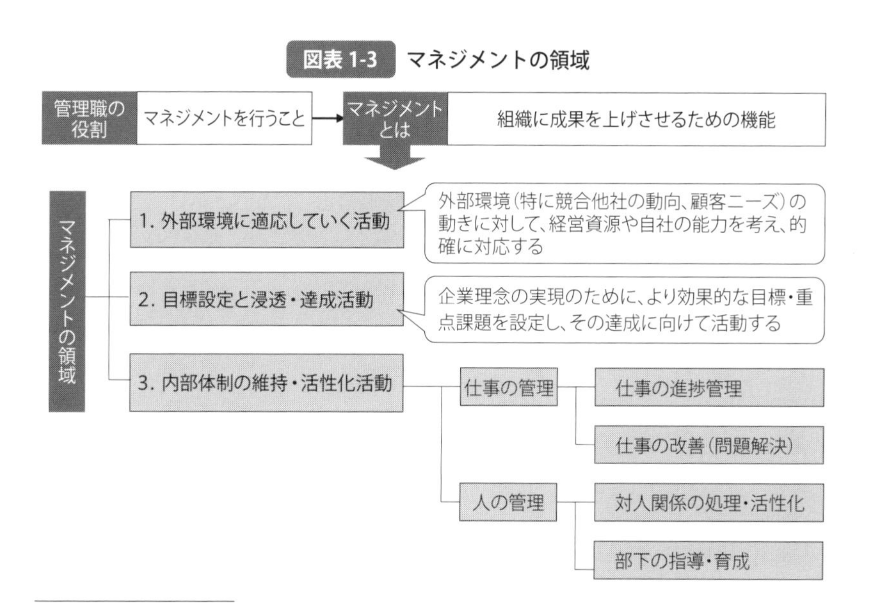

[2] P.F. ドラッカー（1999）『明日を支配するもの―21 世紀のマネジメント革命』ダイヤモンド社

マネジメントの領域は、①外部環境に適応していく活動、②目標設定と浸透・達成活動、③内部体制の維持・活性化活動という三つの活動に分類することができ、③ではさらに、「仕事の管理」と「人の管理」という二つの領域に分類される［図表1-3］。

3 管理職登用試験

このように、「マネジメント」と一言でいってもその領域は幅広い。また、マネジメント力は年齢を重ねれば自然と身に付くものではなく、プレーヤーとして優秀である社員が必ずしもマネジメントが得意というわけでもない。したがって、管理職への選抜・登用を判断する際は、管理職としての能力・適性を慎重に審査するための要件が必要となる。

審査要件は、複数のステップに分けて設定されることが一般的である［図表1-4］。

まず、STEP1は、「管理職となるために必要な過去の実績を有しているか」を審査するためのノミネート要件である。具体的には、勤続年数や経験年数、直近2～3年程度の人事評価の結果、公的資格の取得状況などを判断材料と

図表 1-4 一般的な管理職登用試験の全体像

フロー	【STEP1】ノミネート	【STEP2】上司推薦	【STEP3】最終審査
重視する視点	過去の実績	未来への期待 （過去の実績から判断）	未来への期待 （未来へのビジョンから判断）
概要	・「現在の等級から卒業するための条件」という意味合いが強い ・この段階では、全社員のうち「昇格候補者となるための要件を満たしている社員」が選抜される ・この段階で、昇格が約束されるわけではない	・「管理職として十分活躍できそうか」を審査する ・STEP1のノミネート要件をクリアした場合でも、昇格後の等級定義に照らして、「時期尚早」と判断された場合は、推薦が得られない	・本人の「本気度」について最終確認を行う ・昇格後の本人のビジョンや、管理職としての適性を確認する目的で、経営幹部や人事部長が審査を行う
審査要件（例）	✓各等級における経験年数（≒勤続年数・年齢も同義） ✓人事評価の結果（直近2～3年程度） ✓社内試験の合格 ✓公的資格の取得	✓上司が「推薦書」に記載した内容 ・直属上司が「上司推薦書」を提出する際、「管理職として活躍が期待できると思われる客観的な根拠」を記述する	✓管理職適性を測るアセスメント ✓論文 ✓役員面接 ✓プレゼン審査会

することが多く、これらすべての要件を満たして初めて、管理職の候補者となることができる。

STEP2では、ノミネート要件を満たした候補者のうち、上司が「この人ならば管理職として十分な活躍が期待できる」と判断した候補者について、「上司推薦書」を人事部に提出させる。ここでポイントとなるのは、「管理職として活躍が期待できる根拠」を具体的に記入させることである。例えば、目標達成に貢献した功績、職務遂行の中で見られた問題解決の実績、後輩指導における貢献など、日々の具体的なエピソードに基づいて推薦させる。C社では従前、この上司推薦の内容が抽象的なものでも許容されており、「出せば合格する」といった形骸化した仕組みになっていた。

新制度ではこれを改め、上司推薦の内容に基づいて厳格に管理職適性を見極めることとした。なぜなら、管理職への昇進は「過去の頑張りへのご褒美」として行うものではないからである。管理職になれば、担当職とは次元が異なる役回りが期待される。管理職への登用は、「マネジメントを的確に担うことができるか」という、将来への期待の観点から、厳正な審査が求められるのである。

最終関門となるSTEP3では、外部の専門機関に委託して、管理職適性を測るアセスメントを実施する企業も多い。このほか、論文や役員面接といった審査も一般的である。ただし、これらはSTEP1のノミネート要件と比べると、客観的な合否基準が設定しづらい。そこで、STEP2までは厳しい要件を設定し、STEP3では「最終確認」程度にとどめるケースも見られる。すなわち、アセスメントにおいてよほどの落第点を取らない限り、「合格」とする判定方法である。

4 管理職登用試験における「プレゼン審査会」の有用性

これに対し、C社では、最終審査も厳格に行うこととし、「プレゼン審査会」と呼ばれる仕組みを導入した［図表1-5］。

［1］プレゼン審査会とは

プレゼン審査会は、管理職としての本気度や、それにふさわしい課題発見

図表 1-5 プレゼン審査会の概要

項目		概要	
目的		・管理職としての本気度、および、管理職としてふさわしい課題発見力、問題解決力、表現力、プレゼンテーション力を有しているかを審査する	
審査内容		・「過去の具体的な実績」、および「昇格後のビジョン」について、プレゼンテーションと質疑応答を通じて適性を審査する ・当日は以下①～②について審査するため、事前に提出することが求められる ①プレゼン要旨シート（所定の様式）、②プレゼンテーション資料（形式は問わない）	
当日のプレゼンテーマ		過去の実績	・これまでに、主たる職務の中でどのような成果を上げたか？ ・職場全体の改善などについて、どのような成果を上げたか？ ・その際、どのような苦労があったか？　また、それをどのように乗り越えたか？
		昇格後のビジョン	・管理職としてどのようなマネジメントを行うか、その具体的なビジョン （自部署の課題を解決するために注力したいテーマや、その計画等について提示する）
運用方法	実施時期	・毎年1回、昇格審査の時期に実施	
	対象者	・STEP1のノミネート要件を満たした社員で、STEP2の「上司推薦書」の内容からも管理職の登用可能性が見込まれる社員	
	審査員	・役員、事業本部長、部長、人事部 （他事業部を含めた管理職が審査することで、最適な配置を検討することができる）	

図表 1-6 プレゼン要旨シートの例

		作成日	年　月　日
社員番号（被推薦者）		所属部門（被推薦者）	部
氏　名（被推薦者）		部長氏名（推薦者）	
プレゼン要旨			
①過去の実績	●これまでに、主たる職務の中でどのような成果を上げたか？　職場全体の改善などについて、どのような成果を上げたか？		
	●上記に取り組む上で、どのような苦労があったか？　また、それをどのように乗り越えたか？		
②昇格後のビジョン	●管理職としてどのようなマネジメントを行うか（自部署の課題を解決するために注力したいテーマや、その計画等）		
その他補足事項			

力、問題解決力、表現力、プレゼンテーション力などを、候補者が保有しているか確認する目的で行う。これまでの具体的な実績と、管理職登用後のビジョンについてプレゼンテーションさせ、審査員はその内容と質疑応答の結果を踏まえて最終審査を行う仕組みである。

まず、候補者は、事前に「プレゼン要旨シート」をまとめて提出し［図表1-6］、当日はさらに詳細なプレゼン資料を用いて発表を行う。なお、審査員の好き嫌いで結果が左右されないよう、審査員にはあらかじめ審査の基準やガイドライン、審査用紙などを周知しておくことになっている。

［2］従来の試験にはない、プレゼン審査会ならではの効果

こういった形式で行うプレゼン審査会には、従来の「論文」にはないメリットが存在する。第一のメリットは、より的確に管理職適性を判定できることである。論文で昇格後のビジョンなどを問う場合、文章力に長けた候補者であれば、（本心か否かはさておき）筋道の通った魅力のある論理を展開すれば合格できる。しかし、実際に登用してみると、論文に書いたようにうまくマネジメントすることができないケースが少なくない。これは、論文は「机上の空論」や「理想論」に陥りやすく、管理職に求められる「周囲を巻き込む力」、すなわち、「ヒューマンスキル」を確認するための手法としては不十分であるためだ。

これに対し、プレゼン審査会は、候補者の一方的なプレゼンだけでなく、審査員との質疑応答を通じてその内容を掘り下げることで、本人の意識や意欲、能力をより明確にすることができ、マネジメント適性があるか否かを見極めることが可能になる。

第二のメリットは、全社的に最適な配置が実現しやすいことである。管理職の登用というと「現在所属している部門での適任者の登用」が前提となりやすい。しかし、全社最適の観点に立てば、「プレゼンの内容に応じて、候補者が最も能力を発揮できそうな部門に配置する」ことが望ましい。C社ではこのような観点に立って、複数の部門を巻き込んだ審査を行っている。その結果、部門間の連携の強化など副次的な効果を生んでいるのである。このように、プレゼン審査会の審査員は、候補者の所属部門の関係者に限定する

ことなく、他部門のトップも巻き込むことが肝要である。

[3] プレゼン審査会の難所とその対策

プレゼン審査会で「的確にマネジメントを行う人材」を見極めるという狙いを実現するためには、幾つかの難所も存在する。中でも、導入に躊躇(ちゅうちょ)する企業で多く耳にするのは、「審査員によって審査の基準がバラバラになり、人材を的確に選抜することができないのではないか」という不安の声である。

[2] でも述べたように、プレゼン審査会は従来の論文と比較して、より的確に管理職適性を判定できる取り組みではあるものの、そのためには審査

図表 1-7 C社におけるプレゼン審査シートのイメージ

①人事評価における能力評価項目

管理職の評価項目	該当する具体的な基礎力	審査結果
全社最適での判断	・何か問題になることがあれば、それを解決するまでのステップを組み立てることができる ・目先の事柄に惑わされることなく、広い視点で問題や課題を見つけることができる	
調整・交渉	・自分の意見や考えを、分かりやすく伝えることができる ・相手の話を聞いて、その内容によっては自分の意見を考え直すことができる	
理念・方針の実現	・必要な情報は漏らさず収集してから計画を立てることができる ・計画を立てるときは妥協せずに、最も良い進め方を追求することができる	
チャレンジ行動	・物事に取り組むときには、失敗を恐れず、行動に移すことができる ・失敗することがあ	
マネジメントサイクル	・目標を達成するた ・目標達成するため	
部下指導・後任育成	・チームで仕事をするときには、周囲のやる気を高めるような雰囲気作りができる ・後輩が失敗したとき、責めずに励まし、成長につなげることができる	

・自社の管理職に適用される人事評価の能力評価項目に即した6項目を設定

②プレゼンテーションに関する評価項目

管理職の評価項目	該当する具体的な基礎力	審査結果
構成力(資料の内容)	・「過去の実績」から「将来のビジョン」まで、筋の通ったストーリーが展開されているか? ・要点が分かりやすく、本人が伝えたい内容が見えるか?	
表現力(発表の仕方)	・資料の内容をそのまま読み上げるのではなく、要点が伝わるように工夫していたか? ・非言語的な	
柔軟性(質疑応答の対応)	・相手から聞 ・質疑応答で ったか?	

・プレゼンそのものを評価する3項目を設定

【各項目の審査基準】
○・・・十分できていると感じた
△・・・プレゼンからは分からなかった
×・・・不十分であると感じた

総合審査	○ 昇格は適切と思われる △ 昇格の適正さは判断できない × 昇格は時期尚早と思われる

基準が適正に定められていることが前提となる。この対策として重要となるのが「プレゼン審査シート」である。

プレゼン審査シートでは、審査する際の着眼点や評価の基準をあらかじめ設定し、それぞれの審査員はこれに基づいて審査結果を記入する。具体的な着眼点は、「次世代を担う管理職に何を期待するか」に応じて企業ごとに異なる。C社では、自社の管理職に適用される人事評価の能力評価項目に即した6項目に加え、プレゼンそのものを評価する3項目を設定し、プレゼンの内容やその際の立ち振る舞いを通じて、これらの能力がどの程度発揮されたのかを審査することとした［図表1-7］。

このように、人事評価の基準とプレゼン審査の基準を関連づけることで、人事制度全体としての一貫性が高まり、「管理職に期待される能力・資質」を社員により浸透させやすくなる。これも、プレゼン審査会の副次的な効果といえよう。

企業が持続的成長を実現するためには、外部環境へのスピーディーな適応、目標達成および内部体制の維持・強化といった、管理職が本来的に担うべきマネジメントの重要性がこれまで以上に高まっている。また、近年は働き方改革の推進、コンプライアンスやハラスメントへの関心の高まりなど、管理職に求められるマネジメント能力が以前にも増して高度化している。

こうした状況の中で、マネジメント適性を十分に審査せず、年功的な発想で管理職の登用を続けていては、場当たり的な組織運営や優秀人材の流出を誘発し、企業としての競争力を損なう結果となることが明らかである。

多少手間がかかったとしても、真に適性のある人材を管理職に登用することで期待される効果は計り知れない。管理職の選抜を「人材への投資」と捉え、C社の事例を参考に抜本的な制度の改善を図ってみてはいかがだろうか。

3 管理職のマネジメント能力の強化

マネジメントの正しい理解と組織的・計画的な取り組みを

CASE

人事考課の時期になると、K社のS営業部長は悩ましい顔つきになる。マネジャーである1次評価者の評価結果がかなりいい加減で、部下全員の点数が同じであったり、極端な寛大化傾向があったりするのだ。これを確認しつつ修正して、指導することを何年も繰り返してきたが、一向に改善の兆しがないのである。また、現場の部下に尋ねると、マネジャーからの評価のフィードバックが十分行われていないグループがあるという（K社の組織は部とグループで構成され、マネジャーはグループ長であり課長相当）。

S部長が不満なのは評価とフィードバックに限った話ではない。管理職とはいえ、マネジャーはほとんどプレーヤーとして日々の業務に追われており、管理職としての仕事ができていないのである。S部長からすれば、業務の優先順位がつけられず、目先の仕事をこなして忙しくしているようにしか見えない。

マネジャーは上司や本部に向けて報告資料を作成する時間が長く、業績管理、数値管理はするが、部下の育成・管理まで手が回らない。もともと自分の仕事とは思っていないようである。S部長がマネジャー層にヒアリングしたところ、案の定、「部下育成をしている時間がない」「最近配属される新人は使い物にならない」といった他責化の発言や、「管理職になりたくてなったわけではない」という開き直りまで出る始末である。

マネジャーたちにも言い分はありそうだし、会社としても十分な管理職研修が実施できていない弱みもある。S部長も自らを振り返ると、マネジメントに関して誰かに指導されたわけではなかった。マネジメントについては向き・不向きもありそうで、どう教えればいいのか、教えてできるものなのか、果たして教えるべきものなのかどうかも分からない。どうすればマネジャーの意識を変え、マネジメント能力を強化することができるだろうか。

解説　マネジメント経験を積ませて管理職を育成するためには?

1 マネジメントが何かが分からないマネジャー

「マネジメント」という用語の詳細は、「**2 次世代を担う人材の選抜と登用**」に委ねるが、ここでは「人を通じて、組織の目的およびその目標を達成すること」としておこう。向き・不向きではなく、管理職の役割として果たさなければならないものである。管理職は組織の目的や業務の意味を理解した上で、それをしっかりとメンバーに伝え、その力を結集しなければならない。そして対話を増やし、メンバーとの信頼関係を築くことがマネジメントの要諦である。

K社のマネジャーは「部下の主体性がない」「指示をしないと動かない」と嘆く前に、業務の大きな流れの中で部下が担当する仕事の意味や、なぜ今この目標に取り組むのか、その目的を部下に伝えているだろうか。「意味が分からないからやる気が起きない」「何のためにやるのか目的が分からないから、工夫のしようがない」といった部下の声が聞こえてきそうである。

一般的に、業務の優先順位は「重要度」と「緊急度」のマトリクスで決定する。重要度が高く、かつ緊急度も高い仕事にまず取り組むことは当然である。その次に取り組む仕事として、不慣れな管理職はどうしても目先の締め切りにとらわれやすく、重要度が低くても締め切りの近い仕事を優先する傾向がある。これに取り組むと、とりあえず忙しく仕事をこなしている気分になれる、というところが落とし穴である。

そして、重要度は高いが特に納期の定めがない業務は後回しにされ、置き去りになるのである。これこそが本来優先されるべき業務で、新規性や難易度の高いテーマ、中長期的な視点からの改善・改革テーマであり、着手しづらいものである。しかし、緊急度を優先した仕事をしている限りは、マネジメントの役割は果たせない。

マネジメントに求められる役割とは、外部環境の変化に対応して目標を設定し、それを達成するために仕事の進捗(しんちょく)管理を行い、発生する問題を解決しながら部下育成をしていくことである。この一連のマネジメント活動は、目標管理と評価制度を運用するための活動と軌を一にする。評価者はしばしば人事評価は余計な業務と思いがちだが、マネジメントが余計とは思わないだろう。評価制度をよく理解して運用することが、しっかりマネジメントを実践することになるのである。

2 戦える自分のチームをつくる～「組織業務計画表」の活用

昇進や異動で管理職が新たなポストに就任した場合、どのように業務を計画していけばよいだろうか。通常は前任者の業務を引き継ぎ、上司からの要望を確認して、目標を設定していくだろう。このとき、個々の社員の頑張りを組織の力として結集し、目標を達成するという視点がほしい。また、目標を達成するプロセスを通じて、人材育成とチームビルディングを図ることも盛り込むべきである。その上で社員の貢献度を適正に評価し、処遇に反映することで、マネジメント・サイクルが継続的に回されることになる。

ここで活用したいのが「組織業務計画表」[図表1-8]である。組織業務計画表とは、①業務計画、②組織運営計画、③人材育成計画を一つのシートにまとめ、全体の整合性が取れるように作成するものである。ある程度中期的な視点が望まれるが、ここではK社が導入することにした、2年程度を見越して毎年作成するスタイルのものを紹介する。

まず業務計画は、通常の目標管理と同様で、組織全体の業務の重点事項・課題について、いつまでにどのような成果を上げるかを記すものである。また、組織運営計画は、リーダーとして自分の組織を運営するに当たっての課題を抽出するもので、チーム力強化のための役割分担や業務の平準化、ボトルネック工程の改善等が挙げられる。最後に、人材育成計画は、メンバーから重点育成対象者を選び、リーダー自らまたはOJT担当者を通じて具体的

図表 1-8　組織業務計画表

○○○○年度　組織業務計画表			部署		職位		氏名	
業務	業務計画（重点事項、重要課題等）		期待される成果					
	1							
	2							
	3							
	4							
	5							
組織	組織運営計画（課題内容）		組織のあるべき姿（課題が解決された状態）					
	1							
	2							
	3							
人材	人材育成計画		育成目標、到達レベル等					
	【対象者氏名】	【計画内容】						
			1年後					
			2年後					
			1年後					
			2年後					
	自己の能力開発		能力開発目標、到達レベル等					
			1年後					
			2年後					

にどのように育成するか、１～２年後のゴールを設定する。

業務と組織と人材の三点を盛り込んだ組織業務計画表は、自分たちのミッションに基づき、業務目標を達成するためにはどのようなチームで取り組むことが必要か、そのために個々のメンバーはどのような能力を開発するべきか、ということをリーダーに考えさせるものである。組織力の向上を目指すためには、リーダーがチームビルディングの意識を強く持つことが重要であり、組織業務計画表を活用することでそれが促進される。

応用編として、組織業務計画表の作成・実行と役職任期制をセットにする運用が考えられる。一定の期限を設けてポスト任用する役職任期制には次の効果がある。すなわち、①人材の有効活用を図り、有能な人材に広く役職登用への道を開くこと、②役職任用をダイナミックに行うことで組織の活性化を図ること、③年齢基準で一律に役職を離脱する役職定年制に比べて、任期中のマネジメントやパフォーマンスを評価して任免が決定されるので納得性があることである。ただし、この納得性は評価次第である。

任期中の組織業務計画表を作成することで管理職のコミットメントを強化しておき、期中の取り組みと期末の達成状況をプレゼンさせる。計画の達成状況を厳格に審査して役職の任免を決定する運用であれば、納得性が高まる。

実際に役職任期制の導入に踏み切らない場合であっても、組織業務計画表の作成と結果のプレゼンの仕組みを導入するだけでも効果がある。これが機能すると、管理職はまず自分の任期が有限である意識を持ち、その間に自らのチームをどのような姿に高めていきたいかを考えるようになる。役職が既得権であるかのように錯覚し、漫然と目の前にある仕事をこなすだけの管理職はおのずと淘汰(とうた)されるだろう。

3 小ユニットで経験を積む

かつて部長・副部長・次長・課長・副課長・係長……等の重階層から成るピラミッド型組織から、フラットでフレキシブルな組織への転換を図った企業が相次いだ時代がある。狙いは意思決定と課題対応の迅速化にあった。

しかし社員の自律的な行動や権限委譲が思うように進まず、また一人の管理職が数十人の部下を管理する難しさもあって、2010年ごろからフラット型組織は再び見直しが行われている。

2000年前後から、コンピテンシー評価を導入する企業が見られるようになったが、その狙いは、プロセスにおける従業員の行動を把握することでパフォーマンス向上を図ることであった。しかし、組織の大ぐくり化により数十人規模に拡大したグループで、一人の管理職が部下の行動を把握することには限界があった。このようにフラットな組織は、プロセスの行動把握を重視する評価制度とマッチしづらいものである。

またフラットな組織では、現場が小グループ化されていないため、後輩指導やマネジメントを体験する機会が乏しくなる。組織的に管理職およびその候補を育成していくことが難しかったといえる。

フラットで大ぐくりの組織を小さなユニットに区分することで、若いリーダーを登用し、小ユニット長としてマネジメントの経験を積ませることができる。マネジャーは小ユニット長を通じて、一人一人のメンバーに方針を浸透させられ、チーム力が向上する。また、小ユニット長クラスの人材を次の管理職に成長させるためにも非常に有効である。

マネジメント能力は一朝一夕で身に付けられるものではない。次世代リーダーが育たないと悩んでいる企業は少なくないが、人材の資質のせいにしていないだろうか。マネジメント能力を強化するためには、組織的、計画的な取り組みが必要であり、上記の例のように、大ぐくりの組織を小ユニット化し、小ユニット長のポストを設置することも効果的である。このポストは若年層にとって、はるか遠いゴールではなく、身近で目指すべき魅力のあるキャリア・ターゲットとして設置しなければならない。K社においても、この考え方に基づき、組織運営の見直しに取り組むことにしたのである。

4 「関係の質」を高めることがスタート

働く人の価値観や労働環境の変化、それを受けた法制度の改正もあり、現在の管理職の負担は増大している。テレワークの進展やダイバーシティに対応し、長時間労働を是正しつつ、業務効率化と業績向上を実現しなければならない。これらの問題は個々の管理職のマネジメント能力強化だけで乗り切れるものではなく、管理職支援のための施策や組織的な対応が必要である。

さらに今日、管理職の役割には、メンタルヘルスを含めた社員の健康管理やハラスメントを防ぐ環境づくりまでも加わっている。一人一人の社員を尊重し、人を活かす組織では、過重労働やハラスメントが起こりにくい。そのためには、社員が互いに尊重し合い主体的に組織運営に参画して、自律的に改善が行われる環境づくりを行うことである。

ダニエル・キムの「成功循環モデル」（第３章「**4 統率型から社員の力を結集するエンパワーメント型リーダーシップへ**」参照）で注目するべき点は、「結果の質」を高めるためにはまず「関係の質」を高めるべきとしたところにある。そして、「関係の質」を高め、「安心・安全な場づくり」を行うためには、管理職のマネジメントの役割が非常に重要になる。管理職の対話力による双方向コミュニケーションがものをいうのである。

管理職に昇格した際に、マネジメント能力強化のためにスポットで管理職研修を行ったり、外部セミナーに派遣したりする会社が多いだろう。少なくとも、意識を切り替え、会社のマニュアルに沿って人事評価について学び、また、他社の管理職のレベルを知って刺激を受けるという点からは有益である。

しかし、昇格してから身に付けるのでは遅いこともある。辞令が出た日からいきなりマネジメントのできる管理職になれるわけではない。また昨今では、若手・中堅社員から「管理職になりたくない」という声もしばしば聞かれる。

このような状況では、管理職になる前から小ユニットでマネジメントの補佐を経験させることで、少なくとも管理職になることの抵抗をなくしていくことから始めるべきだろう。組織再編成のハードルが高ければ、小集団のリーダーとしての役割を与え、権限を一部委譲すればよい。

係長、主任等の呼称と少額の手当を付与する企業は多いが、適切な動機づけと役割のアサインがされず、結果的に動き方が変わらないのはもったいない。行動を変容させるためには「組織業務計画表」のようなツールを活用し、リーダーとして小ユニットの運営を考えさせるのも一案である。

4 残念な人材活用施策に陥らないために

本人と管理職への啓発を組み合わせた多様な人材活用へのアプローチ

CASE

女性社員やシニア社員など、社員の多様化が進んでいる。さまざまな企業が、多様な人材を活用するための施策を導入する一方で、実際に活躍促進に成功している企業は限られる。

A社は、全国に製造拠点や営業拠点を有する中堅企業である。優秀な女性社員の活躍を促すため、法律の規定を上回る育児休業の付与や短時間勤務の充実、時間単位で有給休暇を認めるなど、子育てをしながら働き続けるための支援制度の構築を進めた。その結果、子育てをきっかけとした退職は少なくなり、女性社員の平均勤続年数は伸びていた。一方で、管理職への昇進を目指した自己啓発や、新たな業務に積極的に取り組む（バリバリ働いて活躍する）女性社員は少なかった。

そこで同社は、女性の活躍促進を目指して社内研修を企画・実施することとした。こうした研修を通じて、本人たちと取り巻く管理職、メンバーに変化を促すためには、どのような点に留意して設計するとよいだろうか。

解説　多様な人材の活躍は、制度を整えるだけでは十分に引き出せない

1 人材の活躍を引き出すための組織的な取り組みの重要性

社会人生活を送る中で、誰しも仕事や家庭での役割が変化する。仕事の場合は、例えば昇進・昇格や役職定年などが、役割が変化するタイミングとして考えられる。家庭では、例えば出産・育児や、家族介護を始めるタイミング等が該当するだろう。役割が変化したタイミングで、新しい役割に向き合って、キャリアの目標や同僚との関わり方を柔軟に変更することが必要だが、

一度設定した目標を諦めて再設定する経験が少ない場合、キャリアの目標を達成できないことに無力感を覚えたり、目標達成のために無理をして体調を崩したり、役割の変化を認めて同僚との関わり方を見直すことができず、人間関係を悪化させてしまう人も少なくない。

特に、全社レベルでは一定のボリュームで存在しても、個々の職場レベルでは少数派である社員（女性やシニア、障害者や外国人など）は、自身が抱える事情を職場の他の社員と共有することができずに孤立して、環境変化に順応できなくなりやすい。また、継続して働いてほしい優秀な社員ほど、多忙な職場の業務状況や職場内の人間関係に敏感で、個人の事情で職場に負担を掛けることに負い目を感じることが多い。管理職が的確に状況を把握しないまま、不満や心配、疲労を募らせていくと、社員本人が自己成長を諦めて、一つ上の目標への挑戦を避けたり、仕事への取り組みが消極的になる状態に陥りやすい。最悪の場合には、職場での良好な関係を築くことをやめて自分の権利を主張するだけの人材になったり、退職してしまったりする。

これまで、社員が役割の変化に適応するためのサポートが十分でない企業は少なくなかった。うまく順応すればよし、うまく順応しなかった場合でも、他の社員が代わりを務めればよかったためである。このことが、組織内で問題行動をとる社員を生む結果となった。それは例えば「働かないおじさん」であったり、「権利は主張するが積極的に仕事をしないママさん社員」であったりした。このような社員は、会社の業績に貢献しないだけでなく、周囲の社員のモチベーションを低下させ、職場全体の雰囲気を悪くする原因となる。

女性や高年齢者が生き生きと活躍できる社会の実現が期待される中、今後は、社員全体に占める子育て社員やシニア社員の割合が相当のボリュームになっていくことは明白だ。これまでは組織全体に占める割合が小さかったため、その中で変化に順応できず問題行動をとる一部の社員を放置しても影響は限定的だったが、今後は企業の生産性を大きく損ないかねない。本人の自助努力に委ねる方法には限界があり、組織的な対策が不可欠となる。

2 取り組みの方向性

では、多様な人材の活躍を引き出すにはどのような取り組みが有効だろうか。ここでは、本人と管理職の双方に働き掛けるアプローチについて解説したい。

[1] 本人の啓発

管理職への昇進を目指して自己啓発に取り組むか否か、あるいは、新たな業務に積極的に取り組むか否かは、本人の職業観次第である。したがって、まずは社員に対する企業の期待と社員本人の職業観の擦り合わせが必要だ。同時に、ライフイベントやキャリアが変化するタイミングに着目して、本人が役割の変化を受け入れた上で、主体的に業務に貢献し、長期的なキャリアを築いていこうとする意識を持つような働き掛けが欠かせない。

[2] 管理職の啓発

職場で本人が孤立せず、必要なサポートを受けられる環境を整えることも重要だ。この手助けは、職場のリーダーである管理職に期待したい。

一方で、経験豊かな管理職でも、自分と異なる事情を抱える社員の課題を理解し、的確に状況を把握して対処することは難しい。部下の事情や課題がつかめないために、部下に向き合うことを避けるケースや、サポートする意欲はあるものの、部下の気持ちを酌み取ることができずにかえって傷つけてしまうケース、部下のやる気や「職場に貢献している」という自尊心を損なう言動をしてしまうケースなどがある。

例えば、あなたの部下に時短勤務を利用する社員がいたとしよう。この部下を含む数人との打ち合わせで、思いのほか議論が白熱して、時短勤務者の終業時刻を過ぎてしまったとする。あなたは時短勤務を利用している社員を帰さなければと思い、「後は進めておくから帰っていいよ」と伝えたとしよう。

この発言は、「終業時刻に部下を帰す」という点では合格だが、本人からすると、「君がいなくても仕事は回る」と言われたように感じるかもしれない。このような事態が続くと、本人は「自分がいてもいなくても同じ」と受け止めてしまい、仕事に対するやりがいや責任感を失うおそれがある。

では、どのような対応が適切なのだろうか。それは、いったん議論を打ち切った上で、次回は余裕をもって会議時刻を設定するよう徹底することだ。

このように、一面では正しい行動が相手のモチベーションを損なうことは往々にして発生する。まずは管理職が、多様な社員が抱える事情についての情報を把握し、相手の立場に立って行動できるように促すための教育が必要だ。その上で、本人が役割の変化を受け入れることができ、かつ、職場で本人が孤立せず、必要なサポートを受けられる環境を整えることが必要である。

3 A社における取り組みの内容

[1] 女性活躍推進への課題意識

A社は、育児休業や短時間勤務の充実など、子育てに関わる支援制度の構築と運用に取り組んだ結果、女性社員の平均勤続年数は全国平均を上回り、リテンションに成功していた。一方で、全社員に占める女性社員の割合は低く、本社事務や研究職といった一部の職種に偏っていたため、職場によっては「自分以外に女性社員がいない」状況にあった。A社の人事部は、「継続して働き続ける環境が整ったものの、管理職を目指す女性は少ない。まだまだ活躍できると思うのだが、女性社員の意識変革も、活躍支援の取り組みも十分でないようだ」との課題意識を持っていた。

そこで、女性社員のさらなる活躍を後押しするために、女性社員と管理職を対象として、それぞれ1日の研修（計2日）を行った［図表1-9］。

図表1-9 研修目的とプログラム

対象者	目　的	対応する主なプログラム
女性社員（研修①）	・主体的に業務に貢献して、長期的なキャリアを築く意識を持つための啓発 ・女性社員同士の連携促進（孤立させない）	・キャリア意識の啓発 ・ビジネススキルやコミュニケーションスキルの向上 ・女性活躍の課題解決のための提案（プレゼン） ・社員同士の交流促進
管理職（研修②）	・女性社員が置かれた立場に対する理解の促進 ・主に女性社員が抱えるライフイベント（出産・育児、介護など）についての理解促進	・ライフイベントを迎えた社員が抱えやすい課題の整理と、コミュニケーションの取り方 ・職場や女性社員に対するアンケートの実施と結果の共有（職場の状況の可視化）

[2] 女性社員に対する研修

女性社員に対しては、本人が主体的に業務に貢献し、長期的なキャリアを築く意識を持つための啓発を中心に研修を組み立てた。その上で、例えばビジネススキルに関する座学など、すぐに役立つ内容を取り入れた。これは、参加者が研修後すぐに職場で使えるスキルを学ぶことで、研修効果を参加者本人と職場の同僚、管理職の双方に感じてもらうことを狙ったものである。

特徴的なプログラムとして、各職場における女性活躍に関する課題の洗い出しを行った上で、会社に向けて課題解決のための提案を行うプレゼンを取り入れた。これは、事前に職場の社員と管理職に「女性活躍の現状」についてのアンケートに回答してもらい、それを基に参加者がディスカッションをして、課題解決策を人事部に対してプレゼンするものである。

研修当日は、❷ [2] で紹介したようなモチベーションを下げる発言をしてしまう管理職の存在や、短時間勤務中の部下に対する人事評価が実際以上に低くなっている（あるいは、評価フィードバックの際に、そのような趣旨のコメントをされた）ケースがあるなど、人事部が思ってもいなかったような、当事者ならではの視点からの問題提起がなされた。人事部が持ち帰って検討し、評価ガイドラインの見直しや管理職研修の中で、評価の問題事例として紹介するなどの解決策を導入した上で、研修参加者にフィードバックしたところ、「会社は私たちのことを真剣に考えてくれている」と、参加者たちが肯定的な感触を持つことにつながった。また、この取り組みの結果、女性社員のモチベーションが高まったことが事後アンケートから判明している。

[3] 管理職に対する研修

管理職に対しては、女性社員が置かれた立場に対する理解の促進と、職場における女性活躍の現状確認を中心に研修を組み立てた（[図表1-9]を参照）。

「ライフイベントを迎えた社員が抱えやすい課題の整理と、コミュニケーションの取り方」のプログラムは、出産や育児、介護といったイベントを取り上げて、女性社員がどのような課題を抱えやすいか、また、どのようなコミュニケーションが望ましいかを伝える内容である。女性社員が置かれた状況や心理状態の理解には、本人の気持ちを疑似体験することが効果的である。

このため、プログラムには、ロールプレイングやケーススタディといった手法を盛り込むこととした。

「職場や女性社員に対するアンケートの実施と結果の共有（職場の状況の可視化）」では、管理職・男性社員・女性社員（研修未受講者を含む）の三者を対象に「職場における女性活躍」の状況や課題に関するアンケートを行い、その結果を基に議論を行った。アンケートは回答者属性ごとに集計をして、管理職や男性社員と当事者である女性の認識の違いを浮き彫りにした。研修では、アンケート結果や、女性社員に対する研修で提示された課題を共有して、女性社員が普段どのように感じているかを議論した。

管理職は会議や集合研修といった場で顔を合わせる機会は多いが、業務上の話題が大半であり、「職場の女性社員」について議論することは少なかった。そのため、職場の女性社員のマネジメントについて考え、議論する場を設定したこと自体が参加者にとって有益だったことが、事後アンケートから判明している。一連の研修は、女性社員、管理職双方から好評を得て、その後も定期的に続けられている。

課題解決のためのヒント

育児休業や短時間勤務の充実などの支援制度は、あくまで子育てなどを理由に辞めることを防ぐもので、女性の活躍を推進するには十分でない。支援制度を利用する本人の意識や、職場のキーパーソンである管理職の意識が変わらなければ、支援制度を利用するだけで会社に貢献しない社員が増える、「残念な人材施策」に陥りやすい。

本項では、女性活躍の例を題材に、本人と管理職双方の啓発により、現状を変革しようとした企業の例を紹介した。女性のみならず、シニアや外国人、障害者など多様な社員の活躍促進に向けて、今後このような取り組みがますます必要になるだろう。

多様な人材が活躍できる環境づくりの一環として、本人と管理職双方にアプローチする取り組みを検討してみてはいかがだろうか。

5 職能資格制度か役割等級制度か

企業の成長ステージ・戦略との整合性から考える

CASE

小売業のＡ社とＢ社は、経営統合された状態にあったが、さらなる意思決定の迅速化や経営効率の向上を目指して企業合併を行うこととなった。合併のメリットを最大化するための重要なポイントとして、人事処遇制度の統合が挙げられ、検討委員会が立ち上げられた。

Ａ社とＢ社からそれぞれメンバーが集められて検討を開始したが、最初の検討課題である、人事処遇制度の根幹を成す「資格等級制度」の基軸について、なかなか折り合いがつかない状態だった。Ａ社は、これまで伝統的に使用してきた「職能資格制度」を主張した。一方Ｂ社は、過去は「職能資格制度」であったが、経営環境の変化や、社員の会社に対する貢献意識の醸成・貢献度合いを適切に反映するため、「役割等級制度」に変更してきた経緯があり、「役割等級制度」を主張した。Ｂ社としては役割等級制度に変更したことで、各人の担っている役割の大きさと処遇のバランスが改善されるなど、一定の効果が見られていたため、役割等級制度のメリットを強調していた。

検討委員会において、それぞれの制度を適用する場合のメリット・デメリットを検証し、検討を行った結果、管理職以上の階層については「役割等級制度」とし、非管理職の階層については「職能資格制度」にすることとなった。

上記のように、社員全体として一本の基軸を貫くのではなく、階層によって異なる基軸を持つ“ハイブリッド型”の人事処遇制度を構築した狙いはどこにあるのだろうか。

解 説　経営戦略を踏まえた資格等級制度の検討

1 はじめに

たいていの会社では､社員の処遇決定の柱となる資格等級制度が存在する。処遇を決定する以上、何らかの基軸・基準があるはずだが、その考え方は当然ながら各社によって異なる。それでは、各社はどのように資格等級制度を検討しているのであろうか。検討の前提として、まずは資格等級制度自体について理解を深める必要がある。

2 資格等級制度の種類と特徴

資格等級制度は、会社が定めたある基軸により何段階かに分けられた等級と､それぞれの等級の定義(等級定義)により構成されている。等級定義は､社員の能力レベルや、担当すべき仕事の価値レベルなどを表しており、この資格等級制度が根幹となり、人事処遇制度全体が成り立っている［図表1-10］。

資格等級制度の基軸には、主に「職能」「役割」「職務」の三つが存在する［図表1-11］。

「職能資格制度」は、職務を遂行するために必要な能力（職能）のレベルに応じて社員を格付けし､その格（等級）に基づいて処遇を行う制度である。

図表 1-10　人事処遇制度の全体像

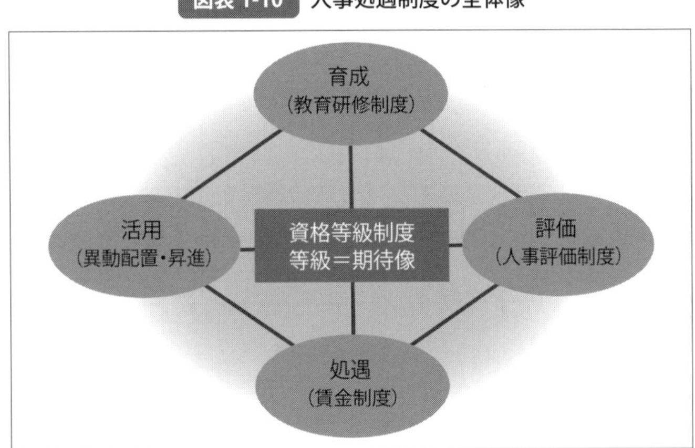

図表 1-11　資格等級制度の種類と特徴

ヒト基準 ← → 仕事基準

ヒトに処遇が貼り付く ← → 仕事に処遇が貼り付く

	職能主義（職能資格制度）	役割主義（役割等級制度）	職務主義（職務等級制度）
基本思想	・処遇は「社員の能力水準」によって決定	・処遇は「会社が付与する期待役割の大きさ」によって決定	・処遇は「職責の大きさ（job size）」によって決定
等級制度	・社員の能力の発展段階を「職能資格等級」として区分し、社員をいずれかの資格等級に格付ける ・等級数は6～15程度。管理職の等級よりも非管理職の等級のほうが多い	・会社が付与する期待役割の大きさに応じて「役割等級」を設定（詳細な職務分析等は通常行わない） ・職務等級制度より大ぐくり。管理職の等級のほうが非管理職の等級より多い	・職務分析・職務評価を実施し、社内のあらゆる職務（ポスト）を「職務等級」として序列付け ・等級は細分化され、通常20～30程度
賃金	・社員の能力レベルは他社比較できないため、外部市場（賃金相場）との直接的な比較は行わない	・自社が付与する役割の軽重は他社比較できないため、外部市場（賃金相場）との直接的な比較は通常行わない	・同等の職責の仕事について他社比較し、外部市場（賃金相場）との整合性を意識して賃金水準を決定
利点	・能力開発に向けたインセンティブを生み出すことができる ・人事ローテーションに柔軟に対応できる	・「仕事に応じた処遇」という発想を保持しつつ、職務主義に内在する硬直性を排除できる ・「ポスト」「職責」概念が希薄な非管理職層にも適用できる	・市場相場を意識した処遇決定ができる ・上位ポストに昇進しなければ賃金が上がらないため、賃金の自動膨張を防止できる
欠点	・能力は目に見えないため、社員の累積貢献度を加味した年功的な運用に陥りがち	・外部市場（賃金相場）に即した賃金設定ではないため、職務等級制度と比べて賃金処遇の決定根拠がやや曖昧	・ポストによって賃金が変わる可能性があり、人事ローテーションに支障が生じるおそれ
備考	・日本企業で独自の発達を遂げたヒト基準の人事制度	・日本版「仕事基準」の人事制度	・純粋な「仕事基準」の人事制度

資料出所：林 浩二『進化する人事制度「仕事基準」人事改革の進め方』（労務行政）

異動などにより仕事が変更となったとしても、社員個人の全般的な仕事に関する能力が落ちたわけではないため、等級が下がることはないなど、担っている仕事ではなく、「人」に基準を置いた制度となっている。これは、日本企業で発達した制度である。

この対極の概念として、「仕事」に基準を置いた制度が、「職務等級制度」である。職務等級制度では、誰がその仕事を担うのかではなく、あくまでも担う職務（仕事）の価値に応じて等級格付けを行い、その等級に基づいて、処遇を行う。これを実現するため、すべての職務には職務記述書（ジョブ・ディスクリプション）が用意され、遂行すべき職務を明確・詳細に記述しておくこととなる。年齢・学歴・勤続年数などの要素を考慮しないため、同一労働・同一賃金が原則となる制度であり、これまで欧米企業で発達してきた。日本においては業務遂行上、メンバー同士が担当職務の範囲を超えて助け合うことも頻繁に行われ、個々の職務を明確に区別するのが難しいケースが多いため、積極的に採用されることはあまり多くないのが現状である。

「役割等級制度」は、一般的に、仕事基準の制度として認識されている。この理由は、役割等級自体の考え方が「人」に基準を置くのではなく、果たすべき役割・ミッションの大きさに応じて処遇を決める仕組みであり、テクニカルには職務等級制度のバリエーションとして分類されるからである。

職務等級制度では、精緻（せいち）な職務評価を行った結果、等級の数が多くなることも多いが、役割等級制度においては、職務等級制度ほどのきめ細かい職務評価は行わないため、一般に等級数はあまり多くならないという特徴がある。また、役割等級と役職が1対1で対応しやすい面もある。

昨今の日本企業における資格等級制度の基軸としては、「役割」が採用されることが多くなっている。日本において役割等級制度の導入が進んできている背景としては、経済環境・市場環境の変化と関連づけて次のような考え方をされることがある。

かつて今野（当時、学習院大学経済学部教授）は、1980年代の能力主義的賃金を「供給重視の賃金制度」と表現した[3]。右肩上がりの市場環境下で、

---

3 今野浩一郎（1998）『勝ち抜く賃金改革―日本型仕事給のすすめ』日本経済新聞社

企業が保有する人的資源の能力向上が、結果として製品やサービスの需要を生み出し、制度上増大する賃金コストを市場が吸収してくれることを暗黙の前提に、当時の賃金制度は組み立てられていた。その通念があればこそ、能力向上を促進する賃金制度が合理的であり、その能力向上を受け止めるにふさわしい職能資格制度が普及したといえる。

ところが、1990年代初頭のバブル景気以降の市場環境の急激な悪化に伴い、「市場を取りに行く」改革、今野流でいえば、供給重視ではなく「需要重視の賃金制度」に変化することとなった。「市場を取りに行く」ためには、ビジネスモデルを明確にし、企業が市場で支持され評価される経営戦略と、それに応じた仕事管理の仕組みを作り、その上で賃金を支払わざるを得ない[4]。

このように、仕事管理との整合性を確保するための制度として、日本版の仕事基準の人事制度である「役割等級制度」が生まれ、導入が進んでいる。

簡単に言ってしまえば、経済環境が右肩上がりの時代は、自社も順調に成長するので、人件費が上がりやすい職能資格制度でもマッチしていたが、低成長時代になると、成果に対してどの程度の貢献を果たせるのか（会社でどの程度重要な役割を担えているのか）の「仕事基準で人材管理を行っていく必要性が高まった」ということである。

3 資格等級制度の選択

A社とB社では、上記のような「資格等級制度の種類と特徴」について理解を深め、あらためて自社の置かれている環境などを踏まえて、何を基軸として選択していくべきかを検討した。

その結果、[図表1-12] に示した2案が検討された。案1は、上級SV（スーパーバイザー）などの管理職以上の階層については役割等級制度を採用し、非管理職層については職能資格制度を採用する「ハイブリッド型」である。一方の案2は、社員全体として一本の役割等級制度を採用したものである。案1と案2を比較すると、案2は等級と役職が1対1で対応しているのに対し、案1では、非管理職層において、一つの役職が複数の等級にまたがっている

4 石田光男（2006）「賃金制度改革の着地点」『日本労働研究雑誌』(No.554)

図表 1-12 資格等級制度として検討された二つの選択肢

ことが相違点として挙げられる。

A社とB社が置かれた業界の市場環境を考えると、楽観はできないものの、一定程度の順調な成長余地が想定されていた。このため、人件費の膨張が起こりやすい職能資格制度一本で行くことにはさすがにためらいがあるものの、必ずしも役割等級制度一本にしなければいけないとまでの理由はなかった。

ただし、果たすべき役割やミッションが明確である管理職層については、役割等級制度の考え方を導入し、各人の職責と処遇を分かりやすく関連づけたほうがよいとの方向性で、2社が一致した。

続いて、非管理職層についてどの基軸を採用すべきかという点に焦点が移った。ここでは、今後の事業展開・出店戦略に関しての議論がなされた。2社共通の考えとして、合併後は一層出店ペースを速め、業界内でのシェアを高めることを考えていた。そうした場合、多店舗展開企業にとっての要となる店長を、「いかに早く多く確保するか」が鍵となる。実際問題で考えれば、育成を行い全体の人材レベルを引き上げつつも、「まずはやらせてみる（地位が人をつくる）」という発想で、若手人材の抜擢を数多く行っていく必要があるとの認識で一致した。

この場合、抜擢はしたものの、実績によっては店長の任を解く降職をしなければいけないことも多く想定される。案2（社員全体として一本の役割等級制度を採用した場合）では、店長に抜擢した際に昇格、降職した際に降格ということが頻繁に発生してしまい、社員のモチベーションを考えると、柔軟な人材配置が行えなくなる点が危惧された。一方の案1（ハイブリッド型）とした場合では、昇格させることなく、現在の等級のままで店長に抜擢することも可能になり得る制度であり（処遇としては役職手当の付与で対応）、仮に降職した場合においても、店長としての役職手当は不支給となるが、降格させることなく対応することが可能となる。

本来的にはシンプルな発想で、社員の役割意識を高め、人件費の不必要な膨張も抑制しやすい案2のほうにメリットがあると認識されたが、やはり、「若手の店長の柔軟な登用（場合によっては降職）を行っていく」ことは、経営戦略上も非常に重要であることが2社によって再確認され、案1のハイブリッド型の制度を採用することに決定した。

人事処遇制度の改定を行う際、最初の関門が資格等級制度の検討である。この検討時、資格等級制度のそもそもの意味合いに対する認識が不足し、どうしても自社が過去に慣れてきた資格等級制度の考え方に縛られる傾向が多くなる。しかし、資格等級制度の基軸を決める際の重要ポイントは、過去ではなく、現在自社の置かれている経営環境や今後の事業戦略、また、「社員に対して何を期待するのか」という処遇に対する会社からのメッセージを打ち出せるかである。

従来、何気なく人事処遇制度を運用してきた会社もあるかもしれない。いま一度、今後5年先10年先の会社の進むべき方向性を踏まえ、何を制度の基軸とするべきかなど、あらためて自社の人事処遇ポリシーを考えてみてはいかがだろうか。その際、前記の例で見てきたように、階層によって異なる基軸を持つ「ハイブリッド型の人事処遇制度」というものも、検討の選択肢としてあり得るのではないだろうか。

6 役割主義の人事制度を機能させるために

管理職の役割・職責の違いをいかに処遇に反映させるか

CASE

倉庫業Ｗ社は、同業他社が役割主義の人事制度を導入したと聞いてもなかなか制度改定に踏み切れないでいた。これまでは、親会社からの安定的な受注があり恵まれた経営環境で、年功的な職能資格制度が定着していたからである。

処遇の根幹は職能資格等級に基づく職能給であるが、評価の差があまりつかないので昇給や賞与の格差はほとんどない。等級が同じなら横並びでほぼ同じ金額になる。ある程度の等級までは入社年次で一律的に昇格させている。そこから役職に登用されるかどうかは「運」にもよるという考え方から、役職手当の金額は小さく設定している。

したがって、ポストに就き部下を持ってラインを統括する管理職と、部下を持たないスタッフ管理職の月例給・賞与は、ともにほとんど差がない状態となる。その結果、一部の役職者からは「等級が同じとはいえ果たしている役割や責任の重さには相当の違いがあり、同等の処遇では割に合わない」という不満が高まっていたのである。

Ｗ社では、そもそも職能資格制度が十分機能していたとはいえないが、それでも労働組合や管理職の多くは「職能」による安定的な処遇を支持していた。そのため、「役割」へのシフトは難航が予想される。

役割主義の人事制度への転換を志向する企業では、どのように改革を進めていくのがよいだろうか。

解説 「職能」から「役割」へ、人事の基準をいかにシフトするか?

1 管理職層を職能から役割に切り替える

近年では役割に基づく人事制度が一定程度定着[5]を見ている。しかし、長らく職能資格制度の考え方が浸透している企業では、役割等級制度への転換に抵抗が大きいのも事実だろう。ここでは、一気に全面的な役割等級への移行を行うのではなく、管理職層から導入する方法を紹介する。管理職層ではW社のように職責の違いが大きくなり、またそれを果たす意識を強く持つべきであるため、役割等級との適合度が高くなると考えられるからである(職能資格と役割等級については、「**5 職能資格制度か役割等級制度か**」を参照)。

役割等級は［図表1-13］のように定義される。職能資格等級の定義とは異なり、保有能力ベースではなく、担当する組織の重要性や範囲、期待される役割ベースで記述するのが特徴である。

役割は役職に基づき分類できると分かりやすいが、「部長・室長」「課長」「支

図表 1-13 役割等級の定義例(管理職層)

役割等級	期待役割(マネジメント職)	対応役職
M5	部門の責任者の通常の役割に加え、戦略的重要性の高い部や複数の部を統括するなど特に重い職責を遂行することにより、全社的な貢献を果たす	部長A
M4	部門の責任者として、経営方針を踏まえて組織の運営方針を策定し、その達成に向けて所管業務全体についてのマネジメントを行い、部門の目標を達成する	部長B　室長
M3	部門の責任者を補佐する立場で、部門長に対して助言を行いながら、所管業務についてのマネジメントを推進して部門の問題解決を行う	次長　副部長
M2	部署の責任者の通常の役割に加え、戦略的重要性の高い課や複数の課を統括するなど特に重い職責を遂行することにより、部門に貢献する	課長A　支店長A
M1	部署の責任者として、上位方針を踏まえて部署の運営方針を策定し、その達成に向けて所管業務全体のマネジメントを行い、部署の目標を達成する	課長B　支店長B

5 労務行政研究所「人事労務諸制度実施状況調査」(2018)では、規模1000人以上の企業の役割等級制度導入率は44.6%。

店長」などポスト数が多い役職については、必ずしもすべてが同じ職責とは限らない。そこで、どの役職がどの役割等級に格付けされるべきか、その役割を評価する必要がある。

2 役割評価の進め方

役割は「役割の難しさ」という質的側面と、「役割の大きさ」という量的側面の二軸で評価を行う。代表的な要素とその着眼点は［図表1-14］のようなものである。これらの要素のうち、自社で重視したいものについてウエートを大きくしておく。それぞれの要素ごとに本人・上司が3～7段階程度の点数で評価を行い、その結果を各部門で集計・確認する。人事部で調整した結果に基づき、会議体で合議により各職位の等級を決定する、というのが標準的な役割評価のプロセスである。

具体的には、［図表1-15］のような役割評価シートを用いて対象職位の役割を採点する。評価の対象は職位に就く（就いている）人の属人的なスキル

図表 1-14 役割評価の要素

区分	評価要素	着眼点	区分	評価要素	着眼点
質的側面（役割の難しさ）	(1)知識・経験・ノウハウのレベル	①実務経験、ノウハウの蓄積 ②専門知識 ③マネジメント知識、経験	量的側面（役割の大きさ）	(1)業績貢献の責任	【直接部門】 ①短期・長期の収益への貢献度 ②組織への影響度 ③戦略的重要性 【間接部門】 ①効率的運営度合い ②組織への影響度 ③戦略的重要性
	(2)判断・決断のレベル	①判断内容の複雑さ ②要求されるスピード感 ③影響を及ぼす範囲		(2)リスクの大きさ	①業績への影響 ②社外への影響 ③社内への影響
	(3)創造性のレベル	①商品・サービスのイノベーションの必要性、新規分野・市場の開拓の必要性、管理手法の改革の必要性 ②対応が求められる変化の度合い ③改革実行の難易度		(3)組織運営の責任	①管理スパンの広さ ②責任の影響度合い
	(4)対人能力のレベル	①折衝・調整相手の重要性 ②折衝・調整内容の難易度、範囲 ③折衝・調整機会の頻度		(4)人的資源管理の責任	①管理する人材の質と量 ②育成責任を持つ人材のターゲットのレベル

図表 1-15　役割評価シートの例

No.	所属	職位	氏名	要素	質的側面				量的側面				合計点
					知識	判断	創造性	折衝	業績	リスク	組織運営	人的資源	
				ウエート	2	1	1	1	2	1	1	1	

ではなく、あくまでも「職位」そのものである。誰が担当しても変わらずその職位に求められる職責を測るものであり、担当者に左右されてはならない。ともすると現在の担当者が発揮している能力やパフォーマンスを見てしまい、属人的な基準に陥ってしまうことがあるので注意したい。

このプロセスは、前半の評価要素の選定や評価に必要な定量データの作成も重要であるが、後半の合意形成のプロセスがより重要である。部門長クラスによる会議を積み重ねていくことで、職位に求められる役割・職責の違いに対する合意が形成され、共有化が進むのである。

定量的な判定基準を設定しておけば、より明確に判定することが可能になる。しかし、必ずしもすべての職位を共通の定量的な指標で測定することはできない。例えば、小売業の店舗では、売上規模や店舗の床面積等の定量的な指標を設定しておけば、役割評価が明確であり、結果も受け入れられやすい。しかし、本部ではこうした指標の設定ができないため、役割の測定が難しく合意に時間を要する場合がある。したがって定性的な項目も取り入れ、多面的な視点で測定することが理解を得るためのポイントとなる。

3　管理職層に役割等級と職能資格等級を併用する

管理職層とはいえ、役割等級一本での処遇になることへの抵抗が強い場合には、従来の職能資格等級を維持しつつ、管理職層には役割等級も入れて二つの等級を併用する方法がある。職位別の管理スパンに極端な差がない場合には、［図表1-16］のように簡易的に職位を分類し、役割等級とみなして導入することも可能である。

この仕組みでは縦軸の職能資格等級を人材開発の軸と位置づけ、横軸に役

図表 1-16 役割等級と職能資格等級の併用パターン

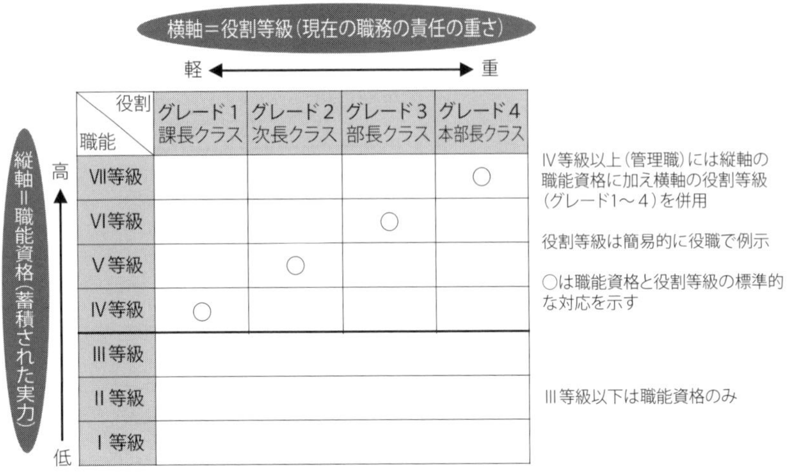

横軸＝役割等級（現在の職務の責任の重さ）

軽 ←→ 重

縦軸＝職能資格（蓄積された実力）　高 ↑ 低

職能＼役割	グレード1 課長クラス	グレード2 次長クラス	グレード3 部長クラス	グレード4 本部長クラス
Ⅶ等級				○
Ⅵ等級			○	
Ⅴ等級		○		
Ⅳ等級	○			
Ⅲ等級				
Ⅱ等級				
Ⅰ等級				

Ⅳ等級以上（管理職）には縦軸の職能資格に加え横軸の役割等級（グレード1～4）を併用

役割等級は簡易的に役職で例示

○は職能資格と役割等級の標準的な対応を示す

Ⅲ等級以下は職能資格のみ

割等級を人材活用の軸として加える。縦軸は安定的に運用し、能力開発の度合いに応じて従来と同様に昇格させる。管理職層では評価により降格もあり得るものとしたい。賃金については、職能資格等級ごとに下限・上限額を定めたレンジレート（範囲給）の職能給として、評価に応じて昇給させる。

一方、横軸は組織の都合に応じて可変的であり、人材活用の観点から異動を行い、それにより役割のアップダウンが生じる。こちらは役割の対価として役割給をシングルレートで設計する。

運用のポイントは、職能資格等級と役割等級の標準的な対応関係を決めておき、その対応から大きく乖離（かいり）しないようにすることである。上位の職能資格であるのに軽い役割があてがわれたり、下位の職能資格であるのに重い役割に登用されたりすることも一時的にはあり得るが、こうしたミスマッチが長く続かないようにすることが重要である。つまり、上位の職能資格にありながら軽い役割しか果たせない状態が続くようであれば降格もやむなく、逆に下位の職能資格ながら重い役割を十分果たしているのであれば極力早めに昇格させる、という運用をするべきである。

この方式は、安定的な実力に見合う部分を職能資格等級で処遇しつつ、役割等級を導入してそれに対応する部分はドラスティックに運用できるというメリットがあり、職能資格制度を残したい場合には非常に有益な仕組みである。W社もこの方式を取り入れた。部下を持たないスタッフ管理職は「グレード1まで」とすることで、ラインを統括する管理職との役割の違いを反映した処遇を実現し、バランスが保たれるようになったのである。

4 役割等級を機能させる条件

管理職層に役割等級を導入して成功させるためには、次の三つの条件がある。これらを満たせない企業では、役割等級を導入してもおそらく運用で行き詰まり、効果は望めないだろう。

[1] 役割評価の納得性を得られる合意形成が可能であること

まず、役割の評価に当たり、事業の大きさ（数値責任）、事業の多様性、組織人員（人数と業務の多様性）、戦略的重要性などの項目設定およびウエート設定に妥当性があることが必要である。また、職位を中心とした役割について、暗黙の序列感が社内に存在しており、経営層はじめ社員がそれに共感できることも不可欠である。合理性があると考えられる手法で役割評価を行った結果が、この序列感に近いものであれば、社員の納得は得られやすい。

[2] 多くの社員が数年単位で人事異動し役割が変動すること

仕事、職位、勤務地等が異動により変更されるのが当然の風土であること、あるいはそう変えていけることが必要である。すなわち、実際に多くの社員が異動していること、あるいは、今後そうできることが不可欠である。

異動により仕事や職位が変わり、その結果、処遇が変更されることが当たり前に受け入れられなければならない。社員の賃金が変動することを恐れて、人事部が異動案の作成を躊躇（ちゅうちょ）するのでは本末転倒である。また、異動して役割が変更されているのに賃金を変えない（特に賃金が下がる場合）ことも、この仕組みを形骸化させる。

[3] 会社主導の定期異動のほかに、それを補完する仕組みがあること

役割等級に関する否定的な意見として、「役割は会社が与えるものであり本人の自助努力では変え難い」という考え方がある。もちろん、組織の硬直

化からくる役割の固定化は打破しなければならない。

そのためには定期的な人事異動を促進するとともに、異動希望について自己申告ができる仕組み、社内FA制度や公募制度など、主体的に異動できる仕組みが必須である。さらに役職任期制や役職立候補制など、役職に就く者を見直し、意欲のある社員がポストを勝ち取れる仕組みも補完機能として求められる。

課題解決のためのヒント

役割に基づく人事制度を導入して定着化させるためには、役割等級を機能させる三つの条件で見たように、役割の考え方を受け入れる土壌が形成されていなければならない。

制度を形骸化させないためには、こうした社風の形成が非常に重要であるが、簡単には進まないものである。まずは管理職層から制度導入する。あるいはW社のように併用型で役割等級を導入し、目標管理や評価制度と絡めて運用しつつ、役割に対する意識を高めていくというのも手だろう。

また、前記の例のように、レンジ型職能給と併用するシングルレートの役割給は比較的導入しやすい。役職手当と非常に近い性格であるが、金額を厚くして基本給部分に格上げすることにより、役割の対価としての認識を強く持たせる効果がある。

7 グループ人事戦略の考え方

求心力と遠心力のバランスを求めて

CASE

傘下に小売業十数社を抱える純粋持株会社O社では、グループ全体の従業員に適用される行動指針を策定するとともに、以前はバラバラであった各事業会社の人事制度の統合を進めることにした。

具体的には、資格等級制度や賃金体系、人事評価体系等をグループ共通としつつ、報酬水準（賃金表）や評価基準等の詳細は各社の判断で自由に設定できるようにした。また、新卒採用の共通ポータル（窓口）を設けるとともに、グループの共通研修を充実させた。

一方、同じく純粋持株会社であるP社は、銀行や証券、信託、カード会社等の多様な金融事業を傘下に抱えている。

しかし、P社には、グループ行動指針のようなものは特段存在せず、人事制度も各社が独自の仕組みを整えている。各事業会社が人事制度の変更等を行う場合には親会社であるP社の承認を要するが、それ以外は基本的に各社の判断事項である。採用・研修についても、各事業会社別に実施している。

両社とも純粋持株会社タイプの企業グループであるにもかかわらず、グループ人材マネジメントの在り方にこのように大きな差異が生じるのはなぜであろうか。また、そもそも何のためにグループ人材マネジメントを推進する必要があるのだろうか。

解説　グループ人事戦略を最適化するには

1　グループ人材マネジメントの狙い

一昔前までは、資本関係で結ばれた企業であっても個々の会社でバラバラの人事管理を行っているケースが少なくなかった。しかし、連結決算の導入に伴い、グループ全体の業績管理が求められるようになると、グループ経営を戦略的に推進しようとする動きが活発化してきた。重要な経営資源である“人”についても例外ではなく、グループ人材マネジメントをより効果的・効率的に推進しようとする取り組みが今日加速している。

グループ人材マネジメントを推進する目的は、グループ内の人的資源の最適活用を通じたシナジー創出である。具体的には、以下の三つに整理できるだろう。

①グループ全体の人材ポートフォリオ管理と適材適所の人材配置 ②グループ横断的キャリア形成の促進による人材開発 ③共通機能の一元化による管理コストの削減

まず、「①グループ全体の人材ポートフォリオ管理と適材適所の人材配置」とは、さまざまな能力を持った人材を個別企業の枠を超えて活用し、グループ横断的な適材適所の人員配置を実現することである。例えば、ある事業会社で新規事業を立ち上げようとした場合、たとえ社内に必要なスキルを持った人材がいなくても、グループ内の別の会社には条件を満たす人材が存在するかもしれない。人材不足やミスマッチをグループ全体で解消し、配置の最適化を実現することが狙いである。

次に、「②グループ横断的キャリア形成の促進による人材開発」とは、個々の企業の垣根を超えたローテーションを実施することにより、個別企業の枠内だけでは不可能な多様な仕事を経験させ、効果的・効率的に人材育成を進めようというものである。実際、こうした目的の実現のため、社内公募制や社内FA制をグループ全体に拡大し、「グループ内公募制」「グループ内FA制」のような仕組みを導入している企業グループも少なくない。

最後に、「③共通機能の一元化による管理コストの削減」とは、教育研修や給与計算など人事管理機能の一部をシェアード・サービス化することによるコスト削減を指す。

2 グループ人事戦略の4類型

グループ人事戦略には、大別すると四つの類型が存在する［図表1-17］。

まず、企業グループによっては、人事賃金制度をグループ内で完全に統一する例が見られる（類型Ⅰ）。こうした方法を採用する例は比較的稀だが、もともと一つであった会社が事業部門を分社化してグループを構築した場合等に見られる。この場合、資格等級制度の枠組みや賃金体系、報酬水準、評価基準など、同じ仕組みがグループ会社に適用される。

これに対し、制度を完全に統一するまでには至らないものの、グループ内で制度の共通プラットフォームを構築する（制度の屋台骨を共通化する）ケースはかなり見られる（類型Ⅱ）。資格等級制度や賃金制度については、等級の段階数や賃金項目等の大枠をグループ内で同一にするが、具体的な賃金水準は個々の事業会社の経営体力に応じたものとする。こうしたやり方は、持株会社の下で複数の事業会社を統合する場合に典型的に見られる。冒頭の事

図表 1-17 グループ人事戦略の 4 類型

類型	特徴	概要
Ⅰ 統合型	人事賃金制度をグループ内で完全に統一	・人事・賃金・評価制度はグループ本社・子会社で完全に統一 ・昇給・昇格・賞与等もグループ本社で一元的に管理・決定
Ⅱ 緩やかな統合型	人事賃金制度の共通プラットフォーム化	・グループ内の主要会社で人事・賃金・評価制度等のプラットフォームを共通化 ・具体的な昇給・賞与水準や制度運用の細則は各社ごとに異なる
Ⅲ 緩やかな分権型	制度統一は行わないがグループ人事政策を一部共有	・グループ内で制度統一は行わず、各社独自に制度構築（ただし、制度設計は本社協議事項） ・人件費管理・採用・人材開発・賃上げなど一部の人事政策またはその運用について、グループ本社・子会社で方針を共有
Ⅳ 分権型	明示的なグループ人事統制は行わない	・子会社の自治を最大限尊重し、グループ本社は子会社の制度設計・運営にほとんど介入しない ・本社人事は昇給・賞与の承認や子会社で問題が生じた場合のトラブル処理等の機能のみ

例で紹介した小売グループＯ社は、この類型Ⅱに該当する。

さらに、制度統一は行わないが、グループ人事政策を一部共有するケース（類型Ⅲ）や、個別企業の「自治」を最大限尊重し、明示的なグループ人事統制は行わないケース（類型Ⅳ）もある。こうしたやり方は、多種多様な業態を抱える企業グループや、個々の企業の独立性が高く分権化志向が強い企業グループに好まれる方法である。冒頭で紹介した金融業持株会社Ｐ社は、類型Ⅳの事例に該当するといえるだろう。

3 グループ人事戦略の適合性

このように、一口に「グループ人事戦略」といっても、その実態はさまざまである。例えば、鉄道会社グループのように、輸送サービス業、小売業、不動産業など多種多様な業態が混在しているコングロマリット型の企業グループの場合、業態の違いにもかかわらず単純にグループ内で人事管理の仕組みを一本化することには無理がある。一方、例えば、各地域のスーパーマーケットの連合体など、同種の事業から成る企業グループの場合、人事制度や採用、教育研修等の基盤を統一することによって、グループ内の人材シナジーを最大化できる可能性がある。

この問題を考えるに当たっては、グループ本社の「グループ統合化志向」と「グループ企業の事業の多様性」の二軸に着目して考察を進めるとよいだろう［図表1-18］。

図表 1-18　グループ人事戦略の適合性

		グループ企業の事業の多様性	
		大	小
グループ統合化志向	強	類型 III	類型 I
	弱	類型 IV	類型 II

ただし、グループ内のすべての企業について画一的なアプローチを採用する必要はない。グループ会社の特徴を整理し、統合化によるシナジー効果が見込まれるグループ会社についてのみ「類型Ⅰ」または「類型Ⅱ」に、それ以外は「類型Ⅲ」または「類型Ⅳ」にするようなやり方も考えられるだろう。

いずれにせよ、どのような方針でグループ人事戦略を推進するのか、まずは基本理念を整理することが不可欠である。

4 求心力と遠心力のバランスの実現

仮に小売グループO社のように「類型Ⅱ」を採用し、グループ内で人事制度の共通プラットフォームを設ける方針を決めた場合、具体的にどこまでを共通化し、どこから先を各事業会社に委ねるかを決めなければならない。

この場合、等級体系、報酬体系、評価体系など、人事フレームの根幹部分は統一することが基本となる。この部分が人事フレームの1階部分として、グループ全社に適用される共通プラットフォームとなるのである。

そこから先の2階部分、例えば、資格等級の数や専門職制度の採用有無、報酬水準（賃金表)、評価項目や評価ウエート、評価基準等の各論的な部分は、グループとしての基本形を構築した上で、各社の規模や事業戦略等を踏まえて、各社の判断で自由にカスタマイズできるようにする［図表1-19]。

図表 1-19 グループ人事制度の構築（類型Ⅱ〔緩やかな統合型〕の例）

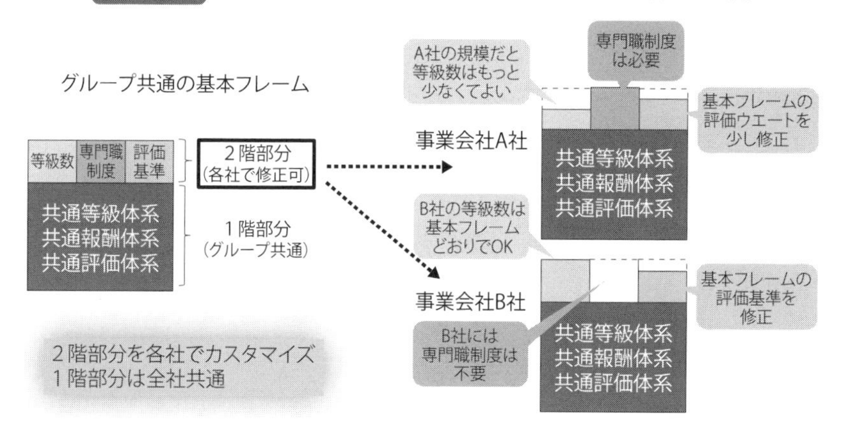

このようなやり方で、企業グループとしての求心力と遠心力をうまくバランスさせながら、人事管理の仕組みを整えていくことが求められるのである。

課題解決のためのヒント

グループ企業の総力を結集し、経営課題を解決するためには、グループ内の人的資源の有効活用によるシナジー創出が欠かせない。

「グループ人材マネジメント」というと、グループ内で人事制度や人事管理の仕組みを統一することを思い浮かべる方がいるかもしれない。しかし、上記の解説のとおり、やみくもにグループ内で人事施策を統一すればよいというものではなく、グループの経営方針や、グループ内の事業の多様性を考慮しながら戦略を策定する必要がある。

これまで明示的なグループ人事を実施してこなかった企業グループは、まずはグループ内の主要企業の人事担当者を集めた検討会を開催し、現状の把握と課題の洗い出しに着手してみてはいかがだろうか。

8 異能人材のマネジメント

突出したタレントの獲得・定着促進に向けて

CASE

ICTの進化がますます加速している。競合他社との差別化を実現するためには、突出したタレントの獲得が欠かせない。ところが、AIなど最先端の分野で高いスキルを有する人材の供給は限られており、グローバルレベルで獲得競争が加熱している。高い報酬を提示してもなかなか採用できず、たとえ採用できたとしても、自社に定着させることが難しい。

情報通信業X社でも似たような悩みを抱えていた。X社では、AI技術等を活用した新たな情報サービスの開発を進めているが、そのためには豊富な経験・実績を有するエンジニアが欠かせない。ところが、こうしたエンジニアを募集し、内定を出しても、他社へ逃げられてしまう。X社の社員の理論上の年収上限を提示してもなお、優秀なエンジニアを採用することができない事態に陥っていたのである。

そこでX社では、既存の人事処遇制度はそのまま残した上で、新たな人事処遇コース「卓越専門職制度」を創設した。卓越専門職制度は、通常のコースと同様、正社員の雇用区分であるが、役員並みの報酬額の提示も可能な仕組みになっている。現時点の対象職種はエンジニアのみであるが、将来的には、営業担当者や管理部門のスタッフにも適用することを念頭に置いている。

X社がこのような人事処遇コースを創設するに至った根本的な理由は何だろうか。また、こうした仕組みを構築する際、どのような点に留意すべきであろうか。

解説　既存の社内秩序から脱却し、異能人材を活用する

1　日本型雇用慣行との折り合い

［1］日本型雇用慣行

日本の大企業の多くは、無色透明な新入社員を一括採用し、長期雇用を前提としてOJT、Off-JTによって育成を図り、「わが社の色」に染め上げる雇用ポリシーを採用してきた。中途採用も一定割合存在するものの、あくまで保守本流は新卒入社のプロパー社員であり、中途採用の社員は傍流とみなされる会社も少なくない。

また、伝統的な日本企業では、社員の勤続年数を意識した横並びの年次管理が行われることが多く（例：「彼（彼女）は2010年入社組だから、そろそろ係長に昇進させよう」）、一般に選抜・昇進は欧米企業に比べて遅くなる傾向がある。このため、報酬水準が高い上級管理職や上級専門職に到達するまでには、長い時間を要することになる。

年功序列の弊害が指摘されるようになって久しい。しかし、現在においてもなお、横並びの年次管理に基づく遅い選抜を続ける企業は決して少なくないのである。

［2］異なる処遇制度の並列

一方、AIなど最先端のICT分野では、このような悠長なことを言ってはいられない。ベテランよりもむしろ、若手エンジニアのほうが最先端の技術に精通している場合が少なくない。

優秀なエンジニアに対して高い報酬を提供することができなければ、人材の獲得・定着はおぼつかない。そのためには、若手であっても、自社の上級管理職と同じ等級ランクに位置づけるしかないが、それでは年次管理に基づく社内秩序が崩れてしまう。また、そもそも上級管理職並みの報酬を提示してもなお、採用することができないこともあり得る。したがって、既存の人事処遇制度を温存しつつ、異なる報酬体系を構えた新たな人事処遇コースを創設せざるを得ないのである。

ここで注意すべきは、「優秀なICT人材の報酬水準が高いから」というこ

とだけが制度創設の理由ではないということだ。もし、報酬水準が高いことだけが問題であれば、最上位等級の上にさらにもう一つ等級ランクを設ければ済む話である。より本質的な理由は、異能人材のマネジメントが、自社の雇用慣行（年功秩序）と折り合わないので、別途、新たなコースを創設したという点にある。

2 ICT業界の動向

X社と同じように、卓越したICT人材を採用し、処遇するための新たな雇用管理区分を設ける企業が増えている。

例えば、NTTデータは、2018年12月より、AI、IoT、クラウドなど先進技術領域等において、卓越した専門性を有する人材を市場価値に応じた報酬で採用することが可能な新たな雇用区分（Advanced Professional制度）を導入している[6]。また、NTTドコモでも、2019年4月から、AIなど特定の職種において、卓越した専門性を有する人材を市場価格に応じた報酬で採用できる仕組み（シニア・プロフェッショナル制度）を導入している[7]。さらに、NECにおいても、新卒を含む若手のトップ研究者を対象に、市場価値を考慮した報酬上限のない「選択制研究職プロフェッショナル制度」を2019年に導入している[8]。

3 X社のケーススタディに見る制度設計のポイント

ここでは、上記3社とほぼ同時期に新制度を施行したX社の事例を取り上げ、制度設計のポイントを解説しよう。

[1] 卓越専門職にも等級区分を設定

［図表1-20］は、X社の等級フレームの全体像である（実際の制度を若干デフォルメしたイメージ図）。既存の人事制度では、マネジメント職(管理職)コースとエキスパート職（専門職）コースに枝分かれした複線型のキャリア

---

6 NTTデータ ニュースリリース（2018年12月4日付）より。

7「NTTドコモグループ サステナビリティレポート2019」p.102より。

8 NECプレスリリース（2020年3月11日付）より。

図表 1-20　卓越専門職制度の創設（イメージ図）

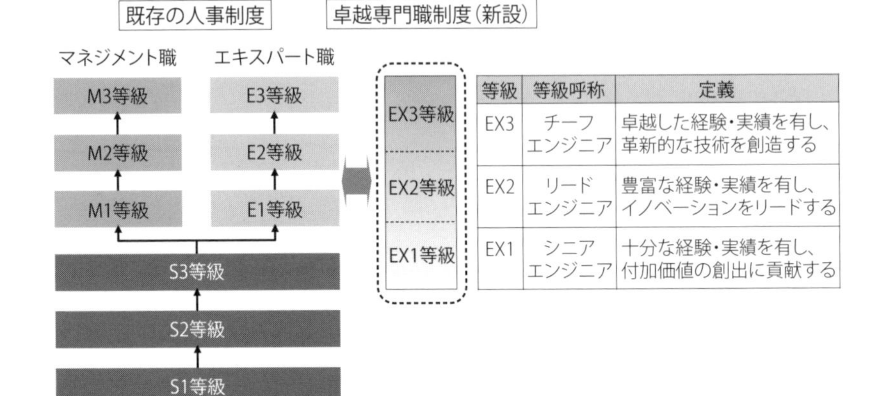

等級	等級呼称	定義
EX3	チーフエンジニア	卓越した経験・実績を有し、革新的な技術を創造する
EX2	リードエンジニア	豊富な経験・実績を有し、イノベーションをリードする
EX1	シニアエンジニア	十分な経験・実績を有し、付加価値の創出に貢献する

パスが設定されていた。この仕組みをそのまま温存した上で、新たに「卓越専門職制度」を新設することにした。

卓越専門職は主に外部労働市場からの中途即戦力採用を想定しているが、既存社員が卓越専門職コースに転換することも可能である。ただし、この場合には、外部市場から採用するのと同じ基準で厳しい審査が行われる。

注目すべきは、卓越専門職にも等級制度を導入していることである。卓越専門職は人材スペックを明確にした即戦力採用なので、等級制度など不要と考える人がいるかもしれない。しかし、有期ではなく無期雇用の正社員として採用し、定着を図り、中長期的に動機づけていくためには、昇格を通じたインセンティブ付与が不可欠である。また、スキルの陳腐化により、採用後に報酬を引き下げたり、降格を行ったりする必要が生じる可能性もある。契約社員ではなく正社員だから、こうした状況に陥っても雇用契約を終了することはできない。このためX社では、等級定義を明確化した上で、複数の等級区分を設定したのである。

なお、[図表1-20] を見ると分かるとおり、既存制度にもエキスパート職（専門職）が存在している。新設する卓越専門職との違いを明確化するため、X社では［図表1-21］のような整理を行っている。

図表 1-21 既存のエキスパート職と卓越専門職の違い

	エキスパート職（既存）	卓越専門職（新設）
期待役割	主として自社の企業特殊スキル、ノウハウ、経験を要する業務を推進し、会社の業績向上を実現する	主として市場汎用性の高いスキル、ノウハウ、経験を要する業務を推進し、会社の成長を牽引する
報酬決定	内的公平（他の社員の賃金水準とのバランス）を考慮して決定	外的公平（市場賃金）を考慮して決定

[2] 既存社員よりも平均的な報酬水準を引き上げつつ、メリハリを拡大

卓越専門職の平均的な報酬水準は、既存制度よりも高く設定されている。しかし、ベースサラリーである基本年俸は両者に大きな差はない。

その代わり、賞与に相当する業績年俸の仕組みに大きな違いがある。既存制度では、業績年俸の変動幅はそれほど大きくなく、成果が振るわない場合も賞与がゼロにならないよう、業績年俸には最低保障額が設定されている。これに対し、卓越専門職の場合、業績年俸の変動幅が非常に広く設定されている。この広い幅を活用して、市場賃金に即して柔軟な報酬を提示し、優秀人材を採用する仕組みである。ただし、期待される成果を上げられないにも

図表 1-22 卓越専門職の報酬フレーム（イメージ図）

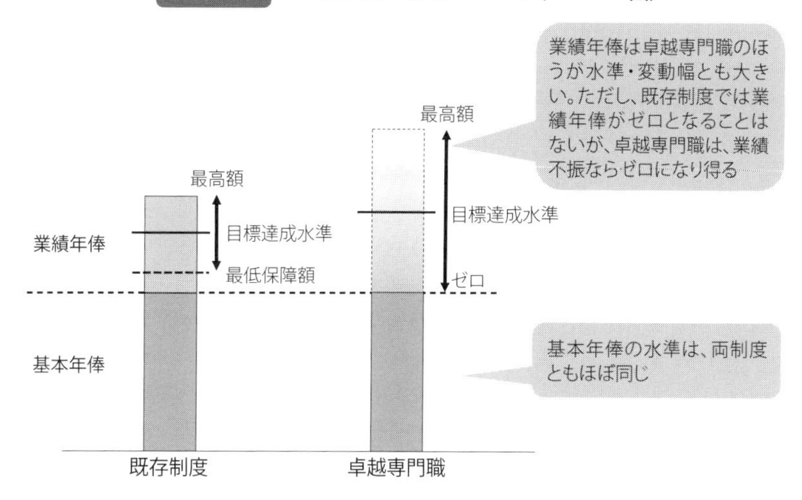

かかわらず、報酬水準が高止まりすることがあってはならない。このため、パフォーマンスが振るわない場合には業績年俸がゼロになるよう制度が設計されている［図表1-22］。

［3］成果評価中心の評価制度

X社では、既存制度の人事評価は、成果評価と能力・行動評価の組み合わせで行うが、卓越専門職は成果評価が中心となっている。

通常の社員の場合、日頃の職務行動を観察すれば、本人の能力レベルを確認できる。しかし、AIなどの最先端分野では、行動観察により本人の能力レベルを評価することは困難だ。なぜなら、最先端のスキルを評価するためには、最先端を上回るさらに高度なスキルを上司（評価者）が保有していることが前提になるからである。このため、卓越専門職の人事評価は、目標管理方式による成果評価が中心になっている。

また、目標管理を適正に機能させるため、卓越専門職については、期首の目標設定面談には複数の上司が関与することとしている。さらに期中においても、複数の上司による四半期単位のフィードバック面談を義務づけるなど、きめ細かなパフォーマンス・マネジメントが行われるような工夫がなされている。

［4］制度設計のポイント

以上をまとめると、異能タレントの獲得・処遇のための制度設計のポイントは次のとおり整理することができるだろう。

- 等級や昇降格など、中長期的な動機づけを念頭に置いた仕組みを設けること
- 絶えず変動する市場賃金に柔軟に対応できるよう、広い報酬幅を設定すること。同時に、採用後に報酬が高止まりすることがないような仕組みも盛り込むこと
- 人事評価はスキルや行動プロセスよりも成果・実績を重視し、パフォーマンスのきめ細かな検証とフィードバックを行うこと

多くの企業にとって、異能人材のマネジメントは優先度の高い課題である。突出したタレントの獲得に向けて、既存の人事制度とは別枠の処遇体系を設ける企業もあるが、本来であれば、わざわざ複数の制度を並列させることなく、報酬レンジの幅を広げたり上限を撤廃したりすることで、既存制度の枠内でも十分対応可能と思われる。

大きなボトルネックとなっているのは、年次管理を中心とした雇用慣行である。こうした雇用慣行の下では、異能人材は文字どおり組織の中の「異分子」と化してしまい、既存秩序と折り合いをつけることができない。したがって、既存制度と切り離した別体系の中で処遇せざるを得ないのである。

本質的な課題解決のためには、年功的な発想に基づく会社秩序からの脱却が必要不可欠といえるだろう。

9 シニア人材のマネジメント

定年引き上げか再雇用制度維持か、それが問題だ！

CASE

現在も多くの企業は、60歳定年制を採用し、それ以降は継続再雇用制度の下でシニア人材を活用している。しかし、継続再雇用の場合、60歳到達前と比べて賃金が大きく低下することが多く、シニア人材のモチベーション維持の面で課題を抱える企業が少なくない。また、労働力人口の高齢化に伴い、社会全体としても、意欲や能力を持った人材が年齢に関わりなく活躍できる環境を整えることが課題になっている。

こうした状況の中、経営トップがシニアの活躍促進に強い意欲を持つ技術サービス業A社では、定年を一気に70歳まで引き上げることにした。同時に、年功的だった人事制度を刷新し、管理職を対象とした年俸制の導入など、職責や成果を重視した処遇体系に改めることにした。

一方、情報通信業B社でも、シニア人材のモチベーション向上が課題になっていた。再雇用後の担当職務にかかわらず、全員一律の金額の時給制が適用されており、シニア社員から不満の声が上がっていたのである。しかし、B社では定年引き上げは時期尚早と考え、人事制度の大幅刷新ではなく、シニア社員が担当する職務に応じて複数の報酬ランク（シニア等級）を設けて処遇のメリハリを拡大する制度改定を行った。

A社、B社とも、シニアのモチベーション向上に課題を抱えていたが、A社は定年引き上げ、B社は継続再雇用制度の維持という結論に至ったのである。何が両社の対応を分けたのだろうか。また、定年引き上げの是非を検討する際、どのような事項に注意する必要があるのだろうか。

解説　定年引き上げを成功させるための条件

1 なぜ企業は定年制を設けるのか

有期雇用契約では、契約期間の満了をもって雇用関係は終了する。一方、無期契約の場合には、会社の倒産、事業縮小等による解雇や、本人による退職の申し出、死亡等の事象が発生しない限り、雇用契約は文字どおり無期限に続くことになる。従業員が一定の年齢に到達したことをもって無期限の契約に終止符を打つのが定年制度である。

ところで、企業はなぜ定年退職という「年齢」による強制的な退職制度を設けるのであろうか。スタンフォード大学のラジア (Lazear) が提唱した「後払い賃金仮説」がその理由をうまく説明している［図表1-23］。

企業が支払う賃金は社員の貢献度と一致する必要がある。なぜなら、貢献度を下回る賃金を支給していれば社員は辞めてしまい、逆に、貢献度を上回る賃金を支払っていては会社が倒産してしまうからだ。

しかし、後払い賃金仮説によれば、会社が支払う賃金と社員の貢献度は必ずしも常に一致している必要はなく、雇用期間全体を通じて両者のバランスが取れていればよい。若いときは雑用的な作業を含めてたくさんの仕事を任される。しかし、若年層の賃金はそれほど高くないため、実際の貢献度は賃

図表 1-23　後払い賃金仮説と定年制

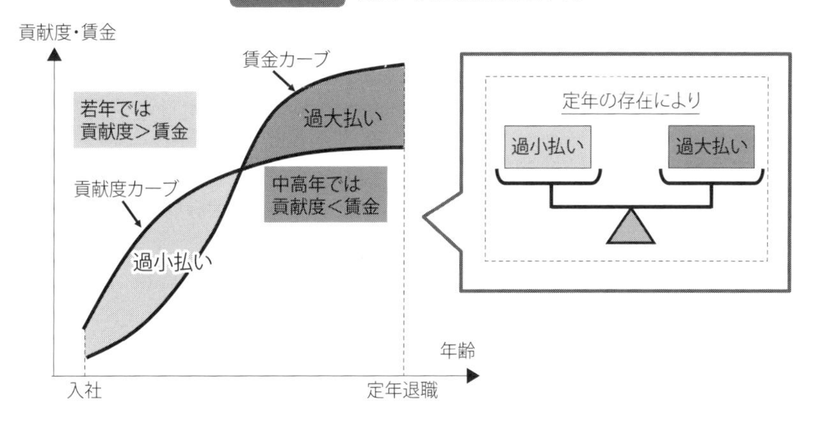

金を上回る場合が少なくない（若年では貢献度＞賃金）。その後、勤続年数が増えるにつれて、貢献度を上回る勢いで賃金が上昇し、やがて中高年齢層で賃金が貢献度を上回るようになる（中高年では貢献度＜賃金）。日本企業では、賃金に見合った貢献が見られないベテラン社員が、時に「働かないおじさん」などと揶揄されることもあるが、それはこうした状態を表しているといえるだろう。

こうした右肩上がりの賃金カーブは、「若いときに経験した苦労は将来報われるので、頑張ってうちの会社で働き続けてくださいね」という会社からのメッセージである。社員の側でも、働き続ければ賃金がどんどん高くなることが分かっているので、リストラ対象にならないよう勤勉に働くインセンティブが生じる。企業が右肩上がりの賃金カーブを設定する理由はこの点にある。

しかし、社員の貢献度を上回る賃金を支給し続けていくと、やがて累積賃金が累積貢献度を上回ってしまう。その関係に終止符を打ち、生涯賃金と生涯貢献度がバランスするようにする「仕掛け」が定年制ということになる。

2 継続再雇用制度を巡る課題

定年後の継続再雇用制度では、定年間際の賃金水準を大幅に引き下げた報酬が提示されることが多い。[図表1-23] からも明らかなとおり、定年後の賃金水準を貢献度カーブと一致する水準まで大幅に引き下げれば、生涯賃金と生涯貢献度のバランスが崩れることがなく、賃金管理の合理性を維持できるからだ。

しかし、一人一人の貢献度を判定して個別の賃金設定を行うことは難しく、実際には定年前と職務内容がそれほど変わっていないにもかかわらず、「一律定年時給与の○○％水準」「一律××円」というルールが適用され、モチベーションダウンしてしまうケースが少なくない。また、こうした報酬制度は、近時裁判例が増えているように、同一労働同一賃金の観点からの懸念もある。

3 定年引き上げか、継続再雇用制度の維持か

[1] 定年引き上げのリーダーシップ戦略

そこで、60歳を挟んだ賃金カーブの断絶を解消し、65歳までシームレスに（途切れなく）働き続けることができるよう、定年引き上げに舵を切る企業が少しずつ増えている。まだ60歳定年にとどまる企業が多い中で、先手を打って65歳定年制を導入することで、シニア人材のモチベーション喚起だけでなく、若年層を含めた人材獲得競争において優位を築く狙いがある（定年引き上げのリーダーシップ戦略）。

しかし、後払い賃金仮説によれば、右肩上がりの賃金カーブをそのままにして定年を引き上げると、生涯賃金と生涯貢献度とのバランスが崩れてしまう。したがって、賃金カーブの傾きをなだらかにすることで、賃金カーブと貢献度カーブの乖離をできるだけ小さくするための施策が不可欠となる。

図表 1-24 定年引き上げ戦略

	定年引き上げのリーダーシップ戦略	定年引き上げのフォロワーシップ戦略
概要	まだ普及率が低い現状において、あえて先手を打って65歳定年制を打ち出す	当面、継続雇用制度を存続させつつ、定年後のシニア処遇制度の改善を図る
メリット	・年齢に関わりなく優秀な人材を活用できる枠組みが他社に先駆けて整う ・「年齢に関わりなく働ける会社」としての企業イメージ喚起による… ✓新卒・中途を含めた採用競争力の向上 ✓広報面でのインパクト	・法令や他社の動きを見極めた上で制度設計の判断ができる ・現役世代の人事処遇制度を変更する必要がない
デメリット	・現役世代の人事処遇制度の見直し（賃金カーブの引き直し）が必要になる ・制度設計を進める際に参照できる他社事例の蓄積が不十分	・継続再雇用制度の枠内でしか処遇できず、シニア人材の活用が妨げられるおそれがある ・人材獲得競争において、競合他社よりも劣位に立たされる懸念がある
賃金カーブの見直しイメージ	平均的な賃金カーブは現在よりもフラットになり、職責や成果に応じたメリハリが拡大する 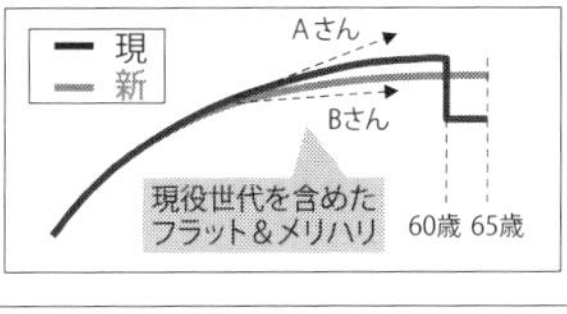	現役世代の賃金カーブは不変とし、継続再雇用時の報酬水準にメリハリをつけることで対応する 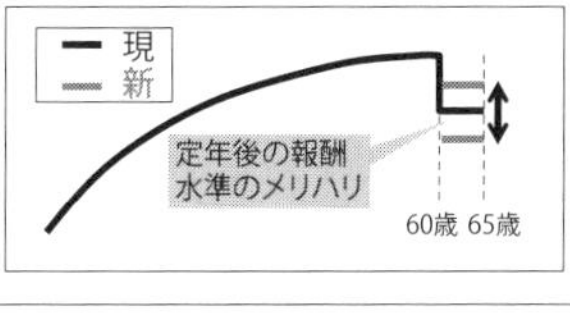

具体的には、職能資格制度など、ともすれば年功を誘発しやすい仕組みから、仕事の責任に基づく職務・役割主義の処遇制度へと切り替えることが対応策となる。また、例えば年俸制の導入など、成果に基づく報酬管理の徹底も重要である。定年引き上げ後の賃金カーブは、制度改定前よりも全体としてはフラットになる一方、個々の社員の成果貢献に応じて報酬のメリハリが拡大する。

冒頭の事例で紹介したA社では、70歳定年を実現するための地ならしとして、このような制度改定を行ったのである。

[2] 定年引き上げのフォロワーシップ戦略

これに対し、しばらくは“様子見”とし、もっと他社事例が蓄積されてきてから定年引き上げに舵を切ろうと考える企業も少なくない（定年引き上げのフォロワーシップ戦略）。

ただし、この場合には、「何もせず傍観する」ということではなく、既存の継続再雇用制度が抱える課題の検証と、その解決に向けた取り組みが求められる。前記のように、再雇用時の賃金を「一律定年時給与の○○％水準」「一律××円」というように設定している会社も散見されるが、これでは社員のモチベーションは維持できない。このような場合には、継続再雇用後に本人が担当する職務や役割に応じて「シニア等級」のような仕組みを設け、社員個々人の貢献レベルに応じて処遇のメリハリをつけることなどが対応策となるだろう。冒頭で紹介したB社の事例がこれに該当する。

しばらくはこうした施策で対処し、65歳定年制の普及状況をにらみつつ、現役世代の賃金カーブの修正を含めたより抜本的な制度改定に踏み切ろうと考えるのがフォロワーシップ戦略の考え方である。

[3] リーダーシップ戦略か、フォロワーシップ戦略か

戦略の採用に影響を与える主な要因は三つ挙げられる。

まず、シニア人材の活躍可能性である。技術サービス業A社の場合、社員の大半は技術系のコンサルタントである。コンサルタントの貢献度は、本人の経験・実績に依存する要因が大きく、シニア層のほうが若手・中堅層よりも貢献度が高い場合が多い。これに対し、B社の場合、経験・実績に依存す

る要因は限定的である。このため、定年を引き上げたとしても、シニアが持つ経験・実績を活かして活躍できるフィールドは限られている。確かに60歳以降も高い貢献を果たす社員は一定数存在するものの、全社的に見ればその割合は必ずしも高くない。

もう一つの要因は、従業員の年齢構成である。定年引き上げのリーダーシップ戦略を採り、60歳前の賃金カーブのフラット化を実現したとしてもなお、60歳以降の賃金水準は現在よりも引き上がるケースがほとんどである（[図表1-24] の左側の図を参照)。したがって、50代後半の従業員層が膨らんでいる企業の場合には、相当期間にわたって人件費増が見込まれることになるため、定年引き上げに舵を切りづらくなる。このような場合、当面はフォロワーシップ戦略を採り、50代後半の従業員数の“山”が退職して抜けた後に定年引き上げに舵を切る選択肢が採用されやすい。

三つ目の要因は、経営トップのイニシアティブである。リーダーシップ戦略、フォロワーシップ戦略とも、「どちらか一方が絶対的に優れている」という性質のものではない。最後は経営判断である。定年引き上げに舵を切るか否かは、経営トップのリーダーシップにかかっているといっても過言ではない。実際、70歳定年制を実現したA社の場合、経営トップの信念による要因が大きい。

ただし、経営トップが定年引き上げを主張している場合には、その真意を十分に確かめることも欠かせない。冒頭で紹介したC社では 、当初、経営トップがシニアの処遇改善に向けて65歳定年制を主張し、これを実現すべく検討を開始した。しかし、最終的には既存の継続再雇用制度を若干修正することに落ち着き、定年引き上げは見送ることになった。議論を掘り下げていくと、経営トップが「シニアの処遇改善」というときに念頭にあるのは「一部の優秀なシニアの処遇改善」であって、決して「すべてのシニアの処遇改善」ではないことが分かったのである。こうした状況では、すべての社員を対象とした定年引き上げは難しい。

人生100年時代を迎え、年齢に関わりなく働き続けることができる社会の実現に向けて、各方面で議論が進んでいる。法制面でも、2021年4月に施行される改正高年齢者雇用安定法により、雇用以外の方法も含め、70歳までの就業機会を確保することを企業の努力義務とすることが既に決定されている。こうした状況の中で、冒頭の事例で紹介したA社のように、一気に70歳定年制を打ち出す企業も現れてきている。

しかし、時流に乗って「わが社も定年引き上げを」というアプローチは好ましくない。定年引き上げには十分に練り上げた戦略が必要である。年金制度も含めた法令改正動向等の外部環境のほか、シニア人材の活躍可能性、従業員の年齢構成、経営陣の考え方等の内部環境を十分に確認・検証した上で、自社の立ち位置を明確化することが不可欠である。

また、シニア世代では、体力や健康状態のバラつきが拡大する。検討に当たっては、多様化するシニアの就労ニーズ（短時間勤務等）にどのように応えていくかなど、単なる「人材活用論」を超えた包括的な視点が求められる。

10 コース別人事制度見直しの勘どころ

ワーク・ライフ・バランスに配慮した人材活用

CASE

1986年の男女雇用機会均等法の施行前は、男女別の役割意識に基づき業務分担が固定的に決められ、実質的に男女別賃金となっている例が少なからず見られたものである。同法の施行を契機としてこの処遇実態が見直され、本人の意思や適性に基づき選択可能なコース別人事制度が導入されるようになった。

その後、この制度は複線型人事管理制度とも呼ばれ、さまざまなバリエーションが工夫されて今日に至っている。転居を伴う転勤の可能性がない企業では、総合職・一般職のシンプルな二本立てコース制度が現在でも主流といえるであろう。

地域金融機関T社では1990年代半ばに、このコース別人事制度を導入していた。T社では総合職女性が配属された場合に、店舗の状況によっては、一般職の不足要員の穴埋めとして窓口業務を担当したり、一般職と同様に後方事務をしたりする期間が長くなる傾向があった。

一方、一般職は、勤続が長くなるとイレギュラー対応を含め店内のさまざまな事務の取り扱いに習熟し、窓口での営業でも一定の成績を上げるようになっていった。しかし総合職より賃金は低く、昇格は頭打ちとなり、優秀な一般職ほど不満を生じかねない状況になっていた。

T社では、このように総合職と一般職の業務区分が非常に曖昧(あいまい)となっていた上に、転勤がないので「転居を伴う転勤の可否」がコース区分の決め手にはならない、という問題があった。

一般職の長期的な活用を目指すのであれば、適切な役割設定を行い、それに見合う処遇制度を設計するべきであるが、制度導入後20数年が経過しても「一般職は勤続が短い」という前提を変えていなかった。

このような状況の中で、T社では、一般職を廃止して総合職に一本化するか、または現状の二本立てコースを補強して維持するか、どのような改定をするべきであろうか。

解説 コース設定をどのように考えればよいのか？

1 はじめに

コース別人事制度は、管理職層には管理職、専門職、専任職といった職群、また非管理職層には総合職、一般職（事務職）、技能職（現業職）、地域限定職といった職群を設け、多様なキャリアパスを用意するという例が一般的である。まず、T社のような総合職・一般職の二本立てコース別人事制度の課題から見ていこう。

2 見直しが迫られる二本立てコース別人事制度の課題

コース別人事制度は、性別は関係ないという建て付けであるものの、実質的に男女別の役割をコースに置き換えてスタートしたという面がある。総合職はおおむね男性労働者を想定しており、組織に対して長期的にコミットして長時間働き、転居を伴う転勤がある。女性も総合職であれば男性と同様の働き方を求められるため、おのずと出産後の就業継続は厳しさを伴っていた。

一方、一般職はおおむね女性を想定しており、短期の勤続を前提としていた。したがって担当業務は補助的な位置づけであり、育成やローテーションの対象とはされなかった。このように、コース別人事制度にはそれぞれのコース設定の前提に潜む、性別役割分担の思想の問題があったといえる。

その後、育児・介護休業法や次世代育成支援対策推進法、女性活躍推進法等により、総合職・一般職ともに女性の就業継続の可能性は高まりつつある。特に、女性総合職から1人でも多くの管理職、役員を登用しようとする動きが盛んに行われている。

しかし勤続が長期化しても、一般職の期待役割を高めていない場合には相変わらず補助的業務にとどまり、育成やローテーションは不十分なままである。むしろ、やる気を失い非活性化した状態で勤続を重ねた一般職のモチベーションを上げていくのは難しくなるだろう。

総合職と一般職の業務区分の課題は大きい。一般職の育成のために難易度の高い仕事をアサインすると、総合職より処遇が見劣りするため、そこまで負荷を掛けられることに一般職側の不満が生じてしまうことがある。かといって、一般職が処遇の高い総合職への転換を望むかというと、必ずしもそうではない。総合職が残業や休日出勤も厭わず、プライベートを犠牲にしてまで仕事に追われ、疲弊している……。そんな会社では総合職が魅力的に見えないので、コース転換も進まないのである。

3 二本立てコースの廃止で総合職に一本化

［図表1-25］は、企業がコース別人事制度を導入し、その後改定していく際の一般的な方向性を示している。

T社のように総合職・一般職のコース区分がありながら業務区分が曖昧である場合や、一般職が活性化せず、役割・貢献度に比べて賃金が高くなっている場合には、コース別人事制度を廃止し、「全員総合職」の名目でコース制度を一本化することが一つの方向性である。

図表1-25 コース別人事制度の改定方向

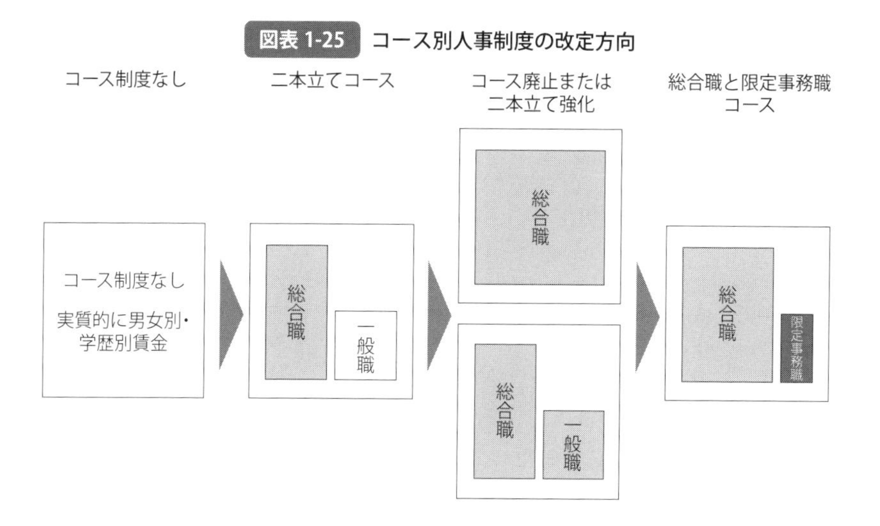

これまで一般職が行っていた業務は、システム化・標準化して事務センターに集中する、またはアウトソーシングの活用で代替を図る。一般職として業務を限定するのでなく、総合職として幅広く活躍する機会を与えて人材活用を進めようという意図である。総合職と一般職の業務の違いがもともと少なく、役割意識の差が小さい会社や、一般職から総合職への転換が比較的多い会社等に向いている。

しかし「全員を総合職として活用する」というのは一朝一夕に実現するほど簡単なことではない。十分な準備をして周知するべきである。まず、人事制度を改定しても、管理職や女性社員の意識がすぐには切り替わらないという問題がある。管理職は同じ総合職の部下に対して、女性にはどちらかというと負荷の少ない補佐的な役割を与え、男性には新規性や難易度の高い業務を任せがちである。一般に、仕事を受ける側もそれを望む傾向がある。

こうした経験の差が蓄積されると、役付者になる頃には男女間で担当業務や目標設定のレベル等に相当の違いが見られるようになる。そうなると、全員総合職として男女同一の賃金体系・水準で処遇することが、逆に不公正になる。そのような事態を招かないためには、管理職や女性社員の意識改革のための研修や働き掛けが必須である。

4 一般職コースの補強で二本立てコース別人事制度を再構築

もう一つの方向性として、「一般職コース」を維持し、これを補強してより多様な人材を活用したいと考える企業もあるだろう。総合職と一般職の業務の違いが比較的明確で、役割意識の差が大きい会社や、一般職として長く働き続けたいと考える社員が多い会社では、一般職コースを維持するのがよい。

しかし、一般職コースを単に残すのでなく、戦力として活用できる体制を整えなければならない。そのためには、一般職にも積極的に配置転換を行って異なる部署や業務を経験させ、継続的に成長を促すことが求められる。これにより一般職の担当業務の幅を広げ、仕事の質を高めるとともに、社内ネットワークの形成や本人の働きがい向上にもつなげることができる。また、多能化が図れるため、育児・介護休業などによる人員不足時に、一般職の柔軟な配置によるカバーリングの体制が可能になる。

従来は一般職には昇格上限を設け、等級数を少なくすることが定石であった。早期退職することが前提で、長期的なキャリア形成や活用を考慮していなかったためである。これを改め、一般職の上位に指導・監督のできるシニア職群を設けて初級管理職への登用を可能にしたり、一般職のまま限定的な管理職に登用したりすることで、一般職の昇進意欲を刺激し、人材活用を図ることができる。

5 総合職と限定事務職の双方向転換でスローなキャリア形成

さらに進んだ段階として、従来の一般職制度との差別化を図りつつ、新たに「一時避難的な限定事務職コース」を設計する方策もある。

新卒入社時にはこのコースは選択できない。ライフイベント上の結婚、出産、育児、介護等の事由が生じた場合に、ワーク・ライフ・バランスを推進する観点から、本人の申告に基づき選択できるコース区分である。

限定事務職コースとは、一般に［図表1-26］のようなものである。

あくまでも「全員総合職」のコンセプトは変更せず、総合職と一時的な限定事務職の双方向の転換制度を有効活用することにより、女性の離職を防ぎキャリアを分断させないようにする狙いがある。ライフサイクルに応じた柔軟な働き方が可能となるので、同様の事由により男性がコース変更する場合もあり得る。

双方向の転換モデルは、総合職として入社し、結婚・出産を機に限定事務職に転換、40歳前後で育児休業等の期間が終了してから総合職に復帰する

図表1-26 限定事務職コースの内容（例）

役割	正確迅速な事務処理と営業サポートで社内外の顧客満足の最大化を図る
職務	支店事務、本店事務、営業サポート
処遇	年収上限を設定（総合職からの転換で下がることがある）
役職	役職を解いて限定事務職とする（等級はない） 総合職への再転換と同時に、従来の役職に復帰する
コース変更	ライフサイクルに合わせて適宜変更が可能

ものである。総合職に復帰してから定年退職までの期間は20年から30年近くに及ぶので、それからでもキャリアを積み上げていく時間は十分ある。

近年では横並びの年次昇進管理の打破や、早期選抜による抜擢(ばってき)の必要性も叫ばれている。特に人員構成から見て中堅層が不足するような場合や、優秀人材を囲い込み活用するような場合には、早期の登用が非常に有益である。しかし、役員に就任したり自ら起業したりする人材の場合はよいが、短いモデル年数で昇進・昇格させていると、早過ぎるキャリアの「上がり」を迎えてしまう。同様に、50歳前後で役職定年の仕組みがある企業では、役職を外れた後の時間を持て余すということがある。

人生100年時代には、70歳までの雇用を視野に入れた中長期的なライフプランの設計が問われるようになる。これまでは、管理職として昇進していくためには“旬を逃さない”ことが重要であったが、今後は“旬の時期を延ばす”ことが必要と考えられる。スローな昇進・昇格モデルを用意することが、双方向転換モデルの働き方とも合致する。

課題解決のためのヒント

働く人は男女ともそれぞれのライフプランと合わせて、スローなキャリア形成の長期的なプランを描くことが求められる。それはもちろん、一つの企業だけで考えられることではなく、また、すべての期間を総合職として働き続ける必要もないのである。

企業としては社員の多様なライフプランとマッチングするキャリアプランを描ける土壌を用意しなければならない。全国的な人事異動を不可欠とする企業では、総合職のほかに「地域限定総合職」の設定や「期間限定型の転勤免除制度」の導入も考えられる。

そもそも転勤がキャリア形成にどの程度有効か、というテーマも検証するべきである。全国どこへでも転勤し、単身赴任も辞さず、長時間労働も厭わない「無限定の総合職」としての働き方・働かせ方の見直しは、避けて通れなくなっている。

11 スペシャリスト活性化の秘訣

マネジャーのほうがエライというのは本当か？

CASE

工作機械メーカーのＡ社では、人事処遇制度の改定を検討していた。過去に行ってきた合併の経緯から、部門間で給与水準にバラつきが見られる点や、評価制度がうまく機能していない点など種々問題点があった。

特に経営陣が一番問題と感じていたのは、マネジメント能力が高いわけではないが、その道のプロとして高い専門性を有する人材に対して、魅力的なキャリアパスを提示できていない点であった。Ａ社の強みであり、競合との差別化の源泉である技術力を一層向上させていく上では、専門人材（スペシャリスト）の活性化は非常に重要だった。

このためＡ社では検討の末、これまでの「マネジメントとして昇進するキャリア」と、「専門職として昇進するキャリア」の二つの出世コースを持つ複線型の人事処遇制度にすることとした。ただし、専門職コースのキャリア上限は、マネジメントコースの上から２番目の部長相当までであり、一番上の本部長クラスよりは１段階下までの制度であった。

一方、投資運用業のＢ社では、ファンドマネージャーなどのスペシャリストの活躍を促進するため、以前から複線型の人事処遇制度を採用していた。ただし、あくまでも処遇の中軸はマネジメントコースであり、それ以外の道としてスペシャリストも処遇するコースがあるという制度だった。

Ｂ社においても人事処遇制度の改定が行われた。その際、マネジメントコースを主として考えるというキャリアパスの在り方について議論がなされた。その結果Ｂ社においては、自社の事業特性上、人材ポリシーとして「基本的に全員がスペシャリストを目指すことをベースにすべき」という結論に至った。このため、専門性の高さにより処遇するコースをベースとして、その中からマネジメント適性がある人材をマネジメント職に任用して処遇する、という形の複線型の人事処遇制度にすることとなった。

どちらの会社においてもスペシャリストを活性化する仕掛けを持っているが、その方法には差が見られる。そこにはどのような理由があるのだろうか。

解説　マネジャーだけが偉いのか？（複線型人事処遇制度の変遷）

1 はじめに

筆者が関わってきた企業からは、以前に比較して、「専門性が高いスペシャリストをもっと増やしていきたい」という声を聞くことが多くなった。また、管理職になりたくないというキャリア観を持つ社員も増えてきている。

当然のことだが、会社を経営していく観点では、スペシャリストもマネジャーも両方重要である。この問題を考えるに当たり、まず会社の人事処遇制度がどのように変遷してきたかを振り返ってみよう。

2 従来型の職能資格制度

労務行政研究所「人事労務諸制度実施状況調査」（2018年）によると、職能資格制度の実施企業は、50.0％と半数を占めている。このように、多くの日本企業に浸透している職能資格制度だが、典型的な例は、[図表1-27]のようなものである。

職能資格制度において等級を決定する要素となる職務遂行能力は、当該企業で勤務する上で社員に期待する実務能力である。典型的には、上位等級に上がるにつれ、マネジメント能力を有するかどうかが求められる。対応する職位で見れば、主任➡係長➡課長➡部長➡本部長と、いわゆる組織の階段を上がっていくことがキャリアアップの道筋である。

1990年代初頭のバブル景気までは、右肩上がりの経済成長の下で企業規模が比較的順調に拡大し、ポストも増加しやすい状況にあった。同期入社の

図表 1-27 職能資格制度の典型例

階層	等級	定義	対応職位
管理職	7	上級管理職	本部長
	6	中級管理職	部長
	5	初級管理職	課長
監督職	4	監督・企画業務	係長
	3	判断指導業務	主任
一般	2	判断業務	
	1	定型業務	

集団の中で、「誰が早く課長になるか、部長になるか」と、いわゆる「出世レース」が分かりやすい形で行われており、組織全体の活力を高める観点でも、この競争は一定の効果を発揮していた。この場合のキャリアパスは、マネジメントレベルが上がっていくのみという、いわゆる「単線型」であった。

3 複線型人事処遇制度の登場

バブル崩壊以降は、右肩上がりの経済を前提とした人事処遇制度の維持が困難となった。このような環境下においては、ポスト数の減少なども起こりやすくなる。その場合、これまでのように多数の社員に対して、一律にマネジメントとしてのキャリアアップの機会を提供することが難しくなってくる。このような背景もあり、これまでの「単線型」ではなく、「複線型」の人事処遇制度を採り入れる企業が増加してきたのである［図表1-28］。A社においても管理職層以上に対して、マネジメントコースと専門職コースの二つのコースを持つ、［図表1-28］と類似した構造の複線型の制度とした。

人事制度を［図表1-28］のような複線型とすることで、以下の三つの効果が期待できる。

①ポスト不足を補うキャリアアップ（処遇アップ）機会の提供

②高い専門性を有する人材のモチベーション喚起

図表1-28 複線型人事処遇制度の例

階層	等級 マネジメントコース	等級 専門職コース	定義	対応職位 マネジメントコース	対応職位 専門職コース
管理職	7		上級管理職	本部長	
管理職	6	SP2	中級管理職／高度専門職（SP2）	部長	上級スペシャリスト
管理職	5	SP1	初級管理職／専門職（SP1）	課長	スペシャリスト
監督職	4		監督・企画業務	係長	
監督職	3		判断指導業務	主任	
一般	2		判断業務		
一般	1		定型業務		

③労働者のキャリア観の多様化に対応した複数のキャリアパスの提示

A社においても、三つの効果すべてを期待していたが、そのうち最も期待していたのが、「②高い専門性を有する人材のモチベーション喚起」である。そもそもA社としては、自社の強みの源泉である技術力の向上を推進する人材のモチベーションを高め、かつ金銭面でもその貢献に報いたかったため、これは当然である。この意味においては、専門職コースの設置により一定の改善が図られたといえるだろう。

ただし、複線型の制度を検討する際、留意すべきポイントがある。それは、マネジメントコースと専門職コースを並列にすることによる対立構造の発生である。平たくいえば、「どちらが偉いのか」ということだ。一般的にマネジメントコースに進む人材は、スペシャリストとしてのレベルが必ずしも高い者ばかりではない。このため、「『マネジャー』と『スペシャリスト』のどちらが偉いのか？」という議論を誘発することがある。

A社では、あくまでも会社への貢献度の高さを比較した結果として、マネジメントコースは7等級まで昇格可能であり、専門職コースは6等級相当(SP2）までとした。「マネジメントができる人材だけでなく、専門能力に長けたスペシャリストも同様に高く処遇したい」という意図だったはずが、資格等級制度の見え方により、「やはりキャリア上限が高いマネジャーのほうが偉いのか」といった無用な印象を社員に与えてしまう可能性がある。

このような懸念はあったものの、A社においてはマネジメント人材を大切にしつつ、スペシャリストも処遇したいという意志が強かったため、このリスクは承知の上で［図表1-28］のような制度を導入した。

4 スペシャリストを中心に据えた人事処遇制度

これに対して、B社において人事処遇制度の改定を検討する際、真っ先に議論になったのが、「当社においてはスペシャリストを中心に据えるべきだ」ということだった。投資運用業という事業特性上、管理部門などを除けば、社員個人に与えられている裁量が大きく、成果も見えやすい。そこで、若手のうちからスペシャリストになることを強く求め、「強い個が強い集団をつくることを目指す」という人事方針を掲げた。

このため、従来型の「『マネジャー』と『スペシャリスト』のどちらが偉いのか？」という議論を誘発する可能性がある複線型の制度は採るべきではないという結論となった。その結果、B社が構築した制度のイメージ図は、［図表1-29］のとおりである。

まず従来の複線型制度との大きな違いは、主任➡係長➡課長➡部長➡本部長などの、いわゆる組織の階段を上がっていくことをキャリアアップの中心とはしていない点である。あくまでも全社員は、「スペシャリストとして自らのスキルや仕事の成果を高めることを目指すべき」という思想だ。

この大前提に立ち、組織運営上必要となるマネジメント職については、［図表1-29］でいえば、4G以上の等級から任用するものとした。その際、マネジメント適性の判定に外部のアセスメントも活用するなど、厳正な審査を経て、ある意味「マネジメントのスペシャリスト」という観点で最適な人材を選抜するよう、人事部としても労力を掛けて慎重に運営している。これにより、社員に対しては、「それぞれが自身の専門性を身に付け、高めてほしい。また、マネジメント職になる場合は、マネジメントとしてのスペシャリストになってほしい」というように、あくまでも「何かのスペシャリストになっ

図表 1-29　スペシャリストを中心に据えた人事処遇制度の例

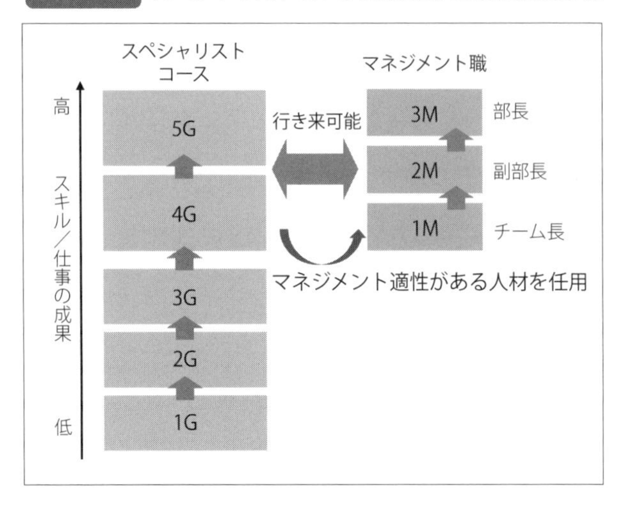

てほしい」というシンプルなメッセージが発信できるようになった。

どちらが偉いというわけではなく、「社員各人が自分の適性に合った分野のスペシャリストになって会社に貢献する」という、「皆がスペシャリストたるべし」という考え方である。

専門性が高いスペシャリストを活性化・処遇するために、複線型の人事処遇制度を導入したいという声は多い。ただし、あくまでもマネジメントを主要なキャリアパスとして位置づけ、スペシャリストは補完的なキャリアと位置づけることで本当に良いのかどうかは、いま一度立ち止まって考える必要がある。

自社の事業特性や今後必要とされる人材を見つめ直し、「どの程度のスペシャリストを、どのように育てていく必要があるのか」を最初に丁寧に議論することが欠かせない。そうすることで初めて、前記の事例で見たように、「自社に合ったスペシャリストを活性化するための人事処遇制度が構築できるのだ」ということを押さえておいていただきたい。

第 2 章

パフォーマンス・マネジメント

人事評価と報酬管理の事例を読み解く

Introduction 第2章 「パフォーマンス・マネジメント」の事例を読み解く視点

第2章「パフォーマンス・マネジメント」では、人事評価と報酬管理の事例を紹介する。

人事コンサルタントとしてさまざまなクライアントと接していると、多くの企業に共通した傾向があることに気が付く。経営者は常に報酬のことばかりを気に掛け、人事担当者はいつも人事評価について悩んでいるのである。

クライアント企業の人事制度改革を支援する場合、コンサルタント自らが役員報告を行ったり、報告の場に陪席したりすることが少なくない。経営者の関心はもっぱら報酬制度である。制度改革によって人件費がどのくらい変動するのか、どの程度昇給・賞与にメリハリがつくのか、職位別の賃金格差は適当か……等々が議論の中心になり、それが妥当でない場合には、改革案が差し戻しになることもある。ところが、評価制度については、報酬制度ほどの関心を示さない経営者が多い。人事評価については、まるで「人事部のほうでよきに計らえ」と言わんばかりである。

一方、日々、従業員と接する立場の人事担当者は、報酬水準や処遇のメリハリよりもむしろ、評価の公平性、透明性、納得性について思い悩んでいる。人事担当者は従業員の不満を敏感に感じ取る。評価の問題に悩む人事担当者が多いのは、従業員の不満の源泉が給料そのものよりもむしろ、給料を決める根拠となる人事評価にある場合が多いためであろう。

あらためて言うまでもなく、人事評価と報酬管理は同じコインの裏表の関係である。社員のパフォーマンスを適正に評価し、それを報酬へと的確に反映させていく。この仕組みがうまく機能しなければ、人材の確保・定着はおぼつかない。だからこそ、人事評価や報酬管理には極めて多彩なバリエーションが存在し、各社とも悪戦苦闘しながら工夫を凝らしているのである。

本章で取り上げる事例を通じて、人事評価や報酬管理に関して企業がどのような悩みを抱えているのか、また、それをどのように解決しているのかを感じ取ってほしい。

1 人事評価はなぜ必要なのか

「ノーレーティング」論から考える

CASE

ほとんどの企業では、「1年に1回」「半年に1回」など、一定期間ごとに人事評価を実施し、その結果を社員の昇給・昇格、賞与等の人事賃金処遇に反映させている。

ところが、情報通信業A社では、昔も今も人事評価を一切実施していない。A社の賃金は年齢給と職位手当で構成されており、報酬の決定において人事評価を反映する要素が存在しない。また、賞与は、会社と労働組合が交渉で決めた支給月数を全社員に一律に適用しており、人事評価を反映させる余地がない。さらに、役職登用についても、もっぱら所属部門の上司の「引き」で決めているため、人事評価結果の履歴がなくても支障が生じることはない。

こうした状況の中、最近、A社では、人事評価制度導入に向けた検討を開始した。背景になっているのは、A社を取り巻く競争環境の激化である。A社はもともと平等志向の強い会社であったが、A社の経営陣は、人事評価の導入によって、報酬の横並びによる悪平等を打破し、パフォーマンスに応じた公正な処遇を実現したいと考えている。

一方、社内には人事評価制度の導入に抵抗する意見も根強い。その論拠の一つが、近年、アメリカ企業を中心に導入が広がっている「ノーレーティング」の動きであるという。「アメリカの優良企業では人事評価が廃止されているのに、なぜ今、自社で人事評価を導入する必要があるのか」というのが反対論者の主張である。

果たしてA社は人事評価制度を導入すべきであろうか。あるいは、人事評価などそもそも不要なのだろうか。また、反対論者が主張する「ノーレーティング」とはどのような考え方なのだろうか。

解説　なぜ、人事評価を実施するのか

1　人事評価が果たすマネジメント上の機能・役割

多くの人は「人事評価」＝「賃金査定」と捉えているのではないだろうか。しかし、人事評価は社員の「値決め」をするために実施するものではない。人事評価には、大別すると「社員の方向づけ」「人材の活用・育成」「公正処遇の実現」という三つの機能・役割が存在する［図表2-1］。

［1］社員の方向づけ

人事評価の最も重要な機能・役割は、経営目標の達成に向けて社員を方向づけることである。

その典型が目標管理制度である。目標管理では、経営目標を各部署の目標へ、さらには個人の目標へと落とし込んで「目標の連鎖」を実現する。目標管理制度の運用を通じて、個々の社員が経営目標の達成に向けて取り組むよう促すことができるのである。

また、多くの会社では、「能力評価」「勤務態度評価」などの評価基準を作成している。これも人事評価を通じた社員の方向づけといえる。評価基準とは、いわば、「社員の皆さん、この評価基準に書かれているように行動してくださいね！ 期待していますよ！」という会社からのメッセージである。

このように、人事評価には、社員が経営目標や経営理念・方針に沿って行動し、期待する成果を上げるように促す機能・役割がある。

［2］人材の活用・育成

もう一つの重要な機能・役割が「人材の活用・育成」である。人事評価を実施すれば、本人の強み・弱みが明らかになる。例えば、抜群の企画力があ

図表2-1　人事評価の機能・役割

目的	内容
社員を方向づける	経営目標の達成に向けて行動するよう社員を動機づける
人材を活用・育成する	適材適所の人材活用を実現するとともに、社員の成長を促す
公正処遇を実現する	社員のパフォーマンスに応じた公正な処遇を実現する

り、ロジカルな文書を作成することには長(た)けているが、対人能力が弱く、プレゼンが苦手なタイプの社員が存在する。一方、文書作成能力は弱いが、コミュニケーション能力が高く、初対面の人であってもすぐに相手の心をつかんでしまうタイプの社員もいるだろう。

人事評価を実施することで、社員各人の強み、弱みが明確になり、適材適所の配置が可能になる。また、強み、弱みをフィードバックして「気づき」を与えることで、本人の成長を促すことができるのである。

[3] 公正処遇の実現

三つ目として、人事評価結果を踏まえた公正な処遇の実現も重要だ。一般に「人事評価」と聞くと、まずこの機能・役割を思い浮かべる人が多いのではないだろうか。

事例で紹介したA社のように平等志向が強い会社では、人事評価によって大きな賃金格差を設けることを好まないかもしれない。しかし、「頑張った社員もそうでない社員も全く同じ昇給・賞与」であるならば、「頑張らないほうが得」ということになってしまう。悪平等の発生を回避するためには、(賃金差の多寡はともかく)パフォーマンスに応じた公正な処遇を実現することが不可欠である。

そのための判断材料として、人事評価を通じて社員個々人の働きぶりに関する情報を収集しなければならないのである。

2 ノーレーティングとは

[1] どのような仕組みか

上記のとおり、人事評価は単なる「賃金査定」を超えた極めて重要な機能・役割を担っているが、近年、アメリカ企業を中心に「ノーレーティング論」あるいは「人事評価不要論」という考え方が徐々に広がっている。

ノーレーティングとは、その名のとおり、A評価、B評価……などの評価記号(レーティング)をつけない考え方である。具体例を見てその内容を確認しておこう[図表2-2]。

図表2-2 ノーレーティングの例

- PDFファイルでおなじみのAdobe（アドビ社）では､｢Check-in｣と呼ばれるパフォーマンス・マネジメントを導入している。この仕組みの下では、旧来型の年1回の目標設定ではなく、目標は随時修正され、上司から部下に対してパフォーマンスに関するタイムリーなフィードバックが行われる。公式な評価記号（レーティング）は廃止され、その代わり、部下のパフォーマンスに基づき、上司の裁量判断で部下の報酬が決定される[1]。
- GE（ゼネラルエレクトリック社）では、カリスマ経営者であったジャック・ウェルチ氏の下、「ナインブロック」と呼ばれる厳しい業績評価制度を導入していたが、現在はノーレーティング型の仕組みへと移行している。具体的には、年1回の人事評価面談ではなく、スマートフォンのアプリを使って、上司から部下への頻繁なフィードバックが行われる。部下の報酬・昇進等は、年度末の総括面談で確認した事実や会社業績、部門予算等に基づき、上司が意思決定を行う[2]。

[2] ノーレーティングの本質

［図表2-2］の例にあるとおり、ノーレーティングとは、「社員の仕事ぶりをチェックするのをやめる」ということではない。ましてや「パフォーマンスと無関係に報酬を一律平等に決定する」などという仕組みではあり得ない。したがって、ノーレーティング論を「人事評価不要論」と表現するのは少々ミスリーディングである。

ノーレーティングの本質は、「年間目標の達成度に応じてA評価、B評価……などの公式な評価記号を付けるのをやめて、その代わりに、上司は部下のパフォーマンスを注意深く観察し、部下に対して頻繁なフィードバックを行う。昇給・賞与等の報酬は、（評価記号ではなく）所属部門の上司の裁量判断に基づき柔軟に決定する」という点にある。

「DIAMOND ハーバード・ビジネス・レビュー」誌（2017年4月号）に掲載された「年度末の人事査定はもういらない」（ピーター・カッペリ、アナ・テイビス）と題する論文が、ノーレーティング論の考え方を的確に整理して

---

[1] アドビ社公式サイト（https://www.adobe.com/check-in.html）より。

[2]「DIAMOND ハーバード・ビジネス・レビュー」（オンライン版2015年8月）より。
Leonardo Baldassarre and Brian Finken, *GE's Real-Time Performance Development*
https://hbr.org/2015/08/ges-real-time-performance-development

いる。カッペリ、テイビスの主張を整理すると次のようになる。

- ビジネスのスピードが速すぎて年次評価（年1回の評価）ではとても追いつかない
- 個人目標の追求は必ずしも組織目標の達成と一致せず、むしろチームワークを阻害する
- 人材育成の重要性が高まっており、過去の業績を測定することに血道を上げるよりも、将来に向けた投資である能力開発に時間を割くべき
- したがって、年次評価を廃止して、上司が部下に対してタイムリーにパフォーマンスのフィードバックを行う育成本位の評価に改めるべき

[3] ノーレーティングは日本企業で成立するか

おそらく、上記の論旨自体に正面から反対する人はあまりいないと思う。それどころか、もろ手を挙げて賛同する人が少なくないのではなかろうか。

確かに、フィードバックや人材育成が重要であることは間違いない。ここまでは誰も異論がないだろう。問題はその後だ。評価記号を付けるのをやめて、所属部門の上司の裁量判断で報酬を決定するやり方が日本企業でなじむかは疑問である。

アメリカ企業と異なり、日本企業では部下の報酬決定に関する上司の権限は限定的である。一応、直属上司に人事評価権限はあるものの、当該上司がつけた評価は二次評価者（上司の上司）に修正され、さらに全社調整で修正され……というように、直接的に部下の報酬を決定する権限はない。昇格についても同様であり、部下の昇格推薦書にハンコを押すことはあるかもしれないが、昇格の判定を行うのは上司ではなくあくまで会社である。ノーレーティング論に沿って部下の処遇決定を上司の裁量判断に委ねることになれば、評価と報酬のブラックボックス化を招き、会社や上司に対する部下の不信感が増幅する事態になりかねない。

少なくとも現時点においては、大半の日本企業では、「ノーレーティングの導入は時期尚早」というのが実情ではないだろうか。

実際、前掲の「DIAMOND ハーバード・ビジネス・レビュー」誌（2017

年4月号）には、ノーレーティングへの反論も掲載されている（ロリ・ゴーラー、シャネル・ゲイル、アダム・グラント「年度末の人事査定はいまだ有効だ」）。その主張を要約すると、次のようになる。

- 正規の制度がなければ、評価はブラックボックスの中に隠れてしまう
- 誰もが公平な業績評価を望んでいる。評価結果は常に公平とは限らないが、業績評価がなければ事態は一層悪化する
- 社員は自分の立ち位置を知りたがっている。その際の透明性を担保するのに役立つのが業績評価である
- 社員は業績評価によって自身の主な強みを把握し、能力開発で注力すべきところを読み取るのである

課題解決のためのヒント

果たして人事評価は必要なのか、それとも不要なのか？　この疑問に対するわれわれの答えは、「経営目標に向けて社員を動機づけ、育成し、その頑張りに公正に報いていくためには、やはり人事評価制度は必要」ということである。

ノーレーティング論についても、評価すること自体が不要と主張しているわけではなく、あくまで「A評価、B評価などの『記号付け』が不要」と言っているにすぎず、社員各人のパフォーマンスのチェックそのものは行う。

透明性・客観性を確保する必要があれば従来どおりのレーティング方式で、透明性・客観性よりも柔軟性を最優先するのであればノーレーティング方式で、というのが最適な評価方法と考えられるが、現時点では、多くの日本企業ではノーレーティング方式の導入には高いハードルがある。

しかし、ノーレーティング論の主張を取り入れて、人事評価制度の改善を図ることはできる。例えば、専門サービス業B社では、年次評価に基づくレーティング自体は維持しつつ、四半期に1回、評価を直接的な目的としないフィードバック本位の面談を実施している。そうしておけば、環境変化に即して柔軟に目標の微修正を図ることができるし、こまめなフィードバックを

通じて人材育成につなげることも可能になる。さらに、こまめなコミュニケーションを繰り返しておけば、期末評価の際に上司・部下の認識が大きくずれることが少なくなり、人事評価の納得感を高めることにも寄与するのである。

人事評価は絶対に必要である。同時に、経営環境の変化に即して人事評価制度を不断に進化させていくこともまた必要なのである。

2 持続的な成長を支える評価の在り方

社員のチャレンジを促す評価制度

CASE

目まぐるしい経営環境の変化に適応し、企業が持続的に成長するためには、絶えず変革を続けることが不可欠だ。人事評価制度は、処遇決定のためだけではなく、社員にチャレンジを促す手段としても活用される。

A社とB社はいずれも建設業であり、近年は好業績が続いていたが、今後の中長期的な業績維持に向けて、新規事業や新サービスを生み出すことが重要課題であった。そこで両社は、主体的にチャレンジする社員を後押しする狙いで、目標管理制度の改定を行ったが、両社の手法そのものは以下のように異なる。

[A社とB社における、目標管理制度の改定内容]

従前の制度(A社・B社)

目標管理制度
- 当期課題を解決するための目標を設定し、期末に目標達成度を評価する。
- 目標達成度が高いほど、高評価となる。

改定後の制度(A社)

目標管理制度
- 体系は従前制度を維持する。
- ただし、チャレンジングな目標に取り組む社員に報いるべく、評価基準を改定する。

改定後の制度(B社)

目標管理制度
- 従前制度を維持する。

チャレンジ評価制度
- 中長期(おおむね3〜5年後)のあるべき姿を実現するために、当期から取り組みを開始すべきアクションを行動目標として定め、その実行度合いを評価する。

A社は、従前の目標管理制度の体系は変更せず、評価基準を見直すことにとどめた一方で、B社は、当期の経営課題に即して目標を設定する従前の制度はそのままに、「チャレンジ評価制度」を新たに加えることで、社員のチャレンジを引き出そうとしたのである。

同業界かつ同様の目的で制度改定を行ったA社とB社であるが、両社の改定内容が分かれた背景や、そのポイントについては、どのようなものがあるのだろうか。

解 説　社員のチャレンジを促す評価制度とは

1 はじめに

人事評価制度には、企業の狙いに応じてさまざまなバリエーションが存在するが、成果・実績を評価する際に用いられる代表的な手法が、A社とB社で用いられている目標管理制度（Management By Objectives；以下、MBO）である。ここではまず、MBOの特徴に触れ、A社とB社の事例の詳細や、社員のチャレンジを促すためのポイントについて解説する。

2 目標管理制度と社員のチャレンジ

社員のチャレンジを成果という形で評価する場合は、売り上げや利益などの業績数字で機械的に評価するのではなく、MBOを活用することが適している。MBOは、社員各自が個別の目標を設定してその達成度を評価する仕組みであり、多様なテーマを評価の対象にできるためだ。しかし、一般的に取り入れられているMBOは、社員のチャレンジをむしろ損ないやすい構造になっている。

A社とB社の制度改定のポイントを解説するに当たって、ここではまず、「一般的なMBOは、なぜ社員のチャレンジを損ないやすいのか」という観点から整理してみよう。

3 一般的なMBOは、なぜ社員のチャレンジを損ないやすいのか

MBOが社員のチャレンジを損ないやすい要因は、第一に、「高難度な目標

を設定した社員ほど低い評価になりやすい」ことが挙げられる。MBOでは基本的に、期初に設定した目標の達成度が評価対象となる。そのため、「会社や組織の成長につながるような、チャレンジングな目標を設定した社員」よりも、「通常どおりに業務を遂行していれば、すぐに手が届きそうな目標を設定した社員」のほうが、達成度は高くなりやすく、高評価を得やすい構造になっているのである。

第二の要因としては、「中長期的な成果・業績を追求する社員ほど、低い評価になりやすい」ということが挙げられる。当期の業績向上や、それに資する何らかの成果を目標とする場合と比べて、3～5年先の中長期的な会社の成長に資する目標は、単年度では成果が上がらないことが懸念される。そのため、社員は中長期目標を設定することを避ける傾向にある。また、そもそも中長期的な会社の成長には不確定な要素が多く、目標を設定すること自体が難しいということも影響しているだろう。

これらの要因を払拭(ふっしょく)することを狙いとして改定されたのが、A社およびB社の新制度である。以降は、両事例の詳細について解説する［図表2-3］。

4 事例解説

［1］A社：達成基準を工夫することで社員のチャレンジを引き出す

A社の改定前のMBOでは、一般的な目標管理シート（人事評価シート）が使用されており、「目標達成度が高いほど、人事評価の結果も高くなる」という構造にあった。具体的には、5段階ある達成度の評価基準のうち、標準（3点）は「期初に設定した目標どおりに達成できた」という基準であり、

図表2-3 MBOが社員のチャレンジを阻む要因と、その解決策

	MBOが社員のチャレンジを阻む要因		解決策
1	高難度な目標を設定した社員ほど、低い評価になりやすい	▶	【A社の事例】達成基準を工夫することで社員のチャレンジを引き出す
2	中長期的な成果・業績を追求する社員ほど、低い評価になりやすい	▶	【B社の事例】「チャレンジ評価制度」の導入で、未来の成長の種をまく

目標をわずかでも下回れば標準以下の2点、大幅に下回れば最低評価の1点が適用される仕組みとなっていた［図表2-4］。

したがって、実際に社員が設定する目標には新規事業や新サービスの開発につながるようなチャレンジングな目標は少なく、上司側も、部下が達成しやすいよう、目標のレベルを下方修正させるようなケースも見られた。

実は、これはA社に限ったケースではなく、MBOを運用する企業でよく見られる現象であるが、このような状況を顧みずに数年間放置し続けると、会社や組織の成長に向けて主体的にチャレンジする社員が報われず、企業としての変革力は損なわれる事態に陥ってしまう。こういった事情があるにもかかわらず、「現行制度が全社的になじんでいるため、混乱を招きたくない……」という理由で改革に踏み切れない企業は少なくない。A社も同様であった。

そこでA社では、社員になじみの深いMBOの構造そのものは従前制度を維持しながら、達成度の評価基準を刷新することで、社員のチャレンジを引き出すことを試みた。改定後の評価基準では、設定した目標の難易度と、本人の等級や役職のレベルを比較して、目標の難易度を3段階に区分し、これ

図表2-4 A社における従前の目標管理シート

目標管理シート

対象期間　令和　年　月　日～令和　年　月　日

氏名		等級			一次評価者	印
部署		役職			二次評価者	印

【期初記入欄】			【期末記入欄】				小計
目標テーマ	達成基準	ウエート	達成状況（実績・成果）	自己評価	一次評価	二次評価	
		%					
		%					
		%					
		%				合計	

社員のチャレンジを阻んでいた要因 ➡

評価基準	
	5…期初に設定した目標の達成基準を、大幅に上回る成果が見られた。
	4…期初に設定した目標の達成基準を、やや上回る成果が見られた。
	3…期初に設定した目標の達成基準どおりの成果であった。達成できた。
	2…期初に設定した目標の達成基準を、やや下回る成果であった。
	1…期初に設定した目標の達成基準を、大幅に下回る成果であった。

図表 2-5 A 社における改定後の評価基準

本人の等級・役職レベルと比較した場合

目標の難易度 → 難

【目標の難易度別評価基準…等級・役職の期待人材像と比較した際の難易度】

評価	①等級・役職にふさわしい難易度	②等級・役職と比べて挑戦的で、やや高い難易度	②等級・役職と比べて極めて挑戦的で、非常に高い難易度
5	「目標とする数値・状態」を大幅に超えて大きな成果を上げた。	「目標とする数値・状態」を超えて達成できた。	「目標とする数値・状態」のとおり達成できた。
4	「目標とする数値・状態」を超えて達成できた。	「目標とする数値・状態」のとおり達成できた。	「目標とする数値・状態」にはやや届かなかったが、一定の貢献が認められた。
3	「目標とする数値・状態」のとおりに達成できた。	「目標とする数値・状態」にはやや届かなかったが、一定の貢献が認められた。	「目標とする数値・状態」には大幅に届かなかったが、一定の貢献が認められた。
2	「目標とする数値・状態」にはやや届かなかった。	「目標とする数値・状態」には大幅に届かなかったが、一定の貢献が認められた。	「目標とする数値・状態」には大幅に届かなかったが、若干の貢献が認められた。
1	「目標とする数値・状態」には大幅に届かなかった。	「目標とする数値・状態」には大幅に届かなかったが、若干の貢献が認められた。	「目標とする数値・状態」には大幅に届かず、ほとんど貢献が認められなかった。
	「目標どおりに達成できた」ら評価3となる	「目標どおりに達成できた」ら評価4となる	「目標どおりに達成できた」ら評価5となる

に応じて評価基準が異なる仕組みを設けたのである［図表2-5］。

例えば、本人の等級や役職のレベルにふさわしい難易度の場合は、“標準的難易度の目標”として、従前の評価基準を適用した。これを基準に、“やや難易度が高い挑戦的な目標”や“非常に難易度が高く極めて挑戦的な目標”の場合は、［図表2-5］にある②や③の新基準を適用した。

これにより、高難度の目標を達成できた場合には、標準的難易度の目標を達成した場合よりも高く評価され、仮に目標どおりに達成できなかった場合でも、不利に取り扱われることはない仕組みとしたのである。

［2］B社：「チャレンジ評価制度」の導入で、未来の成長の種をまく

A社が評価基準のみの改定にとどまったのに対し、B社では、MBOの構造そのものから見直しを行い、中長期の成長に向けた改革に踏み切った。当期の経営課題に即した単年度目標を設定し、その達成度を評価する従前制度

に加えて、新制度では、「チャレンジ評価制度」を導入したのである。

チャレンジ評価制度とは、中長期（おおむね3～5年後）のあるべき姿を実現するために、当期から取り組みを開始すべきアクションを行動目標として定め、その実行度合いを評価する仕組みである。

ここでB社が重視したのは、単年度で具体的な業績・成果を出すことまでは求めず、あくまでも「行動目標にどの程度注力できたか」という実行度合いを評価するということである。これにより、A社の従前制度のように“達成しやすい目標”ばかりが設定される事態を防ぎ、新規事業や新サービスの開発など、難易度の高い目標に対しても積極的に取り組むよう促したのである。

ところで、単にこのチャレンジ評価制度を導入する取り組みであれば、評価シートを一部変更することで対応できそうに思えるかもしれない。しかし先述のとおり、3～5年先の未来を見据えて行動目標を設定することは容易で

図表 2-6　B社における「チャレンジ行動ガイドライン」のイメージ

部門区分	該当する部署
①事業開発	・・・

1. 中長期的なミッション・課題	2. ミッション達成のために必要なアクション
●成長戦略基本方針に基づき、コア事業の強化と成長ドライバーを推進するための新規事業の開発・・・ ●・・・ ●・・・	●事業開発能力の向上に向けて、OJT等を通じた人材育成を加速させる。 ●・・・ ●・・・
当該部門（職種）における主な中長期ミッションや課題（おおむね3～5年程度先を見越したミッションや課題）を明示。	左記のミッションを達成するために、現時点から取り組みを開始すべきアクションを明示。

3. 階層別の期待行動の例	
【幹部層】 事業部長・部長	●新規事業化およびグループ企業との連携強化に向けて・・・ ●・・・ ●・・・ ●・・・ ●・・・
【中堅層】 課長・係長	●新規性・独自性のある情報について・・・ ●・・・ ●・・・ ●・・・ ●・・・
【若年層】 主任・担当	●・・・ ●・・・ ●・・・ ●・・・ ●2～3年以上先を念頭に置いたキャリア目標を定め、＊＊＊をはじめとした資格を・・・

上記2のアクションを三つの階層別に分解し、期待行動の例（ガイドライン）として明示。
「チャレンジ評価」では、この行動例を参考とし、社員各人の役割や職務内容に照らして内容を具体化した上で行動目標を設定。ただし、上長の承認が得られた場合には、この行動例のいずれにも当てはまらない目標設定も許容する。

（注）上記例を参考にしながら、自らの業務課題に即して中長期行動目標を具体化してください。

はなく、社員によっては、具体的な目標が立てられないケースも想定された。

そこでB社では、チャレンジ目標を設定する際の参考指標として、部門別かつ階層別に、全30種類の「チャレンジ行動ガイドライン」を用意したのである。このガイドラインでは、①部門ごとの中長期的なミッション・課題、②ミッション達成のために必要なアクション、③階層別（3段階）の期待行動の例が示されている［図表2-6］。

このようなガイドラインは、人事部門単独で作成できるものではない。各部門の具体的な業務内容に精通する社員から複数回にわたってヒアリング調査を行い、一冊のガイドラインとして体系化したB社の姿勢には、“会社全体で変革とチャレンジを続けていく”という確固たる意思が表れているといえるだろう。

5 評価シートを改良するだけで、社員のチャレンジは引き出せるのか

さて、ここまで、A社とB社におけるMBOの改定内容を見てきたが、両社のように評価シートの一部を改良するだけで、本当に社員のチャレンジを引き出すことは可能なのだろうか。

結論からいえば、残念ながらこれだけでは対策は不十分である。MBOについては評価シートそのもの以外にも重要となるポイントがあり、また、報酬制度においても留意点がある。

［1］MBOの運用方法におけるポイント

MBOを導入する際は、大前提として、MBOが自社の成長のための重要なマネジメントツールであることを、社員に十分説明することが肝心だ。

加えて、社員の主体的な参画を促すためには、上司が部下に、「いかに達成までのストーリー（プロセス）をイメージさせられるか」が重要となる。実際、A社とB社では、目標や目標の難易度を設定する際は部下が単独で行うのではなく、上司と部下が面談を行い、当期および中長期に期待する取り組みテーマを伝えることを必須としている（このようなMBOの運用方法の重要性については、第3章「**10 目標達成にこだわる組織とは**」を参照されたい）。

［2］報酬制度における留意点

人事評価の結果が給与や賞与などの処遇に反映される以上、報酬制度の運用においても留意すべき点が存在する。これは端的にいえば、(極めてシンプルではあるが)「主体的にチャレンジした社員の処遇について、会社全体として納得感を高めるべし」ということである。

B社を例にとれば、中長期を見越したチャレンジ評価で著しい高評価を得た社員と、当期業績に貢献した社員を比較した際、明らかに後者が優遇されるような報酬制度では､結果として主体的にチャレンジする社員は報われず、次第にチャレンジ評価そのものが陳腐化するだろう。

また、チャレンジ評価で高評価を得た社員に適正に報いていても、本人だけがその仕組みを理解している状況では、会社全体としての納得感までは高まらない。MBOの重要性を社員に説明するタイミングに合わせて、「チャレンジした社員が、どのように評価され、どのように報いられるか」についても十分な説明を行うことが不可欠なのである。

A社とB社の改革内容はいずれも、アウトプットだけに着目すれば、評価シートの改良を行ったということにすぎない。しかし重要なことは、その取り組みの背景にある「会社全体で変革とチャレンジを目指す」という確たる方針と､「会社の成長に資する社員のチャレンジに報いたい」という強いメッセージを打ち出すことである。

絶えず変革を続ける会社を目指し、A社およびB社の事例、第3章 **10** の事例におけるポイント解説等をヒントに、人事評価制度を見直してみてはいかがだろうか。

3 評価項目はいくつが妥当なのか

たくさん盛り込み過ぎず評価項目の更新を

CASE

倉庫業L社では、業績評価に目標管理を導入している。通常、業績または成績評価の根拠となる目標設定は3～5項目とする例が多い。ところが、L社では目標を20項目とかなり多く設定して、その結果を業績評価としていた。同社では、経営企画部の旗振りで目標管理制度を導入してから十数年が経過しているが、運用は各部に任されており、定着度合いは部署によりかなり差が生じていた。上位方針と連鎖してブレークダウンがうまくできている部署ほど、多数の目標を設定している。それらの部署からは、せっかく取り組んだ目標はすべて評価してほしいとの要望が出され、20項目を評価の対象として設定するようになったのである。

土木業M社では、業務プロセスの行動評価の項目が80近く設定されていた。これには、項目数を多くしたいという人事部長の考えが強く反映されている。その理由は三つあった。第一に、評価項目に入れておかないとその項目が社員に意識されず、育成に役立てられないという不安。第二に、項目数が少ないとその項目で評価されやすい人と評価されにくい人の偏りが生じて不公平であるという懸念。第三に、評価項目が多いほど緻密な評価になり、評価者が少々見落としても多くの項目を評価することにより間違いを減らせると考えたこと――であった。

サービス業N社では数百人の非正規社員を抱え、担当エリアへの情報誌提供や物販・宅配を行っている。接客やセールス、集金等の基本行動に関するマニュアルを定めており、そこからチェックリスト方式で100の評価項目を選定していた。同社では非正規社員の教育を行い、評価の納得性を上げるためには、多数の項目が必要と考えたのである。

以上3社は、評価対象とする目標や項目が非常に多い例であるが、果たしてうまく運用できているのであろうか。また、結果を見る成果評価の項目数（目標設定数）とプロセスを見る行動評価の項目数は、どの程度が妥当なのだろうか。

解説　評価が容易で事実を把握しやすくするための評価項目数とは？

1　評価体系の変遷

評価体系、すなわちどのような要素で評価制度を構成するかは、時代の趨勢（すうせい）に応じて変化してきている。能力を軸とした人事制度が主流の時代には、評価体系は、①成績、②勤務態度（情意）、③能力の3要素で構成するのが一般的であった。これは、成績を「結果」、勤務態度を「プロセス」、能力を「原因」としての視点から捉えるものといえる［図表2-7］。

この体系では、能力をいかに評価するかが重要なポイントであり、そのための根拠としてまず成績評価を行い、そこから得られる情報を材料として能力評価を実施する。プロセスである取り組み姿勢は勤務態度評価として捉え、成績、能力とは切り分けて評価を行う。評価結果は公正処遇と人材育成・人材活用に活用される。

図表2-7　能力・成績・勤務態度評価の構成

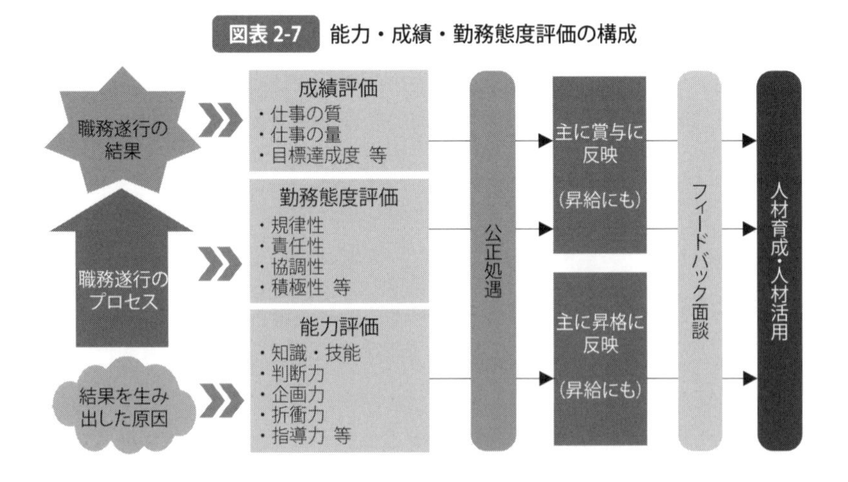

この時代、おおむね能力評価は知識・技能、判断力、企画力、折衝力、指導力の5項目、勤務態度評価は規律性、責任性、協調性、積極性の4項目がスタンダードであった。成績評価は、階層にもよるが、仕事の質、仕事の量に加えて目標達成度の3～5項目というところであった。これらの体系に基づく項目数が当時のスタンダードであり、多くの企業で採用され無理なく運用されていたといえる。

その後、成果主義の時代を迎え、近年は「結果」と「プロセス」の2要素で構成する評価体系が増えている。このうち、結果は目標管理と連動させ、プロセスはコンピテンシーなど行動に関する評価項目が設定されることが多い。

現状では、結果とプロセスを評価する項目の内容および項目数について、以前ほどの定番はない。経営環境や企業の状況に応じてカスタマイズされ、バリエーションが増えているといえるだろう。

2 評価項目数を多くしたい場合の留意点

評価項目数を多くすると、一般に制度設計者である人事部の満足度は上がるようだ。緻密に多方面へ気を配った設計であるといえるし、評価の精度も高まると考えられる。しかし、下位等級はまだしも、上位等級もすべてこの方式では運用が難しくなる。焦点がぼやけるリスクがある上に、評価者の負担が大きいからである。

それでも項目数をやや多めにしたい場合には、評価者の負担を考慮するべきである。例えば、評価者が機械的に評価段階を選ぶことのないよう、評価段階定義（判定基準）を項目ごとに変えて具体的に評価シートに掲載しておくといった工夫が必要である［図表2-8］。読みこなす情報量は増えるが、評価者が部下の仕事ぶりに即して評価段階を選びやすく、ぶれが少なくなる。

習熟の浅い従業員（社員、パート）に対しては、きめ細かい行動をチェックリスト方式で作成した評価シートが適している［図表2-9］。具体的な行動の着眼点が示されているため、「している」「していない」の判定がしやすく、育成にも役立てやすい。

図表 2-8 評価段階別の具体的な定義の例

要素	項目		基準
プロセスの行動評価	報告・連絡・相談	S	報連相を十分実施するだけでなく、その重要性を認識してそれを行わない場合のリスクをわきまえ、他の社員にも説明して報告を促している
		A	タイムリーに必要な報連相を十分行っている
		B	所定のタイミングで良くないことも含めて報連相しており、こちらから確認する必要はほぼない
		C	まれに報連相が不足することがあり、こちらから確認することがある
		D	報連相が不足しており、こちらから確認しても要領を得なかったりごまかしたりすることがある
	会議	S	会議､打ち合わせの場で進行をリードして要所要所で高い視点からの発言を行い、結論まで導いている
		A	会議、打ち合わせの場で建設的な意見を出すことが多く、発言に信頼が寄せられている
		B	会議、打ち合わせには資料を準備して定刻前に参加し、自ら発言している
		C	会議、打ち合わせの場では求められれば発言するが、自らの発言は不足している
		D	会議、打ち合わせの場に参加はするが出ているだけ、またはネガティブな発言に終始する

図表 2-9 チェックリスト方式の評価シート例

評価項目	行動の着眼点	評価（該当レベルに○）		
		指導できる	指導なしでできる	指導が必要
チャレンジ行動	①新しい作業に取り組むときには、手順や必要な準備を洗い出してから始めている			
	②必要性に気づいたら、そのままにせず人に指摘される前に行動に移して周囲に問い掛けている			
	③改善するべきであると思ったことは、上司や同僚に対して臆することなく意見を述べている			
	④未経験の仕事、難しい仕事がある場合に尻込みせず、自ら手を挙げている			
	⑤仕事の幅を広げるために、資格取得や自己啓発を具体的に計画して実行している			
	⑥依頼された業務について、完成までの見通しを立てスケジュールを確認して着手している			
	⑦仕事の効率を上げるために、決められた担当業務の手順や方法を必ず一つは見直している			
	⑧工夫や改善を行った内容をさらに良いものにして定着させるため、再度点検している			
	⋮			

3 目標管理における評価項目数

一方、評価項目数が少なすぎる場合には、適正と考えられる数に増やし補強することが必要である。特に、業績評価をわずか1～2項目の目標達成度で評価している場合は、要注意といえる。真に重要で、上位方針とリンクしており、かつ難易度も適切であるような目標が選択されていれば問題ないが、これはなかなか難しいからである。

なお、そもそも目標管理と人事評価を直結させるのであれば、そのための条件整備が必要である。成果を公正に評価するためには、客観的な定量評価が可能な目標の設定が望ましい。また、目標の設定および達成度の評価に本人が参画し、評価に対する納得性を高めることも不可欠となる。そして目標管理の結果を評価に直結させるためには、各自が役割および報酬に見合うレベルの目標を設定すること、期中の状況変化に応じて常に目標が修正されること、なども求められる。

目標管理の運用が必ずしも成熟していない企業においては、目標管理の結果を評価に直結させるのではなく、評価の重要な材料の一部として、間接的に反映させることが妥当である。また、設定した目標の達成度という結果だけではなく、事前に示された組織の方針に沿ってどれだけ貢献できたか、というプロセス面での取り組みも評価対象にすべきである。そのためには本人が実績や行動に関する事実を評価材料としてできるだけ提示し、上司がそれを確認することが重要となる。

4 評価項目をいくつ設けるのが妥当か

では、適切な評価項目数とはどのくらいであろうか。近年の事例では、職種・階層によるが、目標設定数は3～5件、それを取り入れた結果の評価は5～10項目、プロセスの評価は5～15項目。すなわち結果・プロセス合わせて10から多くても20項目程度に収まっている。これは、伝統的な職能資格等級制度の時代の評価項目数とも大差ないといえる。

適切な評価項目数については、業種や会社の考え方により多少は異なるであろう。品質基準を厳格に設定し管理したい製造業では、多くを求めがちになる。

しかし、前掲の事例のように数十から100といった項目を作成するためには相当の労力を要する。項目ごとの整合性は取れているか、重複や偏りはないか等、確認しなければならないことも多数ある。

そもそも評価項目が何のために設定されるのかを考えてみれば、どの程度の数が妥当であるかはおのずと明らかである。評価項目は企業が社員に何を求めているかを示す端的なメッセージとなる。項目数を絞り込めないとすると、それはそのメッセージが弱いということでもある。評価者が常に気に掛けて指導し、評価できる数となれば、おのずと限りがある。また、被評価者にとっても、行動計画に落とし込み、日常的に意識して取り組めるような項目数でなければならないのである。

事例で紹介した3社は、その後いずれも評価項目数をかなり絞り込んで見直しを行った。L社は目標設定を5項目に、M社は行動評価を15項目に、N社は評価項目を10程度に減らしている。

一度に多くの項目を評価シートに盛り込む必要はない。評価項目は経営方針や経営戦略に沿って、優先順位をつけながら見直していけばよいのである。社員の行動として十分実践され浸透してきた項目は、次の時代に求める項目に入れ替えていく。経営環境の変化や方針に応じて社員に求めるものを常に見直し、達成状況をレビューして、評価項目を更新していく努力が望まれる。

4 人事評価ランクのひみつ

評価制度に秘められた人事思想

CASE

小売業B社では、社長が従業員の働きぶりに強い関心を持っており、1000人規模の会社であるにもかかわらず、社長自ら社員一人一人の人事評価結果をチェックしている。

B社の人事評価は9段階である。まず、直属上司が一次評価を行い、次に二次評価者（直属上司の上司）が評価の修正を行う。最後に、社長が社員一人一人の貢献度と処遇とのバランスをきめ細かく考慮し、9段階の評価ランクを決定する仕組みである。

これに対し、やや年功的な昇格運用を行っている情報通信業C社では、「AAA」「AA」「A」の3段階の評価ランクしか存在しない。普通にできていればA評価、なかなか良い場合にはAA評価、特筆すべき貢献があればAAA評価とする極めて簡素な仕組みである。

企業によって人事評価の段階数にこのような大きなバラつきが生まれるのはなぜだろうか。また、適正な評価段階数は、果たして何段階程度なのだろうか。

B社の評価ランク（9段階）

記号	定義
S	極めて優れており、上位等級でも水準以上のレベルの成果が期待できる
SA	非常に優れており、上位等級でも十分にやっていける
A	非常に優れており、上位等級でやらせたいレベルである
AB	当該等級に必要な能力は十分備えており、近い将来上位等級への昇格も期待できる
B	当該等級に必要な能力は備えており、さらなるレベルアップで上位等級への昇格の可能性がある
BC	当該等級に必要な最低限の能力を有しているが、より一段の能力向上を期待したい
C	当該等級としてはやや物足りないが、周囲の指導・助言により何とか業務をこなせるレベル
CD	当該等級としては能力不十分で、一人で任せきれない。降格の検討が必要
D	当該等級としては全く機能せず、このまま放置できないレベル。降格の必要性あり

C社の評価ランク（3段階）

記号	定義
AAA	極めて高い水準
AA	高い水準
A	ほぼ期待どおりの水準

解説　人事評価の段階数と企業の人事思想

1　はじめに

一般に人事評価は「5段階評価」がポピュラーである。しかし、筆者が直接確認した事例では、最大で13段階もの評価ランクを持つ会社もあった。なぜ企業によって人事評価段階にバラつきが生じるのだろうか。

人事評価の段階数など、瑣末（さまつ）な問題ではないかと考える方もいるかもしれない。しかし、意外とこの問題は奥が深い。少し大げさに言えば、人事評価の段階数は、その企業の人事思想を告白する声明書（manifesto）のようなものである。人事評価の段階数を見れば、その企業の経営者がどのような視点から社員を見ているかがすぐに分かってしまう。

2　ミニマムは2段階

評価を行う以上、評価ランクが1段階というのは論理的にあり得ない。ミニマムは2段階である。

アルバイトやパートタイマーなどで定型度がかなり高く、「できて当たり前」の仕事の場合には2段階評価で構わない。時給を上げる必要性があるか否かを確認するだけであれば、「特に支障がなければB評価、加点要素があればA評価」というように、2段階評価で十分である［図表2-10］。

図表2-10　2段階評価の例

評価記号	定義
A	独力でスピーディーに仕事ができていた
B	特段の支障なく仕事ができていた

3 差をつける必要がなければ3段階で十分

仕事がもう少し複雑になると、2段階では物足りなくなり、3段階評価に移行する。この場合には二つのパターンがあり得る。

まず、前掲の［図表2-10］の評価ランクを上方に伸ばす考え方である。Aの上にもう一段階追加し、S評価を設ける。例えば、単に独力でスピーディーに仕事ができる（＝A評価）だけでなく、周囲に対する指導・助言までできればS評価と考えるのである［図表2-11］。昇給査定というよりも育成に主眼を置き、能力の伸長度合いを評価したいと考えるのであれば、こうした評価段階が適している。

もう一つの考え方は、前掲の［図表2-10］の評価ランクを下方に伸ばすやり方である。この場合には、例えば「業務に支障を来していればC評価」というように、期待レベルに到達していない場合の評価ランクを一つ追加する［図表2-12］。

アルバイトやパートタイマーの人事評価の場合、上記いずれかのタイプの3段階評価で十分な場合がほとんどである。また、事例数としてはそれほど多くないが、冒頭の事例に掲げたC社のように、正社員にも3段階評価を採用する企業は存在する。差をつけることが主眼でなく、「早期に昇格させる

図表 2-11 3段階評価の例①

評価記号	定義
S	周囲に対する指導・助言までできていた
A	独力でスピーディーに仕事ができていた
B	特段の支障なく仕事ができていた

図表 2-12 3段階評価の例②

評価記号	定義
A	独力でスピーディーに仕事ができていた
B	特段の支障なく仕事ができていた
C	業務に支障を来していた

べき優秀社員と職務遂行に問題がある社員とを見極めることができれば十分」と考えるのであれば、3段階評価で差し支えない。3段階の評価ランクを設定する背景には、このような人事思想が潜んでいる。

4 オーソドックスな5段階評価

最もオーソドックスなのは5段階評価である。例えば、[図表2-13] のような評価段階を持つ企業は多数存在する。

「期待どおり」を真ん中の評価([図表2-13] ではB評価)とし、「期待を上回った」と「期待を下回った」を評価できるようにする。ただし、評価をつける立場からいうと、中間的な評価ランク、すなわち「期待をやや上回った」「期待をやや下回った」という段階があったほうが評価しやすい。そこで、「やや」を追加して合計5段階の評価ランクを設定するのである。

5 賞与支給額決定の際に頻出する7段階評価

さらにきめ細かく評価したい場合には、7段階評価に移行する。

この場合、5段階評価の真ん中のB評価ゾーン(=おおむね期待に届いた)をさらに詳細に分類し、「期待をわずかに上回った(B+)」「期待に届いた(B)」「期待をわずかに下回った(B-)」を設け、合計7段階とする[図表2-14]。

7段階評価は、賞与支給額の決定の際によく見られる。企業の中には、5段階評価を基本としつつ、評価ランク間の金額差が大きくなる賞与の支給額決定においてのみ、処遇反映につながる最終評価を7段階に拡大するところも少なくない。

図表2-13 5段階評価の例

評価記号	定義
S	期待レベルを上回り、特筆すべき水準
A	期待レベルをやや上回り、申し分ない水準
B	期待レベルにほぼ到達しており、十分な水準
C	期待レベルにやや物足りなく、時々指導が必要な水準
D	期待レベルを下回り、早急な改善が必要な水準

図表 2-14　7段階評価の例

評価記号	定義
S	期待をはるかに上回る特筆すべき水準
A	期待を上回る申し分ない水準
B＋	期待をわずかに上回る良好な水準
B	期待に届く十分な水準
B－	期待をわずかに下回る、あと一歩の水準
C	期待にやや届かない水準
D	期待を下回る水準

6 評価段階をあえて偶数とする企業の狙い

特殊例である2段階評価を除くと、評価段階は中心となるランク（[図表2-13] や [図表2-14] の例ではB評価）を真ん中にして奇数とすることがオーソドックスな考え方である。しかし、興味深いことに、少なからざる企業が偶数段階の評価ランクを持っている。[図表2-15] がその例（6段階の例）である。

あえて偶数の評価ランクを設定する企業の言い分は、次の①か②のいずれかである。

①人事評価には寛大化傾向（評価が甘くなる傾向）がある。5段階評価にすると、真ん中のB評価ではなく、一つ上のA評価に分布が偏る。そうすると意図せざる昇給原資の膨張を招くおそれがあるので、[図表2-15] のように最初から6段階にして、AB評価のときに標準昇給が確保されるようにしておきたい。

図表 2-15　6段階評価の例

評価記号	定義
S	期待レベルをはるかに上回り、特筆すべき水準
A	期待レベルを上回り、申し分ない水準
AB	期待レベルにほぼ到達しており、十分な水準
B	期待レベルにやや物足りないが、実務上は支障がない水準
C	期待レベルを下回り、指導・援助が必要な水準
D	期待レベルを大きく下回り、直ちに改善が必要な水準

②人事評価には中心化傾向（評価が中心に偏る傾向）がある。5段階評価にすると、安易に真ん中のB評価をつけようとする上司が後を絶たない。白黒をハッキリさせ、どっちつかずの曖昧（あいまい）な評価ができないようにするため、最初から偶数の評価段階を設定したい。

①は消極的な理由から偶数段階とする企業の言い分、②は積極的に偶数段階とする企業の主張である。②の場合は、「人事評価を通じて社員のパフォーマンスの是非を明確にしたい」という強い意思表示といえるだろう。

7　7段階を超えると「査定色」が強くなる

冒頭の事例のB社のように、評価ランクが7段階を超えると、「人事評価」というよりも「賃金査定」の色合いが濃くなる。「社員のパフォーマンスの微妙な差を漏らすことなくチェックし、昇給・賞与できめ細かな格差をつけて動機づけを行いたい」という経営者の意思が見え隠れする。

物品の販売など、成果が定量的な数字でハッキリと出やすい事業の場合には、7段階超の評価ランクで差し支えないが、そうでない場合はあまりお勧めしない。パフォーマンスの違いが曖昧なところに無理やり差をつけることになるので、評価ランクの差を合理的に説明することができなくなり、評価に対する社員の納得感が下がってしまう。これでは「社員の動機づけ」どころか、社員がやる気を失ってしまうことにもなりかねない。

8　グローバルスタンダードは5段階評価

海外に目を向けるとどうだろうか？　「アメリカなどグローバル企業では成果主義だから、多数の評価段階を設けて厳格に従業員のパフォーマンスをチェックしているに違いない」と考える方がいるかもしれない。しかし、[図表2-16］にあるとおり、実際には5段階評価が最も多く、6段階以上の評価ランクを持つ企業は全体の1割にも満たないのである。

その理由は先に述べたとおりである。評価段階数が増えると、従業員に対して評価差を合理的に説明することが難しくなるので、多数の評価段階を設けて微妙な処遇差をつけることを回避する傾向があるためと推察される。

図表 2-16 アメリカなどグローバル企業における評価段階数

―(n)・%―

	2010年 (1,126)	2012年 (844)	2014年 (529)	2016年 (489)	2018年 (247)
None			1		
Two (2)		1	1	1	2
Three (3)	12	12	12	12	24
Four (4)	27	23	20	21	22
Five (5)	54	57	60	58	46
Six (6) or more	7	7	7	8	6

資料出所：WorldatWork "Compensation Programs and Practices Survey" より作成

以上、人事評価の段階数のバリエーションとそこに込められた人事思想について考察してきた。5段階評価がグローバルスタンダードといえるが、最終的には、自社の人事ポリシーにマッチした評価ランクが求められる。

例えば、労働市場から人材を中途即戦力採用し、高業績者には高い報酬で動機づけを行い、業績不振者には大幅な報酬減額で自主的な退社を促す人事ポリシーを採用する企業も存在する。このような場合には、評価段階数を増やしてきめ細かな賃金格差をつけられるようにしておくことが不可欠となる。

一方、若手を採用して社内で育成し、中長期的に自社につなぎ留める人事ポリシーを採用する企業では、「細かな賃金格差を設ける」という査定志向の発想ではなく、育成本位の視点から人事評価の段階数を設定する必要がある。この場合には、能力の伸長度をチェックすることに主眼を置き、3～5段階程度の評価ランクを設けておけば十分であろう。さらに、同じ企業であっても、事業部によって人事ポリシーが異なるケースもある。この場合には、全社一律の評価段階数にこだわる必要はなく、事業部ごとに異なる評価ランクの設定があってもよい。

このような視点から、あなたの会社の人事評価ランクを再検証してみてはいかがだろうか。

5 人事評価サイクルのふしぎ

評価期間の始期・終期を巡る物語

CASE

人事評価には必ず始期と終期を定めた評価期間が存在する。決められた一定期間ごとに人事評価が繰り返し行われるという意味で、この期間のことを「人事評価サイクル」と呼ぶ。

一般に人事評価サイクルは、下表のC社、D社のように、会社の会計年度と一致することが多い。

	会計年度	人事評価サイクル
C社（総合建設業）	4月～翌年3月	4月～翌年3月
D社（コンサルティング業）	7月～翌年6月	7月～翌年6月

［注］C社は4月～翌年3月を上期・下期に分割し、年2回の人事評価を実施。

ところが、この原則に従わない企業も存在する。例えば、技術サービス業E社では、12月決算であるにもかかわらず、人事評価サイクルは「4月～翌年3月」に設定されている。

また、IT企業F社では、同じく12月決算であるにもかかわらず、「11月16日～翌年11月15日」という摩訶不思議な人事評価サイクル（評価期間が月の途中で真っ二つに分断されている！）が設定されている。

	会計年度	人事評価サイクル
E社（技術サービス業）	1月～12月	4月～翌年3月
F社（IT産業）	1月～12月	11月16日～翌年11月15日

［注］両社とも上表の評価期間を半期単位に分割し、年2回の人事評価を実施。

人事評価サイクルにこのようなバリエーションが生じるのはなぜだろうか。また、最適な人事評価サイクルを設定するには、どのような点に注意する必要があるのだろうか。

解説　パフォーマンス・マネジメントの観点から見た人事評価サイクル

1　人事評価期間の長短

経営環境の変化がますます加速している。

「**1 人事評価はなぜ必要なのか**」の中で「ノーレーティング」について解説した。ノーレーティングを導入する理由の一つは、「ビジネスのスピードが速すぎて年次評価ではとても追いつかず、こまめなパフォーマンスのチェックとタイムリーなフィードバックが必要」ということであった。

それでは評価期間を短くすれば問題は解決するのかというと、事はそれほど単純ではない。

年功序列型の人事処遇制度の下では、「真面目に仕事に取り組んでいるか」「チームプレーに徹しているか」など、組織人としての気質（勤務態度）を確認すれば事足りた。そもそも報酬にほとんど差がつかないため、能力や成果をそれほど厳密に評価しなくても支障がないからである。このような人事処遇制度の場合には、一般に人事評価を行う側の上司の負荷は小さい。

ところが、成果主義型の報酬管理が広まるのに呼応して、評価制度が複雑化し、評価調整プロセスも精緻化している。社員の報酬格差が拡大するのであれば、その根拠となる人事評価制度にも相応のきめ細かさが求められるからだ。しかし、現場の上司は日々の業務に忙殺されている。人事評価に多大な時間を割く余裕などない。こうした状況の中で評価期間を短縮すれば、例えば、半年に1回の評価を毎月の評価に変更すれば、評価の実施回数が増大し、現場の負荷はますます高まる。

このように、単純に「評価期間は短ければ短いほど良い」というわけにはいかないのである。最近では例えば、「半年単位から1年単位に」というように、人事評価期間自体はむしろこれまで以上に長く設定しつつ、期中の進捗（しんちょく）確認とフィードバックを充実させることで、評価のきめ細かさと現場の負荷軽減とを両立させようという取り組みを進める企業も見られる。

2 原則的な人事評価サイクル

また、評価期間の長短だけでなく、評価の始期・終期をどのように設定すべきか、という「人事評価サイクル」の問題も重要である。

結論を先取りすると、パフォーマンス・マネジメントの観点からは、人事評価のサイクルは、会社の会計年度に合わせて設定するのが原則的な考え方になる。例えば、小売業の場合、2月決算の会社が多いので、人事評価も会計年度に合わせて3月〜翌年2月のサイクルとするのが一般的である。

なぜ会計年度に一致させるのが原則かというと、会社の事業は会計年度に沿って動いているからである。会計年度ごとに事業計画が定められ、そのための予算が組まれる。さらに、計画達成のための目標が各部署に割り振られ、最終的には個人目標へと展開していく。まさに「目標の連鎖」という目標管理のプロセスそのものである［図表2-17］。

業績管理と人材管理のベクトルを合わせるためには、業績管理と人事評価のサイクルをシンクロナイズ（同期）させる必要がある。すなわち、人事評価サイクルは会社の会計年度と一致しなければならないのである。

図表 2-17 目標の連鎖

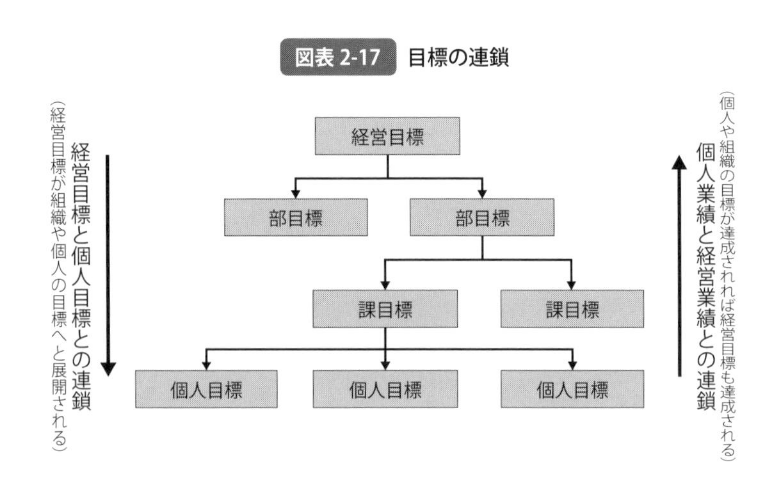

3 評価サイクルのバリエーション

［1］顧客の事業サイクルに合わせる場合

以上の原則に沿わない企業も存在する。例えば、冒頭の事例で紹介した技術サービス業E社の場合、12月決算であるにもかかわらず、人事評価サイクルは4月〜翌年3月で設定されている。

なぜE社がこのような評価サイクルを設定するかというと、E社の主要顧客が中央省庁や地方自治体などの官公庁だからである。官公庁は4月〜翌年3月の会計年度で動いており、主要顧客が官公庁である以上、自社の業務サイクルもこれに合わせざるを得ない。このように、顧客が特定の企業や業種に集中している場合、当該主要顧客の事業の流れに合わせて人事評価サイクルが組み立てられることがある。

［2］配置・育成・賞与支給など人事管理上の都合を優先する場合

実は、自社や顧客の会計年度に関わりなく、4月〜翌年3月の評価サイクルを設定する企業は決して珍しくない。例えば、情報通信業G社では、会計年度が12月〜翌年11月だが、人事評価サイクルは4月〜翌年3月に設定されている。

その理由の一つとして、配置や育成への配慮が挙げられる。ほとんどの日本企業では、学卒者を4月入社で一斉に採用している。このため、4月を起点として人事評価サイクルを設定しておけば、人事管理を行う上で何かと都合が良い。また、学卒者の入社など「人の出入り」が多くなる時期に合わせて、定期異動の時期を4月に設定する会社も少なくない。この場合、4月〜翌年3月の評価サイクルを設定しておけば、着任時期と評価の開始時期が一致するため、スムーズに人事評価を行うことができる。

もう一つの理由が、賞与など給与処遇との関係だ。4月〜翌年3月の評価サイクル（上期：4月〜9月、下期：10月〜翌年3月）を設定しておけば、賞与支給時期（6月、12月）に向けて、十分な時間的余裕をもって人事部内で評価結果の集計作業を進めることができる。

以上のように、人事管理上の都合を優先して「4月〜翌年3月」の評価サイクルを設定する企業は多数存在する。

[3] インセンティブ効果を重視する場合

社員へのインセンティブ効果を最大化するように人事評価サイクルを決定する会社もある。

冒頭の事例で掲げたIT企業F社が、その典型例だ。F社では、評価サイクルを「11月16日〜翌年11月15日」(11月16日〜翌年5月15日、5月16日〜11月15日の半期ごと)に設定している。この期間設定はF社の会計年度と一致しておらず、しかも月のど真ん中で評価期間がスプリット(分離)されており、一見すると合理性を欠く評価期間の設定に見える。

しかし、これには理由がある。賞与支給を通じた社員へのインセンティブ付与である。インセンティブ効果を最大化するためには、評価期間が締まってから可及的速やかに「賞与支給」という目に見える形で社員にフィードバックを行うことが望ましい。世間一般の通念として、賞与支給は6月または7月(夏季)と12月(冬季)であり、この時期は動かせない。そこで、賞与支給日にギリギリ支給額の計算が間に合うように評価期間の締め日を設定した結果、上記のような評価サイクルになっているのである。11月15日に評価期間を締めて人事評価を行えば、評価結果の調整に要する期間を考慮してもなお、辛うじて12月の賞与支給日に間に合う、というわけである。

また、投資顧問業H社では、運用部門の一部のファンドマネジャーの評価サイクルを3年(!)に設定している。ファンドマネジャーの運用成績は景気や為替の動向など、本人がコントロールできない要因に左右され、極めて業績のボラティリティ(変動性)が高い。こうした状況の中で、単年度の運用成績だけで評価を決めてしまうと、処遇が非常に不安定になり、インセンティブの設計上は好ましくない。そこで、H社では、当年度の評価6割、昨年度の評価3割、一昨年度の評価1割の加重合計で評価を行っているのである。単年度で見ると、「たまたま運良く」あるいは「たまたま運悪く」ということが起こるかもしれないが、3年程度のサイクルで見れば、本人の実力が適正に反映されるからだ。

上記のF社、H社のように、社員へのインセンティブ効果を最優先して、変則的な評価サイクルを設定する企業も存在するのである。

パフォーマンス・マネジメントの観点からは、人事評価サイクルは業績管理のサイクルと呼応しなければならず、したがって自社の会計年度と一致させることが原則である。原則を逸脱すべき相応の理由がある場合に限り、これと異なるサイクルを採用してもよいと考えるべきだろう［図表2-18］。

しかし、実際には、「相応の理由」が存在しないにもかかわらず、原則から逸脱したサイクルで漫然と評価制度を運用している企業も散見される。

特に、3月決算ではないにもかかわらず、人事評価制度が「4月〜翌年3月」のサイクルに設定されている場合は要注意だ。一応、「新卒入社など人の出入りは4月が多いので」「賞与支給に合わせて時間的余裕をもって評価集計ができるので」という理由が成り立つかもしれないが、それは単に「人事部の都合」ではないだろうか。本当に人事管理上の必要性・必然性があるのか否かをあらためて検証してみてほしい。

仮に「自社の人事評価サイクルがなぜこのようになっているか」を合理的に説明することができない場合には、評価サイクルの変更を検討すべきである。もっとも、人事評価のサイクルを変更すると、会社の人事管理全体に影響が及ぶため、たやすくサイクルを変更することはできないだろう。「今すぐ」でなくても構わないので、次の人事制度改定のタイミング等に合わせて、人事評価サイクルの再検証を進めてみてほしい。

図表 2-18　人事評価サイクルの原則と例外

原則	例外
会計年度に一致させる	相応の理由があれば、原則からの逸脱も可 （例）主要顧客の事業サイクル 人事管理上の必要性・必然性 社員へのインセンティブ

6 人事評価の目的と手法の関係

望ましいのは相対評価か、絶対評価か

CASE

専門商社Ｓ社の人事評価では、資格等級の期待値に応じた絶対評価を原則としてきた。Ｓ社は社員間で格差をつけることに慎重な社風で、昇格運用も極めて年功的であり、若手優秀社員のモチベーションが低下傾向にあった。そんなＳ社だが、新社長への交代に伴い最初に取り組んだのが、人事評価制度の絶対評価から相対評価への転換であった。相対評価で順位づけをし、上位の若手優秀者を計画的・優先的に昇格させた。その狙いは、過去の貢献にとらわれず、現時点での能力・実績に基づいて、社内序列を刷新することにあった。

一方、自動車部品製造業のＣ社では、人事評価結果を最終的に相対評価で決定していた。主な目的は賞与原資の調整であった。相対評価の母集団を部門ごととし、あらかじめ定められた分布割合に合致するように母集団内で評価ランクの数を割り当てた。その結果、賞与原資を一定にコントロールしながら、個人の賞与にもメリハリをつけることはできたが、母集団のレベル差・人数差による不公平や、ランク判定に対する客観的根拠の不足等から社員の納得を得難くなっていた。その後、「社員育成」を重視する人事制度への改定に伴い、絶対評価の人事評価に転換した。なお、絶対評価のままでも賞与原資の調整が可能となるように、賞与算定式を工夫した（具体的には、「ポイント方式」の賞与算定式とし、ポイントを上下調整することで目標賞与原資を実現できるようにした）。

絶対評価と相対評価にはどのようなメリット・デメリットがあるのだろうか。また、人事評価の目的に応じて、いずれを選択すべきであろうか。

解説　自社に最適な人事評価手法とは

1　人事評価の目的

人事評価が果たすマネジメント上の機能・役割について、「**1 人事評価はなぜ必要なのか**」で解説したが、これを踏まえて人事評価の目的を実務的な視点から整理すると、出発点は「個々の社員の能力・成果等のレベルを測定するため」ということだろう。ただし、その理由に一歩踏み込むと、以下のような目的に分岐する。

【人事評価の目的の例】
①人材育成への活用
②昇格・昇進判断への活用
③賃金原資の配分決定
④社員相互の競争促進

まず、人事評価の目的として日本企業で最も多いのが「①人材育成への活用」である。人事評価結果を「個人の得意・不得意」と捉えて、得意な部分をさらに伸ばすと同時に、不得意な部分を克服させる。定期的に人事評価を行うことで、伸長度合いや改善度合いをチェックでき、社員の継続的な成長につなげようというのである。長期雇用を前提とした日本企業では「人材育成」が重要な経営課題であり、人事評価をその手段の一つとしようというのは自然な考え方といえる。

次に「昇格・昇進判断への活用」とは、上位資格等級・上位役職への昇格・昇進候補者の選抜に当たって、いわゆる「アセスメント」的な役割を期待するものである。現資格等級や現役職での能力・成果等を評価しながら、「より高い能力を発揮できるか」「さらに上位の役割を果たし得るか」を確認する。また、上位役職への昇進に際して、関連人事評価項目によって「指導・監督的能力の有無」を確認することもある。

また、「③賃金原資の配分決定」とは、貢献度に応じて賃金原資を配分しようとする際、人事評価で把握した能力・成果等のレベル差を根拠として活用しようという考え方である。

最後に「④社員相互の競争促進」とは、能力・成果等の序列を人事評価によって「見える化」し、本人および関係者に周知することで、その序列の維持・逆転に向けた努力を喚起しようという考え方を指す。また、競争させ続けることで、現状レベルに満足させず、組織全体の平均レベルを高めることを目的とすることもある。

2 絶対評価とは、相対評価とは

人事評価手法には、絶対評価と相対評価がある。それぞれの手法の定義は次のとおりである。

【絶対評価】
資格等級や役職ごとに、「基準」を定め、基準を上回るか下回るか、およびその度合いを判定する方法
【相対評価】
資格等級・役職または所属部門等の母集団において、社員の優劣を判定し、順位づけする方法

絶対評価と相対評価の根本的な違いは、「比較する対象」である。絶対評価では「基準」と比較し、相対評価は「社員を相互に」比較する。

絶対評価の「基準」は、資格等級や役職に対する「期待値」によって形作られるものである。「期待値」とはいわば「資格等級や役職に対する合格水準」

図表 2-19 絶対評価の評価ランクと共通定義の例

評価ランク	共通定義
S	在籍資格等級の期待値を大きく上回るレベルである（上位資格等級相当のレベルである）
A	在籍資格等級の期待値を上回るレベルである
B	在籍資格等級の期待値をほぼ満たすレベルである
C	在籍資格等級の期待値をやや下回るレベルである
D	在籍資格等級の期待値を大きく下回るレベルである（下位資格等級相当のレベルである）

図表2-20 相対評価の評価ランクと共通定義の例

評価ランク	共通定義
S	母集団の上位10%以内の順位
A	母集団の上位10%超35%以内の順位
B	母集団の上位35%超60%以内の順位
C	母集団の上位60%超80%以内の順位
D	母集団の80%超の順位

であり、合格水準を満たしたか否かが絶対評価の視点となる［図表2-19］。人数にとらわれることなく「基準」を満たした者に報いることができるという特徴がある。

これに対し相対評価では、必ずしも「期待値」を明確にする必要はない。母集団における比較相手のレベルが重要である。仮に母集団に属する社員が優秀者のみであったとしても、その中で優劣の判定がなされ、順位がつく［図表2-20］。必ず順位が明確になるため、メリハリや緊張感を持たせやすいが、属する母集団の構成メンバーのレベルによって、人事評価結果に差が生じるという特徴がある。

3 目的に応じた人事評価手法の選択

絶対評価と相対評価でどちらが優れているかを一律に論じることは難しく、自社において採用すべき人事評価手法を絶対評価とするか、相対評価とするかは、人事評価の目的とその優先度合いに応じて選択するのが望ましい。そこで、前記の人事評価の目的を例に取り、適する人事評価手法を検討してみたい［図表2-21］。

［1］人材育成への活用

人材育成の定義を「社員の能力等を会社の期待値まで引き上げること」と仮定するとき、「期待値への到達度合い」の把握は、人材育成の効果測定のために重要である。その場合、「期待値」の明確化が必要条件であり、絶対評価の考え方に利がある。個々人の「期待値への到達度合い」に応じて指導内容を検討したり、「期待値への到達度合い」の全体傾向を収集・分析した

図表 2-21　人事評価の目的と手法の関係

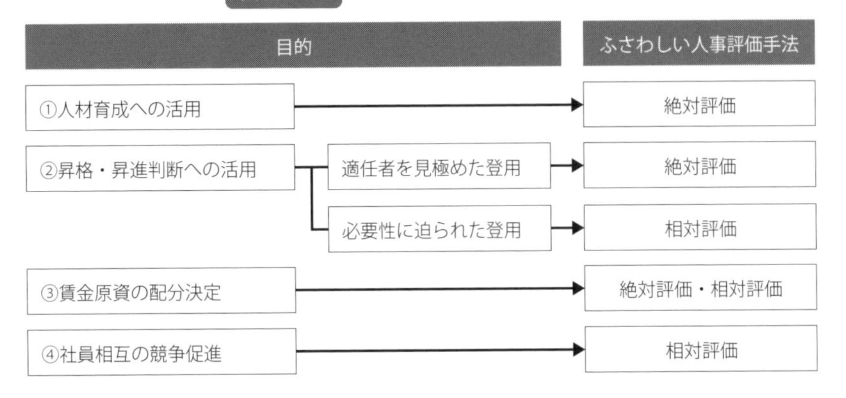

りすることで、人材育成の仕組みそのものを構築・運用するヒントを得ることができる。

[2] 昇格・昇進判断への活用

昇格・昇進に当たっては、「適任者の見極め」の観点から、「上位資格等級・役職の期待値を満たし得るか」を検討した上で判断するのが理想である。その場合、「期待値」が明確な絶対評価の考え方に利がある。

ただし、成長・拡大過程にある企業のように、ポストの空席を埋めるために、早期抜擢（ばってき）となっても候補者を出すこと自体が重要なこともある。その場合、絶対評価で「適任者を見極め」ている余裕はない。一方、相対評価であれば、順位の上位者を「相対的に成功可能性の高い人材」として認識することができる。また、「30％を女性優先枠とし、40％を若手優先枠とする」など、昇格候補者に優先枠を設ける場合も、母集団内の順位が明確な相対評価のほうが運用しやすい。

[3] 賃金原資の配分決定

賃金原資の配分決定として活用しようとする場合には、絶対評価と相対評価のいずれも選択可能である。賞与原資の配分決定を例にして説明する［図表2-22］。

絶対評価を前提とするときは、評価ランクごとの賞与ポイントをあらかじめ定めておき、それを実際の評価ランクに応じて各人に付与する。その後、

図表 2-22 人事評価手法別の賞与原資の配分決定例

【5人の絶対評価で、賞与原資の一部：3,000,000円を実現】

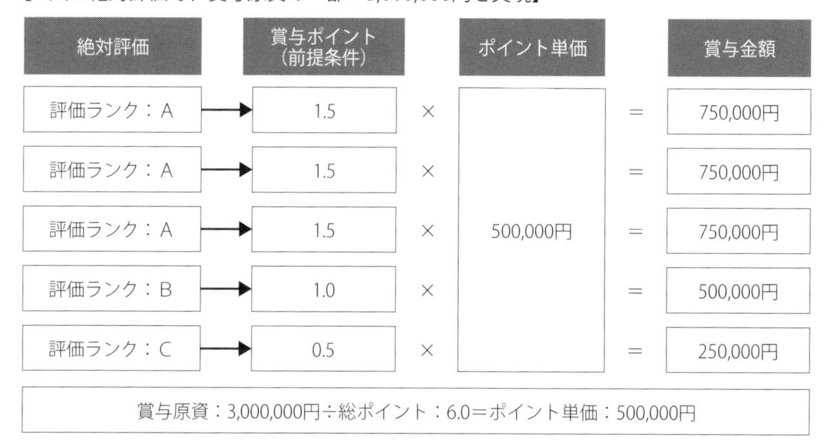

絶対評価	賞与ポイント（前提条件）		ポイント単価		賞与金額
評価ランク：A	1.5	×	500,000円	=	750,000円
評価ランク：A	1.5	×		=	750,000円
評価ランク：A	1.5	×		=	750,000円
評価ランク：B	1.0	×		=	500,000円
評価ランク：C	0.5	×		=	250,000円

賞与原資：3,000,000円÷総ポイント：6.0＝ポイント単価：500,000円

【5人の相対評価で、賞与原資の一部：3,000,000円を実現】

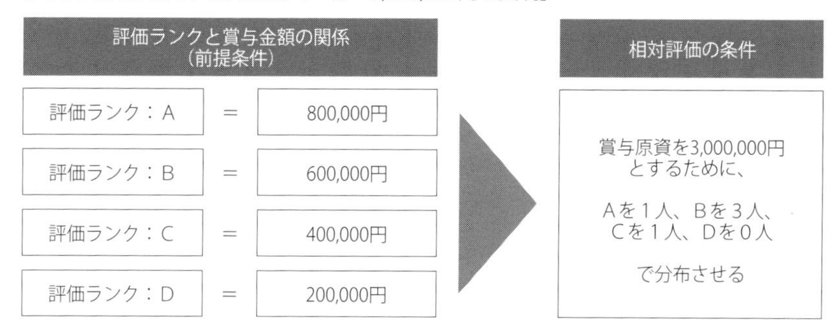

評価ランクと賞与金額の関係（前提条件）		
評価ランク：A	=	800,000円
評価ランク：B	=	600,000円
評価ランク：C	=	400,000円
評価ランク：D	=	200,000円

ポイント単価を調整することで、目標の賞与原資を実現できる（賞与ポイント制の仕組みについては「**10 賞与算定式のバリエーション**」を参照）。

相対評価を前提とするときは、評価ランクに応じた賞与額をあらかじめ定めておき、各評価ランクの人数分布を調整することで、目標の賞与原資を実現できる。

このように、「賃金原資の配分決定」という視点・目的は、人事評価手法の選択に当たってさほど大きな影響を及ぼすものではないため、他の目的に優先順位を置いて検討したほうがよいことが分かる。

[4] 社員相互の競争促進

競争促進のためには、ライバルとなる他者のパフォーマンスに関心を持たせることが重要である。その点、順位を明確にする相対評価の考え方に利があり、「相対比較の対象である他者よりも良い評価を得る」という点を行動指針とさせやすい。絶対評価だと、比較対象が「期待値」であるため、他者よりも、自己のパフォーマンスに意識が集中しやすくなる。

課題解決のためのヒント

前記のように、複数の目的に対して人事評価結果の反映を行う場合、手法の選択に当たっては、どの目的を重視するかといった優先順位から検討することが必要である。また、部門・職種・階層等の母集団ごとに設定するのも一案である。その上で、すべてを一律の人事評価手法で取り扱おうとせず、以下の例のように区分して適用するのが良いだろう。

【母集団ごとの人事評価手法の区分の例】

①人材重視の若手層は絶対評価、結果重視のベテラン層は相対評価

②人材育成の観点の能力評価は絶対評価、競争促進の観点の成績評価は相対評価

③期待値を明確化しやすい製造職等は絶対評価、明確化しにくいクリエイティブ職等は相対評価

「評価のための評価」のように人事評価が目的化すると、人事評価手法に関する議論も表面的になりやすい。この機会に、自社にとって重要な人事評価の目的を再確認し、目的に合った人事評価手法となっているかを点検してみてはいかがだろうか。

7 小さい原資で大きな業績改善を

インセンティブの効果とポイント

CASE

どうすれば社員の業績意識が高まるだろうか……。今も昔も、このような悩みを抱える会社は絶えない。経営者や管理職が目標数字を掲げてたびたび部下に働き掛けるものの、なかなかその効果が表れず、頭を抱えているケースも散見される。これを報酬で（しかも小さい原資で）解決したのがＹ社である。

ゴルフ場を運営するＹ社は地域では名高く、順調に事業規模を拡大していた。ただし、休日と平日の売り上げの差が大きく、平日の来場者数増加が課題となっていた。そこで、まずは経営目標に「平日の売り上げ拡大」を掲げたが、改善は見られなかった。続いて、社長が再三にわたって朝礼で訴え掛け、管理職も口を酸っぱくして部下に働き掛けたが、それでも変化は見られず、ついには管理職が「来場者数が増えない言い訳」を唱え始めてしまった。

実は、トップダウンで盛んに行動を促しても社員の意識と行動が変わらなかったのは、Ｙ社の報酬制度に原因があった。Ｙ社の報酬制度は、会社の業績（例えば来場者数）によって変動する仕組みではなかったため、社員からすれば集客に奔走する理由が見つからなかったのである。

そこでＹ社では、あるインセンティブ制度を導入した。１日の来場者数が目標人数を超えた場合、出勤しているスタッフ全員に一律500円を支給する、というものである。この制度を導入後、（キャディや売店スタッフまでも）社員が進んで集客活動に注力し、１年後、見事Ｙ社は売り上げ目標を達成したのである。

なぜ、わずかこれだけのことで、Ｙ社のインセンティブ制度はこのような成果を発揮したのだろうか。

解説　意識改革・行動変容を促すインセンティブの在り方

1　インセンティブとは

インセンティブ（incentive）とは、「人の意欲を引き出すために、外部から与える刺激」[3]であり、パフォーマンス・マネジメントの観点から言い換えれば、「社員の仕事意欲を高めるために、会社から与える報酬」を指す。

報酬というと最もイメージしやすいのは給与や賞与といった金銭報酬だが、インセンティブはそれ以外も含めて5種類に分類される［図表2-23］。

評価的インセンティブは、「社員に意識づけたい成果や行動」に対して、人事評価で高い点数を与えることで、その成果・行動を引き出すものである。また、人事評価の対象とまではせずとも、賞賛や表彰の対象とすることもインセンティブに含まれ、「サンクスカード」などの取り組みがこれに該当する。人的インセンティブとは、端的に言い換えれば「一緒に働きたいと思える、魅力的な人々が職場にいること」であり、理念的インセンティブと並んで、会社選びの基準とされることが多い。自己実現的インセンティブは、仕事そのものや、そこで発揮した成果、組織への貢献から得られる満足感である。

Y社の事例は、「1日の来場者数が目標人数を超える」という成果に対して、

図表2-23　インセンティブの類型

類型	インセンティブの内容
物的インセンティブ	・金銭報酬
評価的インセンティブ	・人事評価 ・賞賛 ・表彰
人的インセンティブ	・協働する人々の魅力（同僚・上司・顧客・取引先等） ・職場での居心地の良さ
理念的インセンティブ	・会社や経営者が掲げる理念・思想・価値観への共感
自己実現的インセンティブ	・仕事の面白さ ・やりたい職務・役割の実現

資料出所：伊丹敬之・加護野忠男『ゼミナール経営学入門 第3版』（日本経済新聞出版）に基づいて筆者作成

3 伊丹敬之・加護野忠男『ゼミナール経営学入門 第３版』日本経済新聞出版

500円の金銭報酬を支給した“物的インセンティブ”に該当する。そこで本項では、インセンティブの中でも特に「物的インセンティブ（金銭報酬）」にフォーカスし、Y社がなぜ小さい原資で大きな業績改善を実現できたのかについて解説する。

2 金銭的なインセンティブ制度の考え方

金銭的なインセンティブ制度（以降、インセンティブ制度）は、「どのような成果・行動を引き出したいか」に応じて、さまざまなバリエーションが存在する。具体的な検討課題としては、①対象単位、②対象期間、③評価指標、④評価基準（支給条件）、⑤支給額の五つが挙げられる［図表2-24］。

対象単位は、「チームワーク」と「競争意識」のどちらを醸成したいかを基準に設定する。組織全員で一丸となって業績達成を目指す場合は、全社員や特定部門の社員を対象とし、組織内で成果を競わせる目的の場合は、チーム制や、2人1組のペアを組んで他のペアと成果を競うペア制、個人業績で順位づけを行う個人制などとすることが適切である。

対象期間は、Y社のように継続的に支給するもののほか、数日から数カ月

図表 2-24 インセンティブ制度設計における検討課題

検討課題	重視する考え方	設計オプション（一例）
対象単位	チームワークの醸成	・全社員 ・特定部門の全社員を対象
	競争意識の醸成	・チーム制・ペア制 ・個人制
対象期間	継続的な業績維持	・期間の定めのない制度
	短期的な業績向上	・キャンペーン等の一時的な制度
評価指標		・財務指標（売り上げ・利益等） ・特定の営業成果（顧客開拓実績や販売実績等）
	中期的な会社の成長	・技術（製品）開発賞 ・業務改善提案賞 等
評価基準（支給条件）	定量的に評価する	・達成率基準 ・実績基準 ・実績別達成率基準
	定性的に評価する	・経営幹部の審査を経て決定する等
支給額	小さい原資での導入	・500円/日 ・5,000円/月 等

間の一時的なキャンペーンを開催し、その「賞金」として支給するパターンも存在する。例えば、短期的に特定製品の売り上げを増強したい場合などは、後者が適している。

また、短期的な業績向上を目指すのか、または中期的な会社の成長を目指すのかによって設定すべき評価指標は異なる。短期的視点に立てば、業績に直結する指標として、売り上げ・利益などの財務指標、顧客開拓実績や販売実績などの営業成果を設定するケースが一般的である。一方、目先の業績にはつながらなくとも「将来の事業への投資」という考え方から、研究開発職に「技術（製品）開発賞」を授与する会社も存在する。極めて価値の高い技術を開発した社員を表彰し、賞金を支給するのである（表彰することで、「評価的インセンティブ」も同時に与えている）。また、より身近なケースで見ると、業務改善案を社員から募り、実際に提案が採用された社員にインセンティブを支給する会社も見られる。

評価基準とは、「どのような成果を上げればインセンティブが支給されるか」という支給条件であり、①定量的基準、②定性的基準の２種類に分類される。定量的に評価する場合は、目標の達成率に応じて支給額を定める「達

図表 2-25　インセンティブ評価基準（支給条件）のバリエーション

【達成率基準の例】

目標達成率	100%以上	105%以上	110%以上	120%以上
インセンティブ	10,000円	15,000円	20,000円	25,000円

【実績基準の例】

売上高	500万円以上	800万円以上	1,000万円以上	1,500万円以上
インセンティブ	10,000円	15,000円	20,000円	25,000円

【実績別達成率基準の例】

売上高＼目標達成率	100%以上	105%以上	110%以上	120%以上
500万円以上	5,000円	10,000円	15,000円	20,000円
800万円以上	10,000円	15,000円	20,000円	25,000円
1,000万円以上	15,000円	20,000円	25,000円	30,000円
1,500万円以上	20,000円	25,000円	30,000円	35,000円

成率基準」や、成果の実績値に応じて支給額を定める「実績基準」、両者をミックスした「実績別達成率基準」などが一般的である。一方、先述した「技術（製品）開発賞」の場合は、定量的に評価することが難しいため、経営幹部による審査等を通じて定性的に決定する［図表2-25］。

支給額については、Y社の事例のように比較的少額の設定でも一定の業績改善効果を発揮する。これがインセンティブ制度最大のメリットといえる。

3 インセンティブは、なぜ小さい原資でも業績改善効果を発揮するのか

インセンティブの支給額について、一般的な水準はどの程度なのだろうか。実は、インセンティブの支給額に関する世間相場を示すデータは少なく、それこそが「小さい原資」で効果を発揮する理由の一つなのである。

給与や賞与に関する世間相場は、厚生労働省の「賃金構造基本統計調査」をはじめ、多くの客観的データが開示されている。そのため、社員は自身の給与・賞与と他社の水準を比較して、不満を抱くケースも少なくない。一方、インセンティブは会社によって多種多様な設計がなされており、他社と比較することが困難なため、統計データはほとんど示されていない。

したがって、給与や賞与とは異なり、インセンティブ制度に関して社員が自社と他社を比べることはほとんどない。インセンティブは本来支給されるはずのない報酬であり、支給されること自体がインセンティブとなるのである。

4 インセンティブで意識改革を行うための三箇条

ここまで見てきたように、インセンティブと一口に言っても、バラエティに富んだ設計が可能である。ただし、インセンティブに「社員の意識改革・行動変容を促す機能」を持たせるためには、絶対に外してはいけない三箇条が存在する［図表2-26］。

［1］シンプルにすべし

ヒトは、具体的にイメージが湧かないと行動しづらい生き物である。日常

図表 2-26 インセンティブで意識改革を行うための三箇条

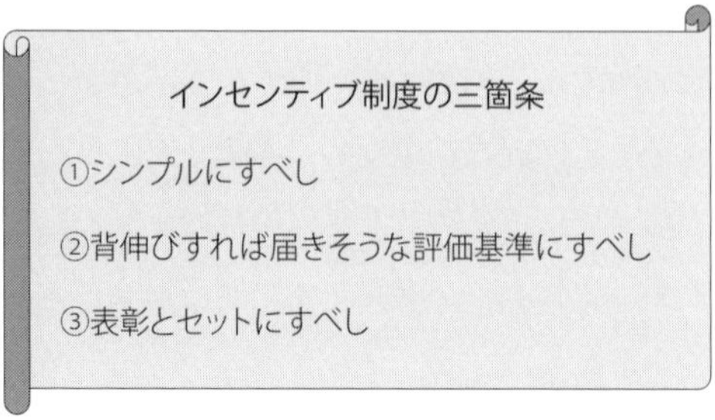

インセンティブ制度の三箇条

①シンプルにすべし

②背伸びすれば届きそうな評価基準にすべし

③表彰とセットにすべし

の出来事で例えれば、「ある助成金を申請しようとしたが、手続きが煩雑なわりには、『どのような要件を満たせば、どのくらいの助成金を受給できるのか』が分からず、結局申請するのをやめた」といったボヤキを耳にすることは少なくない。

インセンティブ制度も同様に、「どんな条件を満たせば、何が与えられるのか」が分かりやすい、シンプルな仕組みであることが第一に重要である。

[2] 背伸びすれば届きそうな評価基準にすべし

次に重要なのは、「背伸びすれば届きそうだ」と、社員が感じられる難易度で評価基準を設定することである。“背伸びする”とは、創意工夫するという意味に等しい。

手を伸ばせば簡単に達成できる目標では、会社の業績向上や成長を促す効果は期待できず、インセンティブ制度を導入する意味が薄れてしまう。一方、創意工夫しても到底届きそうにない高い目標（評価基準）を設定した場合は、前記［1］同様、達成までのイメージが湧きづらく、社員の行動を促すことは難しいだろう。

[3] 表彰とセットにすべし

実際にインセンティブを支給する際は、単に給与口座に振り込むのではなく、表彰（評価的インセンティブ）とセットにすることも効果的である。

例えば、経営方針発表会など、社員が一堂に会する機会を活用して表彰式を行い、賞状と賞金（現金）を手渡しすることで、社員は「目標を達成した」

という成功体験と達成感を味わうことができる。このように、金銭報酬と評価的インセンティブを同時に与えることで、より強力に社員の意識改革・行動変容を促すことができるだろう。

5 Y社のインセンティブ制度が効果を発揮したポイント

Y社では、「業績を向上させよ」というスローガンを繰り返しても、日ごろから業績を意識しているのは、管理職や営業担当者など一部の社員のみにとどまっていた。しかし、「1日の来場者数が目標人数を超えたら、出勤しているスタッフ全員に一律500円を支給する」という、極めて分かりやすい仕組みを導入したことで、キャディや売店スタッフまでもが業績を意識するようになり、会社全体としての一体感が高まった。これは、三箇条①の効果といえる。

実際、キャディや売店スタッフの集客活動は、「日頃から付き合いのある友人知人に声を掛ける」「来場者と親しくなってリピートを促す」など地道なものではあったが、元来地域コミュニティーの人脈が広いことから、「頑張れば達成できる」という意欲を喚起することが可能になり、業績向上に大きく貢献した。これが、三箇条②で述べた「創意工夫」の効果である。

また、目標を達成した日には、所長が終礼時に500円を支給しながらねぎらいの言葉を掛けた。これにより、社員それぞれに「自分たちも業績に貢献できるんだ！」という気づきと達成感を与え、職場の士気は一層高まった。これが、三箇条③の効果である。

このように、「社員全体の業績意識を高め、行動変容を促すことができた」ことが、Y社のインセンティブ制度が業績向上につながった最大のポイントといえるだろう。

課題解決のためのヒント

業績改善を実現するためには、経営者や管理職から強いメッセージを継続的に打ち出し、それに応える形で、現場社員が主体的に創意工夫しながら業務を遂行していくことが必要不可欠である。とはいえ、単にメッセージを伝え続けるだけでは変化は生まれづらい。

インセンティブ制度の導入には一定のコストがかかるものの、給与や賞与に比べると、比較的少ない原資で効果を発揮することができる。加えて、オリジナリティーのある仕組みであれば、採用時に自社の魅力として訴求する効果も生むだろう。

部下の意識や会社の業績が改善せずにいら立つよりも、シンプルなインセンティブの設計に取り組んでみてはいかがだろうか。

8 地域手当設計のポイント

地域による水準差としてどのような指標を活用するか

CASE

給与制度を検討する際、都心部と地方部に拠点を有する会社などにおいて、地域手当の設定について議論になることが少なくない。そもそも地域手当を設定すべきか否かという論点もあるが、いざ地域手当を設定しようとした場合、その金額設定に迷う会社も多い。

全国に店舗を構える小売業A社は、地域により生計費が大きく異なるため、正社員に対して地域手当を設定することとした。その際、重要なポイントとして挙げられたのは、正社員と非正規社員とのバランスだった。実際、店舗には正社員だけでなく多くの非正規社員が勤務しており、それぞれの役割は異なるものの、共通に行っている業務も多い。このためA社では、各拠点における非正規社員の時給決定に大きな影響を及ぼしている「地域別最低賃金」を手当額設定の際の根拠にすることとした。

また、電気設備メーカーのB社は、本社が東京都にあり、工場は茨城県と鹿児島県にあった。社員からは、都市部の東京と地方部の茨城や鹿児島で同一給与であることに不満が出ていた。このため、地域手当を設定することとした。B社においても生計費の違いが議論になり、具体的な実態を把握するため、社員に対してヒアリングを行った。その結果、衣食住の中でも、大きな負担の違いとして認識されていたのが「家賃」だった。結果的にB社においては、「家賃相場」を手当額設定の根拠とした。

以上のように、A社とB社では地域手当という同種の手当を設定したものの、A社においては「地域別最低賃金」を、B社においては「家賃相場」を、手当額設定の根拠にすることとなった。さまざまな考え方が存在する地域手当であるが、どのようなことが設計のポイントになるのだろうか。

　また、2020年４月から適用が始まっている「同一労働同一賃金」と、地域手当の関係をどのように整理しておけばよいのだろうか。

解説　勤務地域による適正な水準差を設定するためのポイント

1　はじめに

「地域手当」と一口に言っても、各社によりその設定方法はさまざまであり、中には地域差の設定根拠が曖昧(あいまい)になっている例も見られる。さらに、「同一労働同一賃金ガイドライン」の中では、「通常の労働者と同一の地域で働く短時間・有期雇用労働者には、通常の労働者と同一の地域手当を支給しなければならない」という原則も示されている。「地域手当」を既に設定済みの会社や、今後設定しようという会社では、どのような基準で地域手当を考えればよいのだろうか。

2　地域手当の性質

　企業の諸手当制度を数年おきに調べている、厚生労働省「就労条件総合調査」では、地域手当（勤務地手当）について、「特定地域に勤務または居住している者に対して物価格差を補うために支給する賃金」と定義している。具体的には、「異なる地域に複数の事業所を設ける企業で、物価の高い都市部に住む従業員に対して、他の地域との差分を補塡(ほてん)するため基本給に加算する手当」と考えればよいだろう。

　上記からも分かるように、あくまでも「生活費の差」に焦点を当てた手当であり、「労働の違い」には関係のない手当である。

3　地域手当の設定方法

　地域手当の設定方法には、地域ごとに支給額を設定する「定額方式」と、地域ごとに支給割合を設定し、それにベースとなる賃金（基本給など）を乗

図表 2-27 地域手当の設定方法

―(社)・%―

区分	全産業			
	規模計	1,000人以上	300～999人以上	300人未満
合計	(62) 100.0	(22) 100.0	(25) 100.0	(15) 100.0
金額で設定	82.3	63.5	88.0	100.0
基本給等の定率で設定	14.5	27.3	12.0	
額と率を併用して設定	3.2	9.1		

資料出所：労務行政研究所「諸手当の支給に関する実態調査」(2017年)

じて支給額を決定する「定率方式」がある。

各企業の設定方法の実態については、[図表2-27] にあるように、全産業で見ると、「定額方式（金額で設定)」が82.3%となっており、大半の企業では、定額方式を採用していることが分かる。

「定率方式」を採用した場合、基本給等の昇降給に伴い、地域手当の額も変動することになる。前述したように、地域手当は「労働の違い」には関係のない手当であることから、地域手当の金額に労働の違いが反映されやすい定率方式はあまりふさわしくない、と各企業が判断しているために「定額方式」が主流となっているのであろう。

事例で紹介したA社とB社も、「定額方式」で検討を進めた。その上で、どのような根拠をもって金額設定をしたのか、その具体的な金額設定方法を見ていこう。

また、金額設定の際には、「同一労働同一賃金」にも配慮して検討を進めたため、この点についても解説する。

4 定額方式における地域手当の設計例

[1] 「地域別最低賃金」を活用するケース

A社では、地域の水準差を設定する基準として、「地域別最低賃金」を活用した。最低賃金法に基づいて都道府県ごとに定められている地域別最低賃金は、水準の改定・決定に当たり、①労働者の生計費、②労働者の賃金、③通常の事業の賃金支払い能力の三つを勘案するものとされている。このように、地域別水準の設定に当たり生計費も考慮している点で、地域手当の設定根拠としても矛盾しないものといえよう。

具体的な金額設定に当たり、A社では地域別最低賃金の最高額・最低額の差に着目した。実際の水準では、2019年度の最高額は東京都で1013円、最低額は、A社が拠点を置く青森県など15県で790円となっており、その差額は時給ベースで223円だった。1カ月の平均労働時間を160時間とすると、月額換算でその差額は3万5680円となるため、A社ではこれを目安に、地域手当の最高額を3万5000円に設定した。

地域別最低賃金は、毎年の改定目安を定める際、最低賃金の高さに応じて全都道府県を4段階のランクに区分している。A社では、地域に応じた手当支給区分をこれより細かくグループ分けするため、国家公務員の地域手当のルール（1級地から7級地までの7区分）にのっとり、「支給なし」の地域を含めて8区分に設定した。具体的には［図表2-28］のように、最高額のA地域（3万5000円）から5000円刻みで、H地域（0円）までの設定とし、地域別最低賃金の水準差を参考に都道府県を割り当てることとした。

続いて、「同一労働同一賃金」との整合性確保の検証である。今回の地域手当新設に当たり、A社では勤務地域限定の有無にかかわらず、正社員のみを支給対象とした。小売業のA社は多くの非正規社員を雇い入れており、時給は店舗所在地の地域別最低賃金に基づいて地域ごとに水準差を設けている。

一方、正社員の中には、転居を伴う異動が免除されている地域限定正社員もおり、こうした社員と非正規社員との間では、担当業務だけでなく、転勤

図表2-28 A社における地域手当の設定額

地域	該当都道府県の例	金額
A	東京都	35,000円
B	大阪府	30,000円
C	埼玉県	25,000円
D	京都府	20,000円
E	静岡県	15,000円
F	福岡県	10,000円
G	宮城県	5,000円
H	青森県	0円

の有無についてもほぼ差がない状態となっている（非正規社員でも転居を伴わない店舗異動はあり得る）。このため正社員においても、全国一律の基本給に加え、新設する地域手当の決定指標にも地域別最低賃金を活用することで、地域による支給水準差を定めるロジックが正規・非正規とも同様のものとなるので不合理な待遇差には当たらず、同一労働同一賃金の観点からも問題は生じないものと判断したわけである。

［2］「家賃相場」を活用するケース

B社においては、社員などの意見も踏まえ、地域手当に反映する生計費の違いを考慮する際、家賃相場を参考にすることにした。

最近では、大都市でも地方都市でも、同じように営業するアパレルショップ、コンビニやスーパー、飲食店など、「衣食」については画一的な風景が目につくため、やはり「衣食住」の中でも、「住」に関わる部分の差が実感として大きいものと思われる。

こうした負担感の差をデータから見る上で参考になるのが、「消費者物価地域差指数」だ。消費者物価地域差指数とは、総務省統計局が毎月実施する「小売物価統計調査」の結果に基づき、地域間の物価水準の違いをみることを目的として、各地域の物価水準を全国の物価水準を100とした指数値で示したものである。

［図表2-29］は、同指数に基づき、10大費目別に物価指数の値が最も高い都道府県と最も低い都道府県との比率を表したものである。

これによれば、10大費目のうち最も物価指数の差が大きいのは、「住居」だと分かる。最も高い東京都（133.0）は最も低い愛媛県（82.7）の1.61倍となっており、「食料」(1.10倍)や、「被服及び履物」(1.31倍)と比較しても、その差は相当大きい。この結果からも、生計費の違いを考慮する際、「住居」である「家賃相場」を根拠とするのは一定の合理性があるといえるだろう。

具体的な金額設定に当たり、B社は、本社がある東京都と工場がある茨城県・鹿児島県において、社員の多くが居住しているそれぞれの地域の家賃相場を物件情報サイトで調べ、相場を比較することで差額を算出し、それを基に、最低額であった鹿児島県を除く、東京都と茨城県勤務の社員に対して、

図表 2-29　都道府県別に見た10大費目別消費者物価地域差指数

（全国平均＝100）

10大費目	指数の値が最も高い都道府県		指数の値が最も低い都道府県		比率（2018年）	比率（2013年）	比率の差〔2018年ー2013年〕
総合	東京都	104.4	宮崎県	96.0	1.09	1.09	0.00
食料	石川県、福井県	103.4	長野県	94.4	1.10	1.10	0.00
住居	東京都	133.0	愛媛県	82.7	1.61	1.63	－0.02
光熱・水道	北海道	114.9	群馬県	91.3	1.26	1.22	0.04
家具・家事用品	宮城県	105.2	山形県	93.4	1.13	1.14	－0.01
被服及び履物	栃木県	117.4	鹿児島県	89.9	1.31	1.20	0.11
保健医療	富山県	102.2	大分県	96.5	1.06	1.06	0.00
交通・通信	東京都	104.7	岡山県	96.2	1.09	1.08	0.01
教育	京都府	116.0	群馬県	84.5	1.37	1.42	－0.05
教養娯楽	神奈川県	105.5	佐賀県	91.8	1.15	1.14	0.01
諸雑費	香川県	102.8	鹿児島県	93.5	1.10	1.11	－0.01
（参考）家賃を除く総合	神奈川県	103.4	鹿児島県	96.7	1.07	1.06	0.01

資料出所：総務省統計局「小売物価統計調査（構造編）年報」（2018年）を基に筆者作成

地域手当額を設定した。

前掲［1］のケースで見てきたように、地域別最低賃金を活用する方法も有効だが、同じ東京都内でも、23区内と都下の市町村部の生計費水準が全く同じかと問われると疑問が残る部分もある。このため、少々手間を要するものの、拠点数が多くない企業の対応としては、生計費の違いを実態に即してきめ細かく反映するという点で、B社のように地場の家賃相場を丁寧に調べて設定するという考え方も有効だろう。

なお、B社には、非正規社員が少数ながらも存在した。工場勤務の正社員には、全国転勤はない状態であった。このためB社では、正社員が地域手当を設定するのと同時に、「均等待遇」の観点で、非正規社員にも同様の地域手当を支給することとし、同一労働同一賃金への対応を行った。非正規の数が少ない場合は、人件費増の影響も少ないため、正社員と同様の地域手当を支給することで、不合理な待遇を解消するという方法もあり得る。

最後に、参考として同一労働同一賃金への対応について補足する。実際に

図表 2-30　正規雇用と非正規雇用の不合理な待遇差の判断基準

規定	概要
均衡待遇規定 （不合理な待遇差の禁止）	①職務内容（業務の内容＋責任の程度） ②職務内容・配置の変更の範囲 ③その他の事情 の内容を考慮して不合理な待遇差を禁止するもの
均等待遇規定 （差別的取り扱いの禁止）	①職務内容（業務の内容＋責任の程度） ②職務内容・配置の変更の範囲 が同じ場合は、差別的取り扱いを禁止するもの

資料出所：厚生労働省「パートタイム・有期雇用労働法が施行されます」を基に筆者作成

正規雇用労働者と非正規雇用労働者において待遇差がある場合、何をもって「不合理」とするかについては、判断基準として「均衡待遇規定」と「均等待遇規定」が存在する［図表2-30］。

例えば、［図表2-30］の均衡待遇規定に照らして職務内容に差がある場合では、「職務内容の差に応じた待遇差が不合理でないこと」が求められるということになる。このため、全く職務内容等に差がないという場合（「均等待遇」に該当する場合）を除けば、「正規と非正規で、全く同一の待遇としなければならないわけではない」ということは、押さえておくべきであろう。

都市部と地方部に拠点を有する企業の場合、職務内容等の違いではなく、生計費の違いに応じた給与差を設けたい（地域手当を設定したい）、という発想を持つことが少なくない。手当の設定方法としては、「定額方式」が主流だが、その中身の金額設定については、さまざまな考え方が存在する。

ただし、押さえておくべき重要なポイントは、あくまでも「生計費の違いを反映する」という原則を忘れないことである。その原則の下、妥当な指標を検討し、金額根拠を明確にすることが肝要である。これは、社員全体への透明性・納得性の観点からも重要であるし、非正規社員がいる場合については、「同一労働同一賃金」に対応する上でも、正社員と非正規社員の待遇差の理由を説明するために重要となる。

9 昇給方式のバリエーション

階層や職種にマッチした昇給方式とは

CASE

企業の一般的な賃金体系は、基本給と諸手当で構成される。基本給は賃金体系のメインであり、何を基準に賃金を支給するのか、企業の人事・処遇に関する基本的な考え方を示すものである。それを具現化したものが賃金表であり、運用のスタイルを示すのが昇給方式といえる。

人材サービス業のA社は就活支援や資格取得等の情報・サービスを提供している。若年層向けの新しい事業イメージとは異なり、基本給決定には古いタイプの賃金表がいまだに使われていた。それは等級別の職能給を2000号以上の細かい号俸で設定したもので、賃金表だけで数枚に及ぶものであった。このうち、実際に適用される部分は限られるため、賃金表が少々長く伸びていても問題ないと人事部は考えていたようである。社員のモチベーション向上のため、業績評価制度は見直しが行われていたが、賃金制度までは手が回らず、長期間にわたりこの形式のままで使用されていたという。

東京に本社を置くガラス製造販売業のB社は、3県に営業所を展開し、地方に工場を置いている。高い技術力と品質を売り物にするメーカーとして、これまで工場要員を尊重し優遇してきた。工場・本社・営業所のいずれに勤務する社員も「総合職」として採用し処遇していたのである。

そのため工場で勤務する社員の賃金は、初任給から地場の相場を上回り、その後の昇給も同業他社の製造職に比べて高めの設定であった。また、工場の社員は総合職とはいえ、工程間のローテーションくらいはあるものの拠点間での異動はなく、ポストに限りがあるため、係長より上位の役職に昇進することは難しい状況であった。B社では、こうした工場勤務の社員を、本社や他の営業所の社員と共通の賃金表で運用することは限界であると認識していた。

A社において上記のような賃金表が長らくそのままで使用されてきたのはなぜだろうか。また、B社は共通の賃金表をどのように見直すべきであろうか。

解説　職種や階層にマッチした賃金表と昇給方式とは?

1　資格等級別の賃金管理

A社、B社ともに現在の状況を招いた原因は共通しており、職種や資格等級に応じた賃金管理をしてこなかったことにある。

適正な賃金管理を行う上での要点として、次の3点が挙げられる。

①その職種や等級での役割、貢献に対して、下限から上限までどのくらいの金額範囲で賃金を支給するか。

②その職種や等級において、上限に到達するまでどのように昇給をさせていくか。

③昇格・降格した場合には、通常の定昇のほかに基本給をどのように変動させるか。

ここでは、評価に応じて変動する基本給項目の代表例として職能給を取り上げ、資格等級別の賃金管理のポイントについて説明する。

2　職能給のレンジの決め方

[1] 職能給レンジの型

職能給は、等級別に期待される能力に応じて水準を決定する。多くの場合、等級別の単一給（シングルレート）ではなく、初号（下限）から上限までの金額範囲(これをレンジという)が設定される。各等級のレンジの長さによって、等級ごとに金額が重複する場合や差が開いている場合がある。これを表したものが［図表2-31］である。

図表 2-31 職能給レンジの型〜等級別レンジの関係

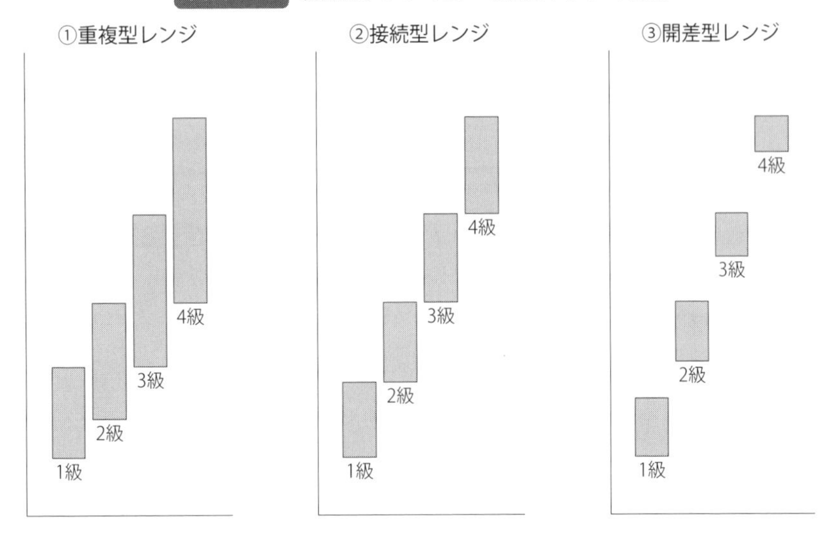

新しくレンジを設計する際には、その等級での能力発揮に見合う賃金の水準はどの程度か、その等級に在籍するモデル年数は、優秀者・標準者の例でそれぞれどの程度と想定されるか、さらには各等級に格付けられる実在者の新賃金がレンジに収まることを意識しながら検討・調整する。

「等級別に期待される能力に応じて金額が決められる」という職能給の定義からすると、等級別の金額はできるだけ重ならないように設計したい。下位等級の上限と、一つ上の上位等級の下限の金額が接続している形（②接続型）か、昇格昇給が加算されて差が開く形（③開差型）が望ましい。

しかし実際には、若年層など同一等級での滞留が続く場合も、生活設計への配慮等から一定の昇給を維持したいケースもある。このようなときには、上位等級と下位等級のレンジが一部重なる（①重複型）設定とすることも可能である。

職能給の号俸が2000号以上まで設けられていたA社の賃金表は、この①重複型の考えが極端なまでに具現化されていたものといえる。A社の賃金表では、1号ごとの昇給ピッチはすべて一定ではなく、緩やかに長い時間をかけて昇給額が逓減していくようになっていた。長期間そのまま使用され続けた理由は不明だが、賃金表が公開されていなかったことも原因の一つといえよう。

このように複数号の刻みで管理する賃金表の代表例として、「号俸表（または単純号俸表)」と「段階号俸表」の2種類がある。前者の「号俸表」は、原則毎年1号ずつ昇給する（これを標準金額という）のに対して、A社でも採用している「段階号俸表」は標準金額を細分化し、評価に応じて昇給する号数を変えるものである。例えば5段階号俸表であれば標準金額を5で割ってピッチを展開し、標準評価であれば5号昇給、それより良い評価であれば6号、7号のように多く昇給させる。逆に評価が芳しくなければ、4 号、3号のように少なく昇給させる。近年ではメリハリをつける趣旨で、増減の格差を広げる傾向にある。昇給ゼロ、またはマイナス昇給とする例も管理職層を中心に見られるようになっている。

段階号俸表は、評価と昇給の対応関係の「見える化」に適しており、社員にも理解されやすいので多くの企業で採用されてきた。しかし、その分かりやすさゆえに、等級別のレンジ設定には留意が必要となる。賃金表にはその見た目から社員に伝えられることがあるのだ。

当然ながら、賃金はいつまでも上がっていくわけではなく、レンジの上限に到達すれば昇格しない限り昇給は停止する。それまでの期間がどのくらいあるのか、いち早く昇格して上位の職能給テーブルに乗り換えるためにはどのような努力・貢献が求められるのかなど、賃金表からは社員の処遇について会社がどのように考えているかを示す大切なメッセージが見て取れる。

A社ではこの「賃金の見える化」を怠り、「成果に基づく処遇を実現する」との人事理念を標榜しながら、実際にはメリハリの乏しい少額の生活給的な昇給を細々と長期間続けてきたのである。

[2] 習熟昇給と昇格昇給のウエート

賃金を設計する場合、評価に応じた習熟昇給（いわゆる定期昇給）でどれだけ格差をつけるか、という点に多く関心が寄せられる。一方で、上位等級への昇格時にどの程度の昇給（昇格昇給）がなされるかについては、あまり気にされていないことも少なくない［図表2-32］。特に、昇格と同時に役職

図表 2-32　習熟昇給と昇格昇給の構造

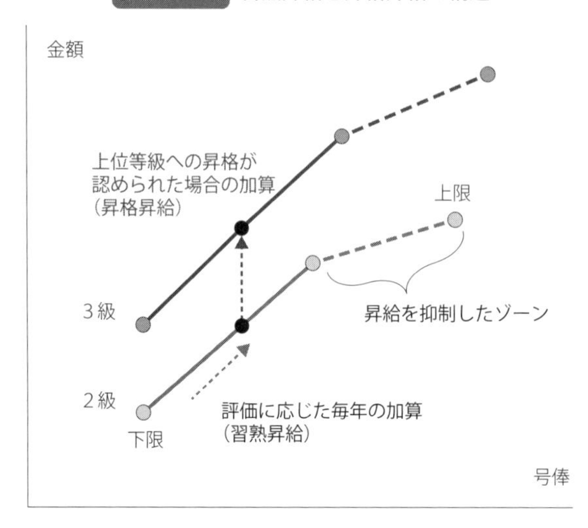

手当が上がる場合には、それで事足りるとされているようだ。

前述したレンジの型は、昇格昇給にも影響を及ぼす。とりわけ、①重複型の場合は、昇格昇給に対する意識が薄くなりがちだが、賃金の性格を決める上で、習熟昇給と昇格昇給のバランス［図表2-33］は非常に重要である。

習熟昇給のウエートが高ければ安定的な定昇が見込めるので安心感はあるが、人件費増につながりやすく、昇格時のメリットが少なくなる。逆に昇格昇給のウエートを高く設定する場合は、定昇は小さいが、昇格時のメリットが大きく、上位等級を目指すインセンティブとなる。

この機能の違いを職種・階層に応じて効果的に使い分けることが重要である。例えばB社では、総合職に対して上位等級を目指して意欲的に業務に取り組み、能力開発に励んで順調に昇格を果たしてほしいという期待がある。そのために各等級に滞留する期間はそれほど長くないことが予想され、昇格を目指すインセンティブとなる昇格昇給が必要とされる。

したがって、総合職の段階号俸表は同一等級でいつまでも上がり続けることを避け、号俸は短めにして昇格昇給にウエートを置く。さらに管理職に昇格する節目では昇格要件として設定した高いハードルに見合う昇格昇給を加

図表 2-33 習熟昇給と昇格昇給のウエート

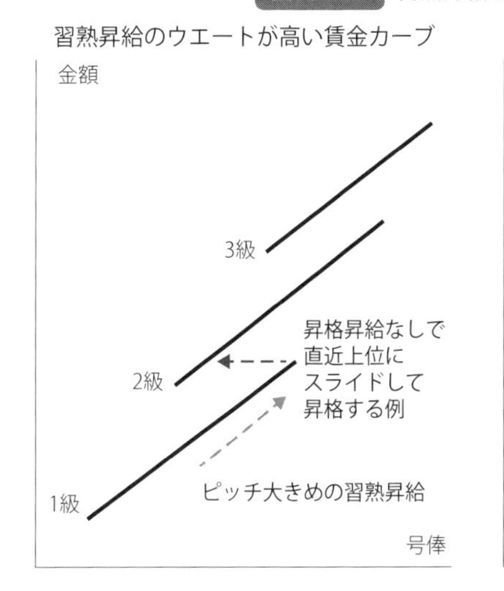

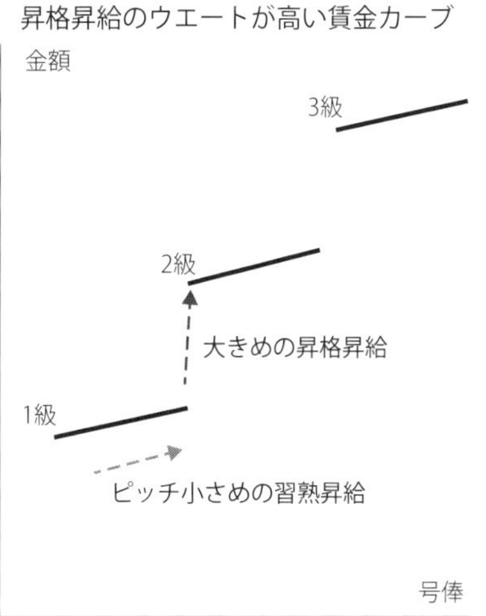

算し、残業による非管理職との賃金逆転が生じないようにすることが不可欠である。

一方、工場で勤務するオペレーターには、上位等級に昇格させても担当させるべきポストを多くは用意できない。おのずと下位等級の滞留期間が長期化する傾向がある。習熟の度合いは時間により逓減すると考えられるので、昇給金額は長期的に一定ではなく逓減させる必要がある。

そのために、B社が現業職の段階号俸表を見直す場合は、習熟昇給を徐々に抑制し小さくしつつ、昇格できなくてもある程度の金額に到達するまで長期間昇給の余地があるように設計するべきである。

3 毎年の賃金改定のバリエーション

管理職を対象として、各期の業績を反映する年俸制や役割給の仕組みをとる場合は「洗い替え方式」で賃金改定を行う例も見られる［図表2-34］。この方式の対象者は、既に賃金水準が一定以上に達しており、職責や求められる貢献の内容から、毎年の安定的な習熟昇給による処遇がなじまない階層であることが前提である。

図表2-34 洗い替え方式による賃金改定

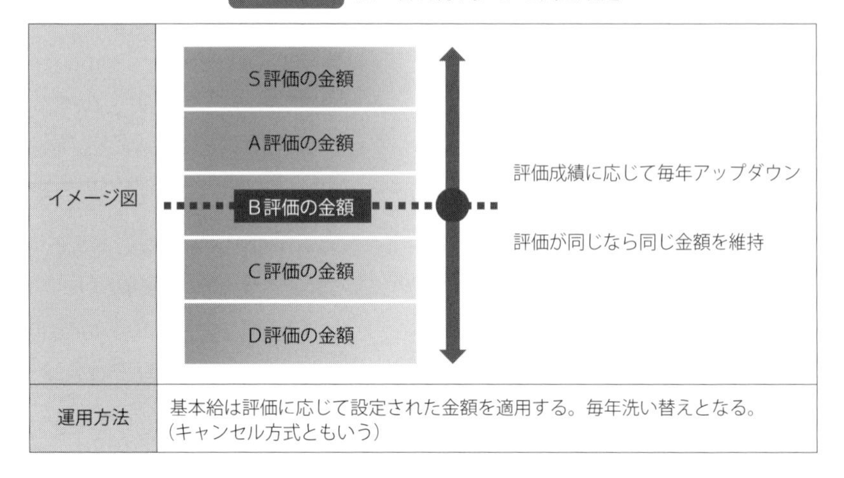

この方式をとる場合、客観的に把握可能な個人業績に基づいて毎年の評価が変動する場合には刺激的な効果があるが、評価がほぼ固定的な場合には金額も固定されてしまうという欠点がある。賃金表の改定（ベースアップ）が行われない場合、C評価でもA評価でも、同じ評価を取り続ける限り、上位等級へ昇格しなければ1円も昇給は発生しない。優秀者が疲弊してしまう一方、評価が芳しくない者も危機感が湧かないため、一度は洗い替え方式を導入したものの、その後評価の蓄積に基づいて昇降給する方式に戻した企業もある。

別のバリエーションとして、号俸を定めないゾーン別評価別の昇給スタイル［図表2-35］を採用する会社も増え始めている。等級別に賃金のレンジを定める一方、「現在の賃金がレンジの中のどのゾーンに位置しているか」と当期の評価の組み合わせにより昇給額（率）が決定される仕組みである。同じ評価でもゾーンによって昇給額が異なることが一見理解されにくいが、昇給管理の適正化の観点からは合理性がある。

この方式は号俸を定めないので、賃金制度を改定して移行する際にも、新号俸へ再格付けするための移行原資を必要としない。また、賃金改定の基準を、評価に応じた昇給額・昇給率のどちらでも設定できるため、自由度の高

図表 2-35　ゾーン別評価別の昇給方法

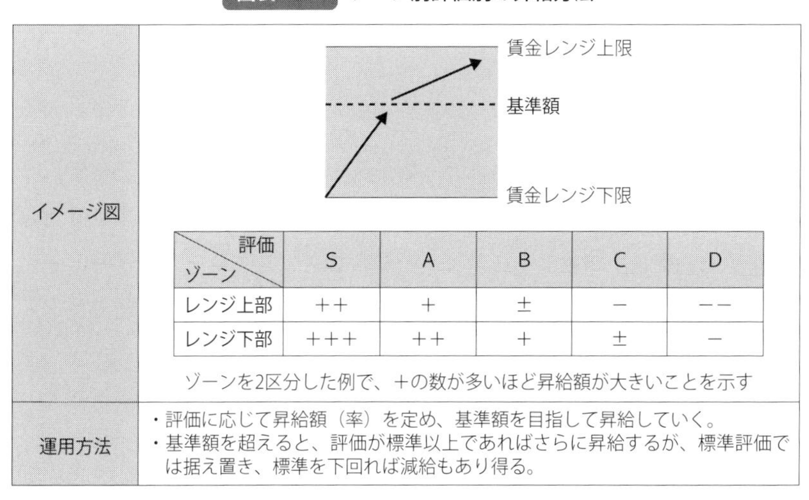

イメージ図	賃金レンジ上限 / 基準額 / 賃金レンジ下限
運用方法	・評価に応じて昇給額（率）を定め、基準額を目指して昇給していく。 ・基準額を超えると、評価が標準以上であればさらに昇給するが、標準評価では据え置き、標準を下回れば減給もあり得る。

ゾーン＼評価	S	A	B	C	D
レンジ上部	＋＋	＋	±	−	−−
レンジ下部	＋＋＋	＋＋	＋	±	−

ゾーンを2区分した例で、＋の数が多いほど昇給額が大きいことを示す

い昇給運用や賃金改善を実施することができるというメリットもある。

賃金表のスタイルは企業の処遇に対する考え方を社員に示すものであり、おろそかにすることはできない。

基本給の設計に当たっては、職種や階層に応じてどのような昇格と昇給をさせていくかをしっかりと描き、等級別のレンジの長さと習熟昇給・昇格昇給のバランスを考慮した賃金表にすることが重要である。

10 賞与算定式のバリエーション

賞与配分のポリシーが見えてくる

CASE

自動車部品製造業のC社は、従来、年功を重視して月給・賞与を支給してきた。賞与の算定基礎を年功的な基本給とすることで、経験年数とともに賞与も安定的に上昇することが見込めたが、反面、若手上司とベテラン部下で賞与が逆転するなど、若手有能者のモチベーション維持に課題が生じていた。

そうした課題を踏まえて、C社は人事制度改定を行い、役割重視の等級･評価制度を導入することになった。その際、賃金制度のポリシーは「月給は年功重視のままとし、その分、賞与は役割に応じてメリハリをつける」と改めることにした。月給を年功重視として処遇の安定感を残しながら、人事制度全体のポリシーである役割重視の姿勢もしっかりと打ち出したかったのである。

このため、年功的色彩の強い基本給を、従来のように賞与算定基礎とすることはできなくなった。代わりに賞与算定基礎として、役割等級別の固定金額を設定した。同一役割等級・同一評価結果であれば、経験年数等にかかわらず同一賞与金額となるようにしたのである。この改定により、年収ベースで見ても従来より等級間格差が大きくなり、管理職と非管理職の年収逆転も大幅に緩和することができるようになった。

人事制度改革の際、賞与算定式を見直す企業も多い。また、賞与支給ポリシーは企業によって違ってくるが、どのような要素を検討する必要があるのであろうか。

解説　賞与算定式から見えてくる賞与配分ポリシー

1　賞与の位置づけ

多くの日本企業において、「月給は（多少の昇給格差があっても）安定性が重要な賃金」であり、「賞与は月給と比較すれば変動させる余地が大きい賃金」というのが一般的な認識である。変動の余地が大きく、配分の自由度が高い賃金であるため、賞与は短期的なモチベーションにも影響しやすい。そのため、賞与配分に当たっては、そのルールを明確にして周知し、納得性確保に努める必要性が一層高まる。

賞与配分ルールは、賞与算定式として明示されていることが多い。賞与算定式を確認すれば、その企業における賞与配分ポリシー（賞与原資を優先的に配分したい従業員の条件）が見えてくる。ここでは、いくつかある賞与配分にまつわる論点のうち、賞与算定式に焦点を当てて解説する。

2　賞与算定式とその3要素

賞与算定式にはさまざまなパターンがある。「基本給×評価係数×支給月数」というのが最もシンプルで代表的なパターンの一つであろう。いずれのパターンも「算定基礎」「評価」「賞与原資コントロール機能（支給倍率等）」の3要素によって構成されるのが一般的である。特に「算定基礎」「評価」の2要素は、賞与配分ポリシーに直結するため重要度が高いといえる。以下では3要素それぞれについて、バリエーションや考え方を紹介する。

[1] 算定基礎

算定基礎は賞与配分の根本的な優先度を表す。例えば、算定基礎が年功的だと賞与も年功的になるし、算定基礎が役職別だと賞与も役職別金額になりやすい。各社の算定基礎を類型化すると、「月給連動方式」「等級・役職連動方式」「月給・等級・役職非連動方式」に集約できる［図表2-36］。

(1) 月給連動方式

月給と賞与を同じポリシーで配分したい場合に適する方式である。例えば月給の決定が年功的だと、後述の評価を加味したとしても根本的な賞与

図表 2-36 算定基礎のバリエーション

バリエーション	考え方	特徴
月給連動方式	✓月給を算定基礎にして賞与を算定	✓月給のポリシーが賞与にも反映される ✓月給に昇給があると、賞与も毎年少しずつ増額する（年次による差が反映される） ✓ベースアップや初任給改定等まで賞与に反映される
等級・役職連動方式	✓等級・役職別に算定基礎を一律化	✓月給と賞与のポリシーを分離できる ✓年次のみによる差はつかない
月給・等級・役職非連動方式	✓月給や等級に関係なく、別の基準を用いて賞与を算定（例：個人成績）	✓月給と賞与のポリシーを分離できる ✓年次のみによる差はつかない ✓等級・役職と非連動であるため、年収ベースで等級間の逆転も発生し得る

金額は年功的になりやすい。反対に、評価に応じて月給の昇降給にメリハリがあると、それが賞与にも反映されてダブルで影響する。考え方がシンプルで分かりやすい一方、月給の格差とは異なる考え方で賞与格差を設定したい場合は、そのまま採用するのはふさわしくない方式である。

(2) 等級・役職連動方式

月給と賞与のポリシーを分離するため、月給が年功的であったとしても、賞与では脱年功型の「高等級・高役職＝高賞与」を実現しやすい方式である。例えば、等級や役職間の格差を月給以上に広げることもできる。また、月給では能力給の割合が役職手当より大きくても、賞与ではそれを逆転させることもできる。等級の昇格や役職の昇進に対してインセンティブを高めようとする場合に最適な方式といえる。

(3) 月給・等級・役職非連動方式

実際の貢献度が、月給・等級・役職と比例しないケースが多い組織・職種に適する方式である。例えば、等級や役職の段階が少なくフラットな組織であり、同一等級・役職呼称であっても実際の能力や役割にバラつきがあるような場合に適する。極端なケースでは「特定の算定基礎なし」という企業もあり、その場合には、後述の評価のみが賞与配分ポリシーを表すことになる。

なお、以下の例のように階層や職種で分けて検討するのも良いだろう。

(例)・管理職は等級・役職連動方式、非管理職は月給連動方式を適用

・経験重視型の技能職は月給連動方式、役割・成果重視型の事務職・営業職は等級・役職連動方式

[2] 評価

算定基礎は賞与配分の根本的な優先度と関連しやすいが、対象期間における短期的なパフォーマンスの違いを反映するのが「評価」である。同じ算定基礎の従業員であっても、パフォーマンスには違いがある。高パフォーマーに優先して賞与を配分し、短期的パフォーマンスを高める動機づけをするためには、「評価」によるメリハリをつけるのが効果的である。当然メリハリが大きいほど、パフォーマンスに基づく賞与格差が大きくなる。

なお、評価は「組織」と「個人」の観点で分けて考えるとよい[図表2-37]。

組織評価は、リーダーシップやチームワークの強化等、組織の全体最適に向けた取り組みを促進する効果が期待できる。ただし、組織業績への影響度が小さい下位階層の従業員の賞与配分に組織評価を過度に適用すると、賞与金額と責任の大きさとのバランスが崩れ、かえってモチベーションにマイナスの効果をもたらすおそれがあり、注意が必要である。

一方で、個人評価は、一人一人に自己のパフォーマンスの最大化に向けた取り組みを促進する効果が期待できる。反面、個人のパフォーマンスを重視しすぎると、チームワークがおろそかになるおそれがある。

組織評価と個人評価の割合は、次の例のように、階層・職種の特性を考慮しながらバランスよく適用できるように検討するのが望ましい。

図表 2-37 評価における「組織」と「個人」の観点

区分	考え方	特徴
組織	✓所管・所属組織全体の業績やパフォーマンスを評価して、賞与の配分基準とする	✓組織の全体最適へ向けた取り組みを促しやすい ✓下位階層の従業員にとっては、コントロールしにくい点が多く、不合理がある
個人	✓個人の業績やパフォーマンスを評価して、賞与の配分基準とする	✓一人一人の自己のパフォーマンスの最大化に向けた取り組みを促しやすい ✓個人のパフォーマンスに意識が集中しすぎると、チームワークがおろそかになるおそれがある

(例)・組織長は、組織評価のみとする

・組織長以外の管理職は、組織評価を主／個人評価を従とする

・非管理職は、個人評価を主／組織評価を従とし、階層が低くなるほど個人評価の割合を高める

［3］賞与原資コントロール機能

当初予定した賞与原資の枠内に収まるように、賞与原資コントロール機能を用意することも重要なポイントである。特に人事評価を「絶対評価」で実施する企業の場合、単純に算定基礎と評価だけで計算すると、賞与原資は最終的に一人一人の賞与額を積み上げてみるまで判明しない（「絶対評価」については、「**6 人事評価の目的と手法の関係**」を参照）。

賞与原資のコントロール手法の代表例は、「支給倍率制（支給月数制ともいう。以下同じ）」と「ポイント制」の二つである［図表2-38］。

支給倍率制では、目標とする賞与原資を実現できるよう、支給倍率を逆算して調整する。例えば、当初は評価係数1.0かつ支給倍率2.0を前提に原資を計画していたが、人事評価が上振れしたため、一人一人の賞与額を積み上げて合算すると計画の1.25倍の原資が必要になったとする。このような場

図表 2-38　賞与原資コントロール手法の代表例

支給倍率制の例

（i）賞与算定式を、以下のように設定

各人の賞与金額
＝算定基礎額×評価係数×支給倍率

✓算定基礎額＝基本給＋役職手当

✓評価係数…下記のとおり

評価ランク	評価係数
S	1.5
A	1.2
B	1.0
C	0.8
D	0.5

（ii）全対象者分の賞与を合算したときに、当初予定した賞与原資の枠内に収まるように、支給倍率を調整

賞与ポイント制の例

（i）資格等級と評価ランクごとに賞与ポイントを設定

算定基礎	
資格等級	ポイント
9等級	3.2
8等級	2.8
∫	∫
2等級	1.2
1等級	1.0

×

評価	
評価ランク	ポイント
S	1.5
A	1.2
B	1.0
C	0.8
D	0.5

＝賞与ポイント

（ii）個人別の評価結果に応じて、一人一人に賞与ポイントを付与

（iii）上記（ii）の賞与ポイントについて、全対象者分を合算（合算ポイント）

（iv）賞与原資を（iii）の合算ポイントで割り、ポイント単価を計算

（v）「各人の賞与ポイント×ポイント単価」で、各人の賞与金額が決定

合には、支給倍率を2.0÷1.25＝1.6に設定することで、当初予定していた賞与原資を実現できる。支給倍率制は、算定基礎を金額ベースとすることができるので、月給連動方式での算定に適しやすい方法といえる。

もう一方の賞与ポイント制も、賞与原資からポイント単価を逆算するという点で、基本的な考え方は支給倍率制と同様である。特に、[図表2-38] 右側の図の例にあるように、等級・役職連動方式や月給・等級・役職非連動方式等、どのような算定基礎にも適しやすい柔軟な方式といえる。なお、柔軟さがある分、資格等級間や評価ランク間の格差が当初の意図したバランスを超えていないかを確認し、必要があれば補正・調整できるようにされたい。

3 賞与原資決定方法

最後に、賞与原資決定方法についても簡単に触れておきたい。賞与原資決定方法は、企業業績や企業体力との関係が深い。賞与原資決定方法の代表的な考え方には「業績直接連動方式」と「総合決定方式」がある [図表2-39]。

一般的なのは「総合決定方式」である。「業績直接連動方式」を採用する場合でも、労使交渉による調整の余地を残したり、柔軟性を確保するために、前年度実績からの減率制限を設けたり、賞与原資の下限・上限を設ける等、何らかの条件を付与したりする等の工夫をしているケースが多い。

図表 2-39 賞与原資決定方法の代表例

区分	業績直接連動方式	総合決定方式
概要	一つまたは複数の業績指標に直接連動させた算定方式を設定し、賞与原資を自動的に算出する方法	業績を参考にしながらも、過去の実績や特殊事情等を加味しながら、総合的に原資を決定する方法
メリット	業績が決まれば、賞与原資も自動的に計算できるため、客観性が高い	政策的な判断を入れ込みやすい。また、賞与原資の極端な変動を抑えやすい
デメリット	政策的な判断が入り込む余地がなく、柔軟性に欠ける	温情が入りやすく、結果として賞与原資の下方硬直性が高まる

課題解決のためのヒント

前述のとおり、賞与算定式は企業の賞与配分ポリシーを表すものである。現在の賞与算定式が、本来の賞与配分ポリシーとミスマッチな状況であれば、速やかに改定する必要がある。ミスマッチの例としては、以下のようなものがある。

(例)・実力主義をうたいながら、算定基礎が年功的であり、評価に基づくメリハリが少ない
・組織長である管理職であっても、個人評価重視である
・賞与原資コントロール機能がなく、評価を恣意的に調整している

ミスマッチなままで運用したり、ルール外で恣意的な調整を加えたりすると、従業員の不信感や不満につながるおそれがある。

なお、現状からの急速な変化を避けたい場合には、多少複雑になるものの、以下の例のようなハイブリッド型の賞与算定式にすることも検討されたい。

(例)・算定基礎について、月給連動方式と等級・役職連動方式を組み合わせる方法
・賞与原資を二つに区分し、一方は月給連動方式で固定額を支給、もう一方は等級・役職連動方式で評価を反映して計算する方法

11 ポスト・コロナ時代のパフォーマンス・マネジメント

“ジョブ”の明確化と丁寧な進捗管理の実現に向けて

CASE

情報通信業Ｗ社では、役割等級制度を導入し、管理職層には職位に連動した等級区分を適用する一方、「職位」の概念が希薄な非管理職層については、等級別の期待役割に基づき社員の等級を決定している。これまでは特段の問題なく制度を運用してきたが、人事評価において、毎期の目標設定がやや曖昧で抽象的になりがちであることが懸念材料であった。

こうした状況の中で、2020年初頭、新型コロナウイルス感染症の大流行が発生した。コロナ禍の中、Ｗ社でも緊急避難的にテレワークを拡充し、ローテーションを組んで少人数の社員が交代で出社する体制をいち早く確立した。社内の通信インフラが整っていたことから、テレワークでも問題なく日常の職務を遂行できたが、Ｗ社の人事担当者はテレワークが常態化した時代における人事評価の在り方に悩んでいた。テレワークの場合、上司が部下の勤務状況を把握することが難しいからである。

Ｗ社では、新型コロナウイルス感染症が変えた新しい働き方は一時的なものでなく常態化すると判断し、人事制度を見直すことを決断した。具体的には、社員の職務内容の明確化に向けて、これまで作成していなかった職務記述書を整備するとともに、人事評価については、「成果」を中心に据えつつ、上司・部下の小まめなコミュニケーションを通じた進捗管理を充実させる方向で検討が進んでいる（本書執筆時点の状況）。

ポスト・コロナ時代を見据えて、Ｗ社がこのような制度改定に着手した理由はどこにあるのだろうか。

解説　ポスト・コロナ時代の新しいパフォーマンス・マネジメント

1　テレワークが変えるホワイトカラーの働き方

新型コロナウイルス感染症の拡大防止策として、在宅勤務を中心としたテレワークへのシフトが進んでいる。

新型コロナ流行前においても、働き方改革を実現するための柱の一つとして、テレワークに注目が集まっていた。しかし、今とは意味合いが異なり、「ワーク・ライフ・バランス実現のためのテレワーク」という文脈で議論されることが大半であった。

これに対し、コロナ禍以降にテレワークが加速しているのは、ワーク・ライフ・バランスの推進が主目的ではない。人との接触をできるだけ少なくするためのテレワークであり、「いかにして出社を極小化し在宅勤務を極大化するか」という観点から取り組みが進んでいる。

業種や企業規模によって通信インフラの整備に格差があり、同じホワイトカラーの仕事であっても、テレワークの実施状況は会社によって濃淡がある。それでも、営利組織・非営利組織を問わず、「出社から在宅勤務への切り替え」に向けて、史上空前の規模で試行錯誤が続けられている。その結果として、テレワークには不向きであり対面形式が望ましい仕事や、むしろテレワークのほうが効率的である仕事の切り分けが次第に見えてくるだろう。例えば、「同じ『会議』であっても、メンバーの半数以上が互いに面識がない場合には対面形式が望ましいが、そうでない場合はテレビ会議で十分代替可能」などの知見が徐々に共有されてくる。

感染拡大の長期化に備え、政府の新型コロナウイルス感染症対策専門家会議（当時）は2020年5月4日、「新しい生活様式」の実践例として、テレワークやローテーション勤務、オンライン会議など、働き方の新しいスタイルを提示している。こうした経験を経て、新型コロナウイルス収束後の世界では、テレワークやローテーション勤務を当然のこととした新しい働き方が定着していることが予想される。もちろん、コロナ収束後には、現在、効率性を犠牲にして何とかテレワークで凌（しの）いでいる仕事については、元どおり出社ベー

図表 2-40 テレワークの変遷

	主たる目的	出社と在宅勤務の関係
プレ・コロナ (Pre Coronavirus Crisis)	ワーク・ライフ・バランス実現のため	在社と在宅勤務の互換性の実現
コロナ禍中 (Amid Coronavirus Crisis)	人との接触回避のため	出社から在宅勤務へのシフト
ポスト・コロナ (Post Coronavirus Crisis)	業務効率最大化のため	出社と在宅勤務のベストミックス

スの勤務に戻るだろう。ポスト・コロナ時代でも依然として出社による勤務が主流であることは変わらないにしても、テレワークはもはや「例外」ではなく「当たり前」の勤務形態になるに違いない。ホワイトカラーの働き方は、業務効率最大化の観点から、出社による勤務と在宅勤務のベストミックスが追求されるようになるものと予想される［図表2-40］。

2 ホワイトカラーのパフォーマンス・マネジメントの現状

こうした時代におけるホワイトカラーのパフォーマンス・マネジメントの在り方を検討してみよう。

現在、ほとんどの企業では、成果と行動（能力・勤務態度）を組み合わせて人事評価を行っている。成果とは仕事の結果（アウトカム）であり、行動とは結果に至るまでの過程（プロセス）である。会社によっては、行動評価を能力評価や勤務態度評価で置き換える場合もあるが、結果（アウトカム）と過程（プロセス）の組み合わせで評価を行うこと自体は変わらない。

仕事のやり方が間違っていなければ、中長期的には必ず結果がついてくるため、長い目で見ると成果評価と行動評価は一致する。しかし、短期的には「行動は問題なかったが、あいにく成果につながらなかった」「行動は拙かったが、たまたま運良く成果が出た」というようなケースがあり得る。多くの企業では、結果（アウトカム）と過程（プロセス）の両方を社員の「パフォーマンス」と捉え、両者をバランスさせることで評価の妥当性を確保しようとしているのである［図表2-41］。

図表 2-41　ホワイトカラーの人事評価体系（現在）

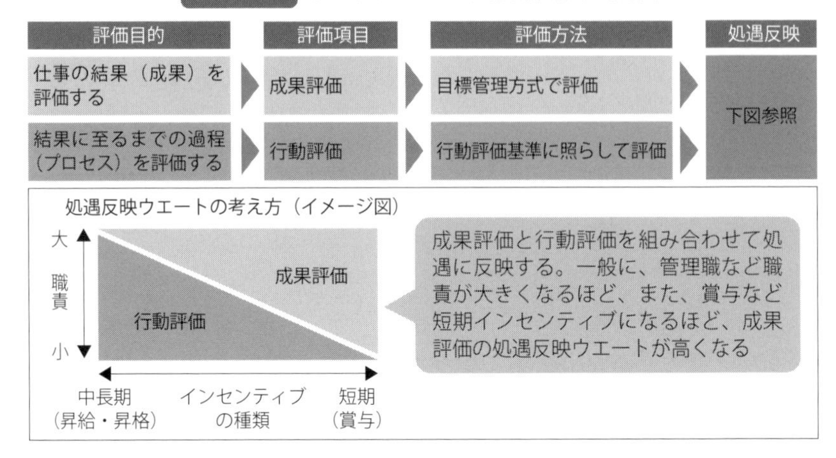

3　ポスト・コロナ時代の新しいパフォーマンス・マネジメント

[1] 行動観察を前提としないマネジメントへ

しかし、過程（プロセス）の評価は、テレワークやローテーション勤務が平常化した時代とは相いれない。行動評価は、上司が部下の職務行動を日々観察していることを前提としているからである。ポスト・コロナ時代には、「上司が部下の仕事ぶりを常時観察していること」を前提としない評価手法が求められる。結果として、パフォーマンスの評価は、「真面目に取り組んでいたか」「ガッツがあったか」「スムーズに連絡調整していたか」という仕事の過程（プロセス）ではなく、結果（アウトカム）中心にシフトしていかざるを得ない。

プロセスではなくアウトカムを重視した評価を行う前提として、社員に求められる「アウトカム」の中身をこれまで以上に明確にする必要がある。とかく日本企業では、部下に求める仕事のアウトカムを明確にしないまま、「以心伝心によるマネジメント」を続けてきたケースが少なくない。目標管理において設定される目標も曖昧な場合が多く、毎年同じ目標をコピー＆ペーストして目標管理シートを埋めている社員すら存在する。

これに対し、ポスト・コロナ時代のパフォーマンス・マネジメントにおいては、社員個々人の職務内容（ジョブ）と期待される成果を明確にし、きめ細かなゴール・セッティングを行うことが求められるのである。

W社が職務記述書を作成し、社員個々人の職務内容の明確化に舵(かじ)を切った理由はここにある。職務記述書とは、個々人の担当業務について、職務内容、職責、必要とされる能力・経験等を整理したもので、欧米諸国をはじめとしてジョブ型雇用（第1章のIntroductionを参照）を採用する企業では必須とされる［図表2-42］。W社では、もともと社員の目標設定が曖昧で抽象的という課題を抱えており、ポスト・コロナ時代の新しいパフォーマンス・マネジメントの前提として、役割等級制度を維持しつつ、「ジョブ型」にならって社員一人一人の職責を明確化することにしたのである。

図表2-42 職務記述書の例

基本事項	
コード番号：＊＊＊＊ 職務等級：グレード15 報酬区分：年俸制	役職名：教育研修マネジャー 組織：人事部 上位役職者：人事部長
職務内容	
・従業員の成長を支援し、動機づけを行い、定着促進を図るための教育研修に関する計画策定および実施統括を行う。 ・アジア太平洋地域における教育研修効果の測定と評価を行う。	
職責	
・アジア太平洋地域において、20～30名程度の教育担当スタッフを統括し、その採用、育成および人事評価を行う。 ・全部署のマネジャーと協議し、人材育成ニーズを把握し、課題解決に向けた教育訓練計画を作成する。 ・能力開発計画の策定と実行を統括し、社外の教育ベンダーが提供する教育研修プログラムの分析・評価ならびに教育研修効果の測定を行う。 ・管理職育成プランの策定と実行を統括し、上級幹部候補者の定着を促進するとともに、リーダーシップの発揮を支援する。	
必要な能力・経験	
教育 ・学士号（必須）、修士号（望ましい） 経験 ・人事実務（8年以上） －教育訓練ニーズの評価と計画の策定・実行 －教育訓練の効果測定 －組織開発に関する実務経験があることが望ましい ITスキル ・エクセル、パワーポイント、ワード（すべて中級レベル以上）	コンピテンシー ・周囲への共感能力、簡潔で的を射たコミュニケーションスキル ・タイムマネジメントとリスクマネジメントの能力 ・人的ネットワークの構築能力 その他 ・海外出張あり ・勤務時間がシフトする場合あり

[2] 丁寧なコミュニケーションを通じたタスクの明確化と進捗管理

ポスト・コロナ時代のパフォーマンス・マネジメントに関し、もう一つの重要な点は、「行動観察を前提としないマネジメント」においてもなお、上司と部下のコミュニケーションの重要性は失われないということである。

従来型の目標管理では、通常、目標の設定は1年単位または半年単位で行われるが、部下に期待する結果（アウトカム）を明確にするためには、期間を限ってできるだけ具体的なタスクまで落とし込む必要がある［図表2-43］。

しかし、タスクやアウトカムをきめ細かく明示すればするほど、状況変化に応じた軌道修正の必要性も高まる。仕事の進捗状況を頻繁にチェックし、部下に対する丁寧なフィードバックを通じた軌道修正の指示が欠かせない。管理職の負荷が高まることが懸念されるが、これは必ずしも対面形式のフォーマルな「面談」である必要はなく、Web面談やスマートフォンのアプリを使った肩の凝らないインフォーマルなコミュニケーションで構わない。

形式はともかく、これまでのような年1回あるいは半年に1回の面談ではなく、1on1ミーティング（第3章「**6『1on1ミーティング』のススメ**」参照）や、ノーレーティング方式の人事評価（本章「**1 人事評価はなぜ必要なのか**」参照）に類似した、小まめなコミュニケーションを通じたアウトカムの確認とフィードバックが不可欠になるのである［図表2-44］。

実際、W社の人事評価制度改革においても、行動評価のウエートを軽く

図表2-43　取り組むべきタスクの明確化

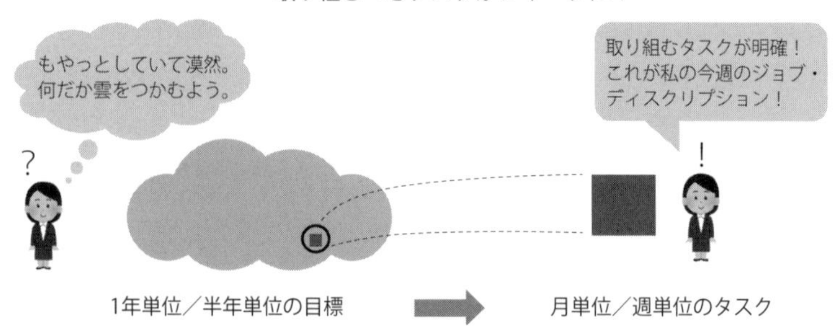

図表2-44 ホワイトカラーの新しいパフォーマンス・マネジメント

	評価体系	目標の設定	目標の内容	フィードバック
現在	成果＋行動（能力・態度）	1年または半年に1回	曖昧な場合が多い	評価結果の通知に合わせて実施
ポスト・コロナ時代	成果中心	機動的に設定・修正	タスクベースで明確化	期中であっても、小まめに実施

することで部下の行動観察に費やす上司の負荷を軽減する一方、ICTを活用したインフォーマルな上司・部下のコミュニケーションを拡充し、これまで以上にきめ細かな進捗管理やフィードバックができるようにする方向で検討が進められている。

課題解決のためのヒント

ポスト・コロナ時代の新しいパフォーマンス・マネジメントのエッセンスは、「職務内容の明確化、ならびに上司・部下の丁寧なコミュニケーションを通じた進捗管理とフィードバックの拡充」と要約できるだろう。しかし、よく考えてみれば、これは今まで度々その重要性が指摘されつつも、多くの企業でなかなか実行に移せなかった課題ではないだろうか。テレワークが常態化した世界では、部下の過労防止やメンタルヘルスなど、業務の進捗管理以外にもさまざまな役割が上司に期待される。ポスト・コロナ時代に求められる「管理職像」を再定義した上で、管理職の選抜基準を見直すことも必要になるだろう。

本書執筆時点ではまだコロナ禍が続いており、今後の状況については予断を許さない。しかし、ポスト・コロナ時代はプレ・コロナ時代への単純回帰ではなく、コロナ禍の経験を経た全く新しい時代になるに違いない。パフォーマンス・マネジメントの問題に限らず、ポスト・コロナ時代を見据えたあるべきマネジメントの実現に向けて、早急に取り組みを開始すべきである。

第3章

組織マネジメント

人と組織の
事例を読み解く

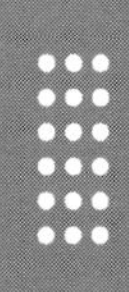

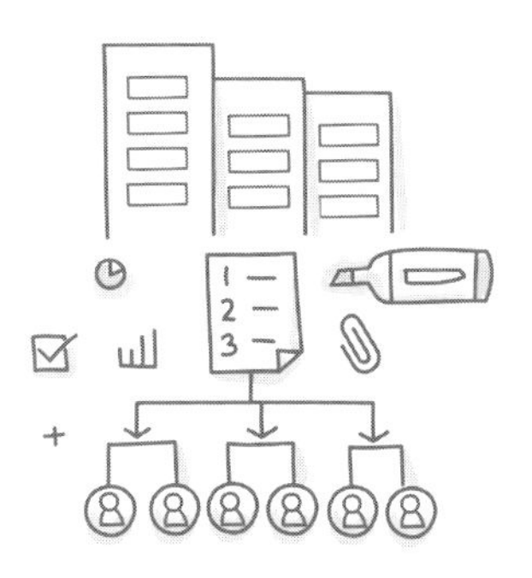

Introduction 第3章 「組織マネジメント」の事例を読み解く視点

第3章「組織マネジメント」では、人と組織に関する事例を紹介する。

筆者らの一人がかつて所属していた組織では、各部門のタテ割り意識が熾烈であった。それぞれの部門が自部門最適の発想で意思決定を行うため、組織全体として取り組まなければならない緊急課題に的確に対処できない。各部門にはそれなりに優秀な人材が配置されているはずなのに、全社的課題への有効な解決策を見いだすことができなかったり、意思決定に長い時間がかかったりするのである。

タテ割り意識は、やがて組織間の縄張り争いへと発展する。自部門の所管業務に他部門が嘴を入れようものなら、部門同士の激しいバトルが繰り広げられる。さらに、クレーム対応等の場面では、各部門がお互いに責任転嫁し合うケースが後を絶たなかった。このため、各部門の調整担当者同士が、「これは私の部門の所管業務ではない。あなたの部門が主体となって対応すべきではないか」と主張し合う不毛の議論を延々と繰り広げていたのである。

上記はやや極端な例であるが、組織間の連絡・調整がうまくいかず、ストレスをため込んでいる人は多い。特に日本の組織の場合、冷静に考えれば相手の言うことにも一理あると分かるはずなのに、組織の利益を過度に忖度するあまり、合理的な意思決定ができず硬直化してしまう集団思考(Groupthink)の状態に陥りやすい。先に挙げた部門間の縄張り争いやクレームの責任転嫁もその例といえるだろう。

第3章では、人と組織の問題に悩む企業が、それをどのように解決していったかを紹介する。取り上げるのは、モチベーション、コミュニケーション、グループダイナミクス、リーダーシップ、組織文化、組織デザインなど、組織行動（Organizational Behavior）の分野のトピックである。

事例で取り上げたケースは決して他社（他人）ごとではないと感じることだろう。「会社としてどう対処するか」という以前に、「一組織人としてどのように行動すべきか」という視点から、事例を読み解いていただきたい。

1 コンプライアンス違反を無自覚に受け入れる集団思考

不正、隠ぺい、改ざんはなぜ起こるのか？

CASE

飲食業を営むＮ社は、新築の店舗ビルを、建設確認申請の確認検査が終わった後で勝手に改造し、告発によって建築基準法違反であることが確認された。その後、他の店舗においても市の条例や建築基準法に違反する改造工事や無許可工事が明らかになった上、建築中の不法投棄の隠ぺい（廃棄物処理法違反）も発覚。グループ会社の担当建築士は免許取り消し処分となった。これらの不正行為を自ら指示していた創業２代目の社長は、一連の責任を取って経営の第一線から退くこととなり、トップ交代に合わせて、Ｎ社では指名委員会等設置会社[1]への組織変更が検討された。

社長退任を機に、一部の従業員は、超過密業務の中での長時間労働、残業代の未払いなどの是正を求めて会社に団体交渉を申し入れた。会社側としては「そんな状態であればもっと早く言ってくれれば」と思っていたが、そんなことも言えないくらい現場の従業員は追い詰められていた。

これだけのコンプライアンス違反を、Ｎ社の経営幹部らはなぜ止められなかったのだろうか。

[1] 指名委員会等設置会社：経営を監督する指名委員会、監査委員会および報酬委員会を設置し、業務執行は取締役会で選任された執行役が担う株式会社（会社法２条12号）。取締役３人以上から構成される各委員会の委員の過半数は、社外取締役でなければならない。

解説　集団思考を防ぐガバナンスとリーダーシップとは

1 起こるべくして起こった不正？

N社の事例の背景には、コーポレート・ガバナンスの問題がある。社長の暴走を止めるための仕組みや構造がしっかりできていれば問題は大きくならなかった、というのは間違いない。

N社は株式を公開していない上、株式の半数以上を保有する社長が実質的なオーナーであった。指名委員会等設置会社に移行する以前は、組織図上、経営トップである代表取締役社長の下に各組織が位置づけられていた。

つまり「資本と経営の分離」が全くできない状態で、利益至上主義の経営がなされていたことになる。こういった構造がワンマン経営に拍車を掛け、社長の暴走を止められない組織となっていた。

しかし問題はそれだけではない。想定される課題は以下のとおりである。

2 日本の経済社会の仕組み

日本経済の成長を支えてきた資本主義的経済システム[2]は、利潤の追求が目的であるので、ピラミッド構造の中で組織を安定させるために継続的に底辺を拡大し続けなければならないシステムでもある。

具体的には、市場の拡大、さらに消費の拡大、それを担う労働力である人員の拡大が求められることとなる。

利益拡大のために効率のみを追求してきたことが、かつては成功の要因となっていたことも事実である。しかしそれは、目標達成のために長時間労働や休日返上など、個人の生活を犠牲にして業務遂行することが前提となったシステムであり、人間が豊かな生活を送るために経済合理性を受け入れるマインドセットの上に成り立つシステムであったといえる。

そうした経済システムの中で、経営トップの関心は利益拡大という結果のみに偏り、そのプロセスについては一切無関心となる。幹部は部下に対して非常に厳しく接することになり、それが部下たちにも想像以上のプレッ

[2] 投資以上の回収を利益という形で得ることにより、拡大再生産を目指す経済システムのこと。

シャーとなって襲い掛かる。部下たちは目標を達成しないと自分の首も危なくなってくるので上司の命令に従わざるを得ない。経営トップもしかり、上場企業であれば経営不振を理由に経営陣の退陣が要求される。

このような構造の中で、経営トップも部下も、顧客や守るべき法律よりも、自分たちを守るための目の前の目標達成、利益拡大にしか目に入らなくなり思考停止に陥る。これが組織的な不正や隠ぺい、改ざんとなって現れることになる。その過程では目標達成のみが至上命題となるマネジメントがはびこり、ハラスメントとなって人権を無視した言動がまかり通るようになる。

そうした中で、不正を指示された部下はどのような心理状態に置かれていたのだろうか。

3 集団思考（groupthink：グループシンク）

集団の意思決定が誤った方向へ偏る心理状態の特徴を指すものとして、集団思考（groupthink：グループシンク）という用語が知られている。米国の心理学者のアーヴィング・ジャニスはこの用語を、「集団でものごとを協議する場合に、集団内の意見の一致を優先させてしまうために不合理や危険な意思決定が認められること」と定義づけている。

集団思考が起こりやすい状況として、二つの要件が挙げられている。

一つは、強力なリーダーシップを持つ支配的なリーダーが存在する場合である。今回の事例では、創業家の絶対的な株主である2代目社長の存在がそれである。組織運営における強い意思決定権、そしてメンバーの“生殺与奪”権を持つリーダーに対し、異論を唱えるというのはなかなかできない。

もう一つは、集団凝集性[3]が高く閉鎖的な環境である。集団凝集性が高い場合は、組織として一致団結し結束力も強くなる傾向にあるので、プラスの面も多い。しかしN社は、社長の関係者が幹部の大半を占める閉鎖的な経営体制にあった。また幹部クラスは、社長に声を掛けてもらって入社した人も多かったので、経営に対する批判を表立って言えない「場の空気」が醸成されていた。

3 集団が構成員を引き付けて、その構成員を集団の一員となるように動機づける度合いのこと。

N社はそうした経営幹部らに支店運営の権限を委譲していたが、数値目標等については本部が厳しく統制し、それを達成できない者は支店長会議で厳しく追及されることが多かった。このため、支店長もまた労働基準法違反と分かっていても、ハラスメントのようなマネジメントによって社員を働かせていたのである。

さらに組織の意思決定において、早急に合意形成を図ろうとするあまり、その結論が正しいかどうかを適切に判断・評価する能力が著しく欠如するといった現象が起こる。その結果、より危険性が高い選択をしてしまう「リスキーシフト」が生じる。N社の拡大期において、よりリスクの高い間違った意思決定が行われていたことからも、それがいえるであろう。

しかし、集団思考が必ずしも悪いわけではない。経営理念やミッション・価値観の下で団結して活動することで、継続的に高い業績を上げている企業も散見される。かつての日本において高度成長を支えた企業は、大半がそうだったともいえる。その共通点は何かというと「凝集性」である。近年でも、カリスマ的な創業経営者に率いられた明快な価値観を持つ会社は、凝集性の高い集団といえよう。

ではN社とは何が違っているのか。凝集性は必ずしも「金太郎アメ」の状態を要求しない。しかしN社の社長は、要求を拒まず完全に指示命令を守る人材を求めていたと考えられる。いわば絶対服従を強いていたわけである。もう一つは、「リーダーの示す正当性」ではないだろうか。これは決定的な差であろう。凝集性が高い集団においてリーダーが不当な方向性を示した場合には、間違いなく道を外す結果となる。

4 社長の「ディレールメント（derailment）」

「ディレールメント（derailment）」とは、「レール（rail）を外れること」、つまりキャリアからの脱落要因を意味し、「キャリア・ディレールメント」とも呼ばれている。優秀者ゆえに陥りやすく、職務における成功者や高業績者（ハイパフォーマー）にしばしば見られる行動特性とされる。

ディレールメントは、キャリアに関してむしろ勢いのあるときに起こるといわれている。N社の社長も、自社の急拡大の中で自分を見失ってしまい、残念ながら人生の絶頂期に道を外してしまった。

例えばディレールメントには、以下のような特性が見られる。

- 対立状況や困難な課題を避けて通る
- 下位者・部下に対して横暴にふるまう
- 細かいところにこだわる、マイクロマネジメント
- 権限委譲しない、形の上では任せていても裏で操作する
- 気分にムラがあり、急に激高したり、怒鳴りつけたりする
- 高慢で、近寄り難い。部下に八つ当たりする
- 自分本位で、自己中心的　等

こうした行動特性を分析して整理し、ディレールメントを防ぐための方法として活用している企業もある。

課題解決のためのヒント

N社の例は、経営トップの過度なワンマン経営が引き起こした事件であるので、自社に置き換えても少し遠いと感じるかもしれない。しかし、コーポレート・ガバナンスの問題は、企業の不正行為の防止と競争力・収益力の向上を総合的に捉え、長期的な企業価値の増大に向けた企業経営の仕組みづくりを行うという面では、すべての企業で必要な考え方である。

この事例の場合、会社の所有者である株主の利益を最大限に実現できているかどうかを管理監督するという観点でも、経営と所有が同じであったため内部統制などの監視体制が効いていなかったといえる。また、未上場でもあり、外部の会計監査を受ける対象企業にもなっておらず、オーナー企業の2代目社長の不正を防ぐための仕組みや運営体制が不十分であったことは否めない。

集団思考を防ぐためには、批判役のメンバーによる建設的な意見を重視する、外部の専門家やメンバーによる第三者の意見を真摯に受け止める、意思決定に至った選択肢の分析に時間をかける、リーダー自身が多様な意見に耳

を傾け些細（ささい）な意見も公正に扱う、などの対策が考えられる。

こういった組織運営をするためには、組織運営に対するトップの考え方を見直していただくことや、経営幹部候補者のキャリア・ディレールメントを防ぐための計画的なリーダー育成が重要となってくるのではないだろうか。

モーガン・マッコールは、次世代リーダーの育成法についての研究者であると同時に、「脱線する経営者研究」の第一人者でもある。著書の『ハイ・フライヤー』（金井壽宏 監訳・リクルートワークス研究所 訳、プレジデント社）の中でも、次世代リーダーの育成に当たって、キャリアを踏み外させないような仕組みを育成計画に組み込むことが、人材育成においては重要な要素であると指摘している。また、リーダーシップは学習で開発可能であることと、リーダーの計画的育成の環境づくりは経営者の責任であり、それは企業の継続的な競争優位につながるものであることを指摘している。

ビジネスマンの学習機会は、実際の実務経験から学ぶことが非常に多いことから、「経験から学ぶ」ことを重視している。組織内で起こるさまざまな出来事から何を学んだかを振り返り、教訓化することが重要である。そういった機会を設け、系統立てて学ばせ、整理させることで、経験を自分自身のリーダーシップ行動につなげていくことができる。

今後は、コーポレート・ガバナンスの見直し等、透明性の高い経営の在り方とその運営方法の見直しとともに、自社の人材アセスメントやリーダー育成の考え方をいま一度見直すことが必要な時期に来ているのではないだろうか。

2 テレワークで変わる組織マネジメント

テレワークはオフィスワークと同じマネジメントでいいのか？

CASE

ビジネス雑誌の出版社であるＢ社は、働き方改革関連法の施行を機に、優秀人材の確保やリスクマネジメント、育児や介護を理由とした離職防止等の目的で、テレワーク導入を推進してきた。まだ部門によって差はあるが、導入は少しずつ進んでいる。

しかし一部の管理者から、「テレワークもよいが、管理がしっかりできなくなるのではないか」「放任しておくと必ずサボる人間が出てくるので、細かい行動チェックをする必要がある」といった意見が出てきた。また、「OJTのような教育がしづらくなって、社員のレベルが落ちてくるのではないか」という意見もあった。加えて社員からも、「テレワークでは人事評価はどうなるのか」「結局のところ成果主義がもっと厳しくなるのではないか」などさまざまな意見が出てきたため、テレワークにおける働き方を再検討することとした。

テレワークでは、マネジメントの仕組みや方法はどのように変化してくるのだろうか。

解説 テレワークで変化すること

1 テレワークとは

テレワークとは、「テレ（Tele＝離れた場所）＋ワーク（Work＝働く）という２語を組み合わせた造語」である。近年のICT（情報通信技術）の発達により、オフィスから離れた場所でも、業務の処理やコミュニケーションが可能となり、さまざまな会社で導入が進められている。

導入の目的としては、およそ以下の理由によるものが多い。

①育児や介護を理由とした離職の防止

②勤務地の制約のため大都市で働けない地方の優秀な人材の雇用確保

③近年多く発生している災害時の事業継続（BCP）実現

④地理的に離れた組織外部とネットワークで連携が可能

⑤通勤時間・混雑の削減・回避とワーク・ライフ・バランスの実現

⑥地価が高い場所に拠点を構える会社の賃借料（固定費）削減

また、2020年3月以降、新型コロナウイルスの国内感染拡大に伴う外出自粛要請を契機に、各社でのテレワーク導入が加速したのも周知のとおりである。

このように制度導入の動きが広がる一方で、テレワークを巡っては人材マネジメント上の問題も多く指摘されている。よく挙げられる課題としては、以下のようなものがある。

①労働時間管理：就労時間が把握しづらい

②業務管理：業務が可視化できていないので、管理がしづらい

③人事評価：プロセスが見えないので、結果のみの評価になりがち

④教育：タイムリーな指導や相談などがおろそかになりがち

⑤会議：場の雰囲気を察して発言するような会議だと何も決まらない

⑥コミュニケーション：ちょっとした雑談・相談などがしづらい、孤独感

⑦報告・連絡・相談：仕事中心の一方的な報連相になりがち

その他、ICTの環境整備や、セキュリティ対策に伴う負担増などの課題もある。また、テレワークを行う社員であっても、労働基準法、労働安全衛生法、労働者災害補償保険法などの労働関係法令が適用されることも理解しておかなければならない。

このようにさまざまな課題が存在する中でも、テレワーク導入の際、管理者側にとって特に気掛かりなのが、「管理者の目が届かなくなると、社員はサボって仕事をしなくなるのではないか」という不安である。オフィスワークでは、人が人を管理するという考え方がいまだ幅を利かせている。B社も同様で、最後まで導入に反対していた役員の理由がこれであった。

早期にテレワークを導入した大手企業では、テレワーク対象者に30分～

1時間単位でその時間に何をしていたかを逐一管理者に報告させるという仕組みを設けていた例も見られた。また、全員に「日報を書かせる」という企業も多いが、管理するための日報ではテレワーク導入の意味がない。

実はテレワーク導入の一番の課題は、いわゆるX理論（性悪説：人間は放っておくと怠けるものだ。だからアメとムチで厳しく管理する）の人間観に基づくマネジメントの在り方を変えることなのではないだろうか。しかし、この人間観は、これまでの個人の経験やそこから育まれた考え方が蓄積されて出来上がったものであるため、マネジメントにおいてよほどの失敗経験等がなければ簡単に変わるものではない。Y理論（性善説：人間はビジョンや目標を示し、働きやすい環境を整えると、自己実現のために責任を持って働く）に基づくマネジメントを実行しろと自社の管理者に指示しても、すぐに破綻することは目に見えている。だからこそ、「社員の働きやすい仕組みをつくって、その仕組みを管理する」という方向に持っていくことが大きなポイントとなる。

ここではB社が、テレワークで課題とされるマネジメント領域の改革のためにどのような仕組みを導入したかを中心に紹介しよう。

2 業務体系の整理（目的含む）と業務プロセスの明確化

手始めとしてB社では、業務の可視化に取り組んだ。社内の業務を、大分類・中分類・小分類の3階層で区分けし、さらに大分類ごとに業務の目的を明確にした。①誰のために（対象顧客）、②どのようなニーズに対して（顧客ニーズ）、③どのような価値を提供していくのか（顧客提供価値）、④顧客価値を提供するためにどのような業務を行うか（業務体系）について、時間をかけて明確に体系化したのだ。

この取り組みに当たり、筆者らが最初にインタビューをしたとき、ある編集長は、「われわれは生産工場みたいなものです。執筆者からの原稿という材料を入手して、編集という加工をして印刷に回すだけです」と話してくれた。「何のために仕事をやっているのか？」という質問に対しては、「会社の売り上げのため」と答えが返ってきた。忙しさの中で、仕事の本質や目的を見失っていたようだった。全部門で「顧客の業務に役立つ雑誌を提供する」という目的のためにマネジメントを実施する、というコンセンサスが得られたのは、少し後のことであった。

業務体系が整理された後は、業務プロセスの整理である。前記のように、まるで工場での流れ作業のように動いていた編集部でも、本来は編集プロジェクトチームごとに、1カ月単位の細かいスケジュール表があるはずだ。しかし、長年の業務の慣れで最終締め切りさえ守ればよいという暗黙の了解の下、都度編集長が進捗（しんちょく）管理を行う規範になっていた。そのためテレワーク導入を機に、スケジュール管理をあらためて可視化した。それによって、全体の流れと個々人の役割分担が可視化され、目の前の仕事を追い掛けるやり方から、現在は、全体と先を見ながら仕事を進める本来の仕事のやり方へと戻りつつある。

3 質問会議による個人の悩みや問題解決

業務が整理されたところで、「質問会議」を実施した。質問会議とは、「問題に関する質問とその応答のみでやりとりを進め、問題の解決策を探っていく会議手法」である。この手法の特徴は、従来型の会議のように参加者らが意見を言い合うのではなく、質問のみで構成される会議であることだ。質問のみで進めるので、上下関係を意識せずフラットな状態で質問できる。意見を述べ合う会議の問題点は、どうしても上下関係が発生してしまい、下から意見が言いづらい雰囲気になってしまうことである。質問であれば新入社員でもできる。

この会議の目的は個人の問題解決であるが、裏の目的は、問題提起された者が質問を受けることを通じて内省を深め、自分と向き合って考える姿勢を持つことにあった。また、既存の知識や技術で解決できる「技術的問題」は、知識を持っている人が意見を言うことで解決できるが、誰も明快な答えを持っていないような問題や、問題が複雑に絡み合って従来の手法では解決できないような「適応問題」は、既にある知識・技術のみで解決することは難しい。そうした場合も、多種多様な人がいろいろな角度から質問をすることで、問題に直面した本人が気づいていなかった観点から手掛かりを見いだし、自分で解決の糸口を探ることができる。それによって主体的に物事に取り組む姿勢が形成されるのである。

自己管理が要求されるテレワークにおいては、自ら考え行動するという習慣が必要になる。そのためテレワーク中は一方的に指示を出して仕事をやらせるだけではなく、管理者が質問によって部下が自ら答えを出すように導き、部下自身で自己管理ができるような素地をつくることが重要である。そのため、管理者に「質問によるマネジメント」のスタイルを身に付けさせることも質問会議の狙いの一つであった。

4 人事評価の再構築

人事評価に関しては、前述のように社員から、「これまで以上に結果中心になるのではないか」という懸念の声があった。確かにこれまでは「目標達成＋プロセス（コンピテンシー）」の2本立てで評価を実施していたが、テレワークになるとコンピテンシーの基本である発揮能力（行動特性）がほとんど見てもらえなくなるという点が一番の懸念ポイントである。これまでも社員は、目標達成の評価のウエートが高くなっているように感じていたため、結果中心の人事評価について根底的な不信感があるようにみられた。この不信感を払拭（ふっしょく）するための仕組みが必要であった。

最初に実施した、業務体系化をはじめとする業務の可視化が、ここで大きな役割を果たすことになる。B社では、部門・階層ごとに役割責任分担表などを作成し、個々人の担当業務に基づいて、どのような役割・責任の遂行が求められるかを明確にすることから始めた。つまり、人の能力を評価の中心軸に置く「能力主義人事制度」から、与えられた仕事の遂行度を評価の中心軸に置く「仕事主義人事制度」への転換を図ったのであった。

これによって、日々の仕事ぶりを細かく観察するようなマネジメントから脱却し、客観的な役割遂行度という指標を用いて評価を行うことで、被評価者の納得感を高めることができる。管理者も自分の役割が浮き彫りにされるので、これまでマイクロ・マネジメント（管理者である上司が部下の業務に強い監督・干渉を行うこと。一般的に部下に仕事を委任することはない）に偏り、本来のマネジメントが十分できていなかった管理者にとっては、自分自身の役割を見直す良い機会となった。

これらの仕組みができると、次は日々の運用をどのようにするかということが重要になってくる。

5 コミュニケーションの改善

テレワークを始めた当初の定例会議は、リアルの会議をそのままオンラインに置き換えたような会議であった。つまり特段アジェンダがあるわけではなく、部門長から現状の報告、そして各部からの報告、その他質問、という形で終わり。誰かが問題提起をしない限り、会議で議論をすることはあまりなかった。

テレワーク中のオンラインでの会議やミーティングの際には、アジェンダをしっかり作り、自分の話すことの背景や意図を明確にし、何をしてほしいかをしっかり伝えることから始めなくてはいけない。リアル会議ではこれまでの規範や雰囲気が蔓延（まんえん）し、部門長が何を言わんとしているか分かるよね、といった暗黙の了解やノンバーバル（非言語）コミュニケーションが支配的であった。

そこでB社の人事担当者と議論をして、毎回しっかりとアジェンダを作り、自分たちが抱えている課題を事前に参加者に提示し、会議の場で議論をしてもらう形に変更した。見直しに当たって、最初は課題を出すこと自体に抵抗があり、後で何を言われるか分からないという不安があったらしい。それでも、営業から「近年の雑誌売り上げ低下をどう回避するか」といったテーマが出されたあたりから、少しずつ議論が進むようになってきた。

部下の教育に関しても、集合研修自体を見直そうという動きが出てきていたので、この機に、近年急激に導入が進んできている「1on1ミーティング」を試験的に導入することとした。管理職クラスにオンラインでセミナーを受けさせ、簡単なフォーマットを作成して苦手な人でも実施しやすい形式にした。

最初は月1回実施としていたが、狙いを「目標達成のための進捗管理」としていたため、回を重ねると少しずつ部下が疲れてくる様子が見えてきた。

そこで1on1ミーティングの狙いを「部下の成長を支援するミーティング」と変更し、キャリア開発やちょっとした相談事もOKとした。頻度や時間も「毎週5～10分でいいから、部下とコミュニケーションを取る」というルールに変更した。重要なのは、「時間をかけて行う1回のベストなミーティング」より「短時間でよいので、ベターなミーティングを何度も実施すること」である。オンラインのコミュニケーションに長く時間をかけても、双方ともに集中力が持たない。

もう一つ留意したいのは、テレワークを行っているかなりの人たちが、仲間と直接会えずに孤独感を味わっているという点で、それを示す調査結果も出されている。そのため、人との絆を大切にし、仲間意識が強いといわれる若い人たちの間で、意識的に仕事のことは話題にしない雑談タイムをオンラインの中で設定している会社もある。それも一つの手であるが、「オンラインを通じて質問を投げ掛けて話をしてもらう」時間を多くつくることがより有効である。そのときに「今どんな気持ちでいるか」といった感情を吐き出させることも大事にしたい。それが部下自身の自己開示につながってくるからである。

今日、1on1ミーティングを導入する企業も増えつつあるが、そうした対話の機会は「部下に話をさせる時間」と割りきり、若い人たちの話を聴く時間を多く設けることである。管理者としては、課題達成に向けた行動（目的を達成し、結果を出す働きをする機能）も大事であるが、集団維持に向けた機能（集団や個人の人間関係を活性化する働きをする機能）もまた大きな仕事の一つである。テレワークではこれが抜けがちになる。

このような取り組みを推進すると、「では、われわれ管理者は、誰が話を聴いてくれるのですか？」と質問されることがある。これはすべての人事責任者に伝えたい。管理者ばかりに責任を押し付けず、「経営幹部に管理者の話を聴いてもらうように促してほしい」と。そのためにB社では、社長と部長との1on1ミーティングの取り組みを始めている。現場が活力を持ってマネジメントに当たるためには、第一線で活躍する人たちの活力が高まる仕組みをつくり、運用をする人たちをサポートすることが成功のポイントであるといえる。

課題解決のためのヒント

おそらくこれからの世界は、テレワークの流れがより進むことはあっても、後戻りすることはないだろう。そうした流れの中で、オフィスワークで実施してきたことを、そのままテレワークで実施するだけではうまくいかないことをご理解いただけたのではないかと思う。

テレワークで変化してくることの根底は三つある。

一つ目は、「目的の明確化」である。何のためにこの仕組みを導入するのかや、何を成果として進めていくのかが、これまでは意外とおろそかになっていたように思われる。オフィスワークであれば、その場で気づいて修正することもできるが、テレワークではそれがやりづらい。最初の目的を明確にし、共有してから進めることである。

二つ目は、「いろいろなことの可視化」である。これまで暗黙の了解で進めてきたこと、特に業務の可視化がされていない職場が多い。これでは管理職と部下との齟齬（そご）が出てくることが多くなる。「～と思っていました」では無駄な仕事が増えてしまい、かえって効率が落ちてしまう。

三つ目は、「これまで以上にメンバー間の関係性が重要になってくること」である。職位に基づく上下の関係性から役割に基づくフラットな関係性への変化である。管理職は、「話さなくても自分の考えていることは分かってくれているだろう」という幻想は捨て、部下と情報を共有し、明確な意図をもって伝え、部下自身が考え、意思決定し行動できるよう支援する役割があることを理解してマネジメントする必要がある。

このように、テレワークの導入は、これからの自分自身の仕事に対する向き合い方や自分自身の在り方を問い直す一つのきっかけになるだろう。

3 学習性無力感を助長するマネジメント

組織的に考えない社員をつくり出していないか

CASE

SNS運営会社K社の企画課長から1本のメールが入った。

「K社の○○と申します。当社は小さな会社で、チェックリストのような評価シートはあるのですが、しっかりした人事制度がなく、ほとんど社長の気分で評価しているようなものです。かなり頑張ったなと思う人でも、過去に大きな失敗があるとなかなか良い評価がもらえません。社員としては面白い提案をしても『何だこれ？ もっと考えてから提案してこい！』で終わり。何がダメなのか、フィードバックはありません。社長は『任せる』と言いながら、自分の考えと違うことをすると、すぐに介入してきて変えさせられます。そんなことばかりで、社員のやる気が非常に下がっていて困っています。新しい評価制度を作って、社長に正当な評価をしてもらい、社員のやる気を上げたいのです。何かいい企画を提案していただけませんでしょうか」

――といった趣旨のメールだった。近いうちに訪問したいと連絡を入れ、状況を確認することにした。

K社では何が起こっていたのだろうか。

解説　現象面の背景にある心理的状態に耳を傾ける

1 インタビューから見えてきたK社の状況

社長のマネジメントが悪い、社員の能力が低いと言ってしまうのは簡単だが、何がそうさせたのかを探る必要がある。

状況を確認するために、まずはK社の管理職クラスにインタビューを行った。彼らの特徴的な意見は、おおむね次のようなものだった。

- 顧客ニーズの対応に時間がかかるし、忙しくて時間がない
- 会社や部門の将来のことは考えられない。自分では何もできない
- 社員は競合他社の動きに関心がないし、人の意見に耳を傾けない
- 部門間の連携はあまりないし、社員もお互いに関心がない
- 社長の指示した新しいことへの対応は、できない言い訳ばかり
- 自分たちのやりたいことができないのは社長のせい　など

また、社長の社員に対する見方は以下のとおりであった。

- 自分が考えていることが全く伝わっていないし、理解していない
- あいつらは何も考えていない。遊んでいるのと同じだ
- 社員は競合他社やお客さんのニーズについて全く関心がない
- 管理職は何年も同じ仕事をしているのに、進歩がない
- 巨大企業の記事を持ってきて同じことをやろうという。バカか！

会社の業績は良いし、給与水準も地方都市としては悪くない。勤務時間等も厳しい縛りはなく、社員同士は仲がいい（名字ではなく名前で呼び合う）……。働く環境としては自由でいい会社なのだが、前述のようにやる気、つまりやりがいを喪失した、典型的な「学習性無力感」の状態であった。

2 学習性無力感が働く気力を奪い去る!

「学習性無力感」とは、努力を重ねても望む結果が得られない経験・状況、または、抵抗や回避が困難なストレスと抑圧の状態が続いた結果、「何をしても無意味だ」ということを学習し、不快な状態を脱する努力を行わなくなることで、米国の心理学者マーティン・セリグマンが1967年に発表した心理学理論である。

セリグマンが行った、犬を用いた実験を簡単に紹介しよう。

【マーティン・セリグマンによる犬を用いた実験】

犬を二つのグループに分ける。初日に、一つ目のグループは、身動きで

きない状態で短い電気ショックを何度も与えられる。二つ目のグループは、頭部を動かすと電気が止まる。

翌日、今度は箱に入れられるが、低い柵で仕切られているので自由に跳び越えることができる。この箱の中ではランプがついてから10秒後に箱の床に電気ショックが流れるが、柵を跳び越え逃れれば電気ショックを回避することができる。しかし、そのままとどまっていれば1分間の電気ショックを受けることになる。

初日に、頭部を動かせば電気ショックが止まることを学習した犬は、箱の中からすぐに柵を跳び越えれば電気ショックを回避できることも学習した。ところが、初日に身動きが取れない状態で電気ショックを与えられ続けた犬は、その箱から逃げることもせず、柵を越える行動も見られなかった。

これらの実験は魚や他の動物でも行われ、一つ目のグループの犬と同様に回避行動を取らないことが観察された。さらに、実験は条件を変えて人間でも行われた。人間に対しては電気ショックの代わりに不快な音を使って実験が行われたが、動物たちと同様に学習性無力感が起こることが観察されている。

人間を対象にした実験は、さらに条件を変えて行われた。被験者を二つのグループに分け、一方のグループには解決不可能な課題が、他方のグループには解決可能な課題が与えられた。前者のグループは、最初は積極的に課題解決に取り組んだが、解決不可能な課題を繰り返すうちに学習性無力感が起こった。一方、後者のグループでは、学習性無力感は起きなかった。また、前者のグループが解決不可能な課題に対して無力となった場合、解決可能なはずの後者のグループにおいても、問題の解決に失敗したという結果から、学習性無力感は伝播(でんぱ)する可能性が報告されている。

このことから、解決不可能な課題を継続的に与え続けられることで学習性無力感が起きることがあると同時に、仲間が学習性無力感に陥るとそのグループに関係する他のグループも影響を受けるということがいえる。

また、複数の課題を与えられ「課題は次第に易しくなる」と教えられたグループは、失敗を自己の能力不足に帰属させやすく、反対に、「課題は次第に難しくなる」と教えられたグループは、失敗を自分の能力ではなく課題の困難さに帰属させるという結果が得られた。両グループを比較すると、課題が容易と教えられたグループは学習性無力感が見られたのに対し、課題が困難だと教えられたグループは、次第に成績が上昇する効果が見られた。

後に社会心理学者のフリッツ・ハイダーは、結果に対する原因を内的なものか外的ものかで分類した。内的帰属とは、自分の能力や努力に原因を求めること、外的帰属とは、環境や状況など自分の統制外のことに原因を求めることをいう。動機づけが高い人は、成功の原因を自分の能力や努力に帰属させ、失敗の原因を運や努力不足に帰属させる傾向が強いといわれている。動機づけが低い人は、成功の原因を課題の難易や運に帰属させ、失敗の原因を自分の能力や努力不足に帰属させる傾向が強いといわれている。

3 学習性無力感の要因

話を元に戻そう。K社の社員が学習性無力感に陥った状況は、幾つかの事象で説明することができる。

[1] 解決不可能な課題を何年にもわたって与え続けられ、社長からのフィードバックもほとんど与えられない状況で過ごしてきた

何のためにこの課題に取り組むのか、その目的は何かが伝えられない。また、どうすればOKなのかが全く見えず、正解は社長の中にある。その正解も時々で変化する。この状況を長年続けてきたことが一つの要因であろう。

[2]「簡単なことなのになぜできないんだ」と社長に叱責されることが常態化していた

その課題が本当に容易かどうかは別として、「何年もやっているんだから容易なはずだ。それができないのは本人の能力に問題があるんだ」と、あたかも失敗が本人の能力に帰属しているかのように何年も叱責（しっせき）され続ければ、誰でも学習性無力感に陥ってしまうことは容易に推測できる。

[3] 現実離れした理想であることに気づかず、無力感を感じていた

一部の管理職は、思い描く理想が高すぎて、その状態を実現できないことに無力感を感じていた。例えば、世界的に有名で高業績を上げている企業(Google等)の情報を仕入れて、それを自社に置き換えることもせずに、社長に提案していた。「こういう環境であれば自分たちは一生懸命働くことができます。ぜひこんな会社にしてください」と懇願していたのである。当然、提案は一蹴され、提案した社員はやる気をなくしていた。

4 伝わっていなかった社長方針

社員は、社長の考えをあまり理解しないまま自分の勝手な解釈で仕事を進めた結果、叱責を受けてやる気を失う。仕事内容を修正するが、社長からのフィードバックはなく修正ポイントがずれたものであるため、それがまた社長の怒りに火をつける、という学習性無力感の負のスパイラルに陥っていた。

インタビューが終了したころに、社内で実施した社員満足度調査の結果を企画課長が見せてくれた。内容はインタビューとほぼ同じような結果で、特に違和感はなかった。社長が言っていた「俺の言っていることが全く伝わっていない」を証明するように、「会社の理念がはっきりしない」「経営方針が明確でない」「社員個々人が自分の価値観だけで動いている」「会社としての業務の進め方が統一されていない」などの意見がつづられていた。言い方を変えると、社長は自分の考え方や想いを伝えているはずだったが、結果としてほとんど伝わっていなかったといえる。伝え方と受け取り方の両方に問題があった。

【情報伝達の難しさ】
- どんな優秀な人でも、自分の考え方を伝えられるのは「80%」
- どんな優秀な人でも、それを理解できるのは「90%」

つまり、どんな優秀な人の集団であっても、80%×90%=72%の伝達率

この状態を変えていくために、まずは社員の行動のよりどころとなる企業理念や経営方針を明確にすることから始めることにした。社長に対して数十時間にわたるインタビューを行い、社長の考えていることを経営のフレームワークに沿って書き起こし、「社長の考えていること:社長の頭の中」とし

てまとめた。その中の資料として、「社長のストーリー」と称し、幼いころからどのような育ち方をして、どのような経験をして、そのときにどのような感情を持って生きてきたか、それがこの事業を進めるに当たってどのような影響を与えているのか、今後この事業をどのようにしていきたいのか——を赤裸々に語っていただいた内容を入れた。そして、管理職ミーティングの中で勉強会を開き、「社長の考えていること：社長の頭の中」を毎回1章ずつ解説した。

この勉強会で使用した資料（「社長の考えていること：社長の頭の中」）の内容は、経営の全体像とその背景にある価値観を明確化したものとして、管理職ミーティングに参加したメンバーに伝わっていった。勉強会後、メンバーは、「いつも同じことしか言わなかったけど、あれはこういう意味だったのか」と腹落ちしたようであった。それから社長のストーリーの中で出てきた「感動」という言葉をキーワードに、各部門で改善を図るようになった。

5 自分たちで考え、動くことの大切さ

勉強会からしばらくして、一番早く動き始めたのは、コールセンターであった。これまではただ電話を取ってこなすだけであったが、お客さまとの接点を大事にして対応する部門へと変貌を遂げた。

またコールセンターでは、ライバル企業の情報やお客さまの声を自ら収集し、その内容を分析しながら改善に取り組むようになった。接客サービスで有名な企業への訪問勉強会も自分たちで企画して、学んだことを業務に取り込んでいった。後には部門名を「コンシェルジュ（顧客に寄り添ってさまざまな相談や要望に応え満足を創出する人）」に変更し、改善を重ねて活動を続けている。

さらに、自部門の改善が進み始めると、管理職たちは、自分だけではなく他部門との連携にも課題があると感じ始め、管理職ミーティングの後の時間を使って、連携課題について議論をするようになった。

そういった取り組みの中で、大事にしたい価値観を凝縮し、「お客さまに目の覚めるような感動を与える仕事をする」という理念が出来上がった。そ

してそれは、「仲間への感動と称賛がいっぱい沸き起こる職場にしよう」「最後まで成し遂げることに夢中になれる自分になろう」という行動指針として具体化された。この二つの指針に基づいて、各部門でどのような行動を取るかを落とし込み、これが人事評価の原型となった。

ドラマのような展開ではあるが、これは実在する企業での取り組みである。プロジェクトを始めて数年後、このプロジェクトを主導した企画課長から、関連会社の社長に就任したと連絡があった。

学習性無力感に陥った人は、「強い被害者意識」を持つことが多い。「こんなことになったのは他人のせい」「経営者が無能だからうまくいかない」「こんな世の中にした政治家が悪い」と、自分を取り巻く環境を言い訳にして行動を起こさないことが多い。そのほうが楽だし、自分も傷つかないからである。しかし彼らは、行動を変える何かのきっかけを待っていたのかもしれない。だからこそ、そのきっかけをつかむと自ら動き始めたのである。

最後に、ここで紹介したK社の例では、その成功の土壌として「仲間との関係性」がとても良かったことを挙げておきたい。何でも言い合えて、受け入れられる関係性が出来上がっていたからこそ、この取り組みがスムーズに動いたと思われる。そしてその結果として、自己効力感（人が何らかの課題に直面した際、「こうすればうまくいくはずだ」という期待に対して、自分はそれが実行できるという期待や自信のこと）を得た彼らは、自ら考え行動する人材へと成長したのである。

4 統率型から社員の力を結集するエンパワーメント型リーダーシップへ

個人の能力を信じ、巻き込み、発揮させるリーダーシップへの転換

CASE

工事用安全資材を製造する中小企業T社の業績は、不況のあおりを受けて非常に厳しい状態にあった。陣頭指揮を執っていた創業者である社長は体調が悪化し、当時、異業種の会社に勤務していた一人娘Yさんを呼び寄せ、役員として経営を担うことを懇願した。あまりにも急な話であったがYさんは快諾し、役員として経営に当たることになった。数年後、創業社長が亡くなり、Yさんが経営者として跡を継ぐこととなった。

先代社長は典型的なトップダウン型経営者で、役員であっても一言も意見を言えない風土の会社であった。そのため優秀な社員が入社しても、社長とぶつかって辞めていくことが後を絶たず、離職率は高かった。当時の社員は事務系の社員を除いて全員男性で、幹部クラスには創業当初からいるメンバー、中間層には言われたことはきっちりこなす職人タイプの社員、そして勤務年数が浅い若手社員という構成になっていた。製造する製品自体は、専門店でいつでも購入できる商品であるが、類似品も多く、厳しい戦いを強いられていた。

そんな会社に全く異業種から入社したYさんは、自ら改革を推し進め、T社を若手社員や女性社員が活躍する会社へと変貌させた。Yさんはどのような改革に取り組んだのだろうか。

解説　変革リーダーはメンバーを巻き込み、権限を委譲することが仕事！

1 組織変革リーダーは「How to Live」から始めよ！

Yさんは社長の娘とはいえ、業界のことも仕事のことも何も分からないまま入社し、いきなり幹部社員として手腕を振るわなければならなかった。こ

のような場合、Yさんがどれだけすごい人であっても、社員たちがすぐに従ってくれるとは限らない。「俺たちがやってきた仕事の何が分かるんだ！」という気持ちが社員の根底にはある。逆に「この人は何をしてくるのだろう？」という不安もあったはずだ。こうした状況でリーダーの役割を果たす上では、以下の考え方が参考になる。

1. How to Live　　　：いかに生きるか
2. How to Learn　　：いかに学ぶか
3. How to Work　　：いかに働くか
4. How to Influence：いかに影響を与えるか

つまり、「会社の規範や社員の仕事ぶりを理解し、いかに職場に溶け込むか」ということである。社員が勤務し続けてくれていることに感謝と敬意を示し、彼らの一員として受け入れてもらうことが最優先である。それから、彼らがこれまで続けてきたやり方を学ぶ。何らかの形で会社の事業に貢献し、影響を与えるのはその後である。この最初の入り口でつまずくと、社員との関係性を修復するのは容易ではない。

T社の事業を支えてきた彼らには、良くも悪くも長年培ってきた規範がある。[図表3-1] の氷山モデルに示すように、規範には、仕組みやルールで決まっている明示的な規範と、それぞれの会社や部門・職場にある独自の考え方ややり方といった黙示的な規範がある。外部からリーダーに就いた自分を受け入れてもらうためには、社員のやり方をじっくり観察し、彼らの話にしっかり耳を傾け、時には質問しながら相互理解を進めることが重要といえる。

2 生産性向上は「心理的安全性」の確保から！

社員に溶け込んで信頼関係ができてきたら、「多少リスクのある言動をしてもお互いに受け入れる関係性」を築くことが重要になる。

ここでGoogleが実施した「プロジェクト・アリストテレス」を紹介しよう。このプロジェクトでは、生産性の高いチームが持つ共通点と成功因子の発見を目的として、何百万ドルもの資金と約4年の歳月をかけて調査を行った。その結果、生産性の高いチームに共通する次の五つの要素が抽出された。そ

図表 3-1　氷山モデル

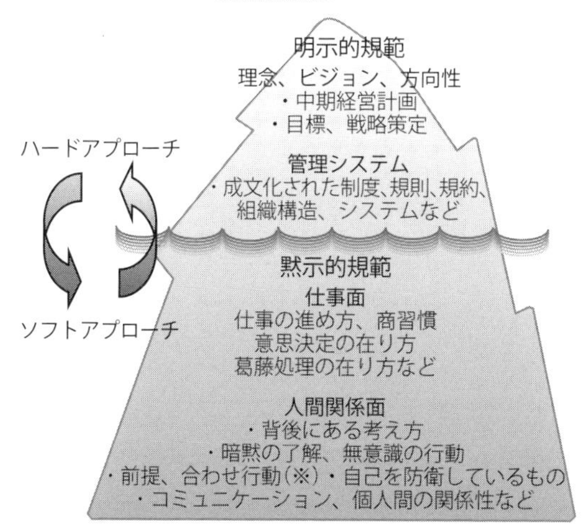

※前提、合わせ行動：個々人には自分自身の背景から、良い悪いにかかわらず自分の行動の前提としていることがある。それを基に行動しているため、他の人とぶつかることがある。合わせ行動は全く逆で、自分自身がそこの場で生きていくために、自分の考え方とは関係なく（自分を押し殺して）周囲に合わせて行動していくことをいう。

の中でも、チームの生産性を高める上で最も重要な要素は、チーム内における「心理的安全性」であると結論づけられたのである。

①心理的安全性：メンバーは不安や恥ずかしさを感じることなく、リスクある行動を取ることができるか
②相互信頼：メンバーは、お互いの仕事の質が高く、約束どおり仕事が完結すると信頼し合っているか
③構造と明確さ：メンバーは、チーム全体の目標、自分と他メンバーの役割、実行計画を理解しているか
④仕事の意味：メンバーは、与えられた役割や仕事の内容に、自ら意義を見いだすことができるか
⑤インパクト：メンバーは、自身の仕事が組織や世界にポジティブな影響を与えられると信じているか

心理的安全性を確保するためには、対話の量を増やし、チーム内で自己開示を促すことが必要である。会社の中では、「会社での顔」という本来の自

分とは違った仮面をかぶって仕事をしている場合が多い。役職や立場などを守ったり、ライバルにスキを見せたりしないようにするなど、本来の自分をさらけ出すことをためらっている部分もある。

しかし、会社で本来の自分をさらけ出し、それを周囲のメンバーが受け入れる土壌ができて初めて「心理的安全性」が醸成される。自分の本来の力が発揮しやすい土壌ができてこそ、チームの生産性を高めることにつながる。特に自分に弱みや困ったことがあり、うまくいかないから助けてほしいといったときに、お互い協力し、助け合い、認め合える関係性が醸成されることが高い生産性につながる――それが、プロジェクト・アリストテレスが導き出した結論である。

T社の商品は工事の作業現場で使われる装備品であるため、「安全第一」を一番の使命とうたっている。商品の不良・欠陥は絶対に許されない。しかし、人間関係が希薄であると、「まあ言わなくてもいいか」と何らかのミスを放置してしまうことがある。

これを問題視したYさんは、社内でお互いに何でも言い合える関係性を重視することにした。こういった関係の質が高まると対話が増え、良いアイデアも出るようになる。つまり、思考の質が高まる。自分たちが考えたことが自発的な行動となって表れる。行動の質が高まるとおのずと結果もついてくる。もし結果が出なかったとしても、自分たちが考えたことであるので、原点に立ち返って再検討するため、結果が出やすくなる、という好循環が生まれる。この四つの質（関係の質➡思考の質➡行動の質➡結果の質）を高めて良い循環をつくり出していくことを、米国の心理学者のダニエル・キムは「成功の循環」と名付けた［図表3-2］。

図表3-2 成功の循環

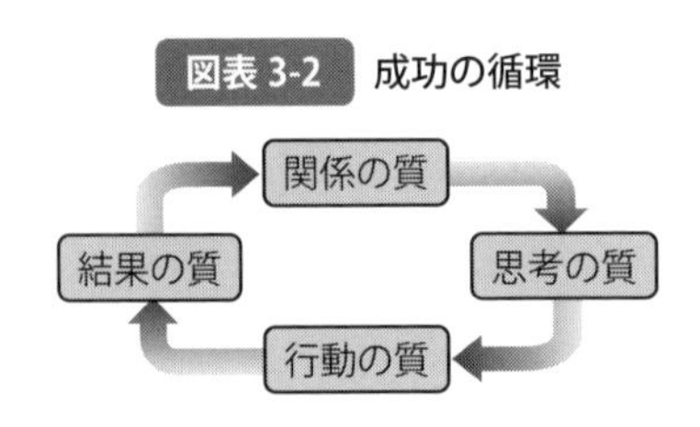

そこでYさんは、これまでその日の伝達だけで終わる5分程度の朝礼の時間を少し延ばして「Good ＆ New」という行動共有の手法を取り入れた。この1～2週間に起こった楽しかったこと、うれしかったこと、感動したことなどを全員で共有する。最初は「悪いことはあっても、良いことなんか一つもない」とうそぶいていた社員も、「楽しかったこと」というテーマで話をするうちに自然とプライベートの話題が増え、これまで知らなかった社員の一面が見られるようになり、社員同士の理解が大きく進んだ。

もちろんYさんも、自分のプライベートでの話を多く語ることで、Yさん自身の人となりを社員に理解してもらえるようになった。またGood ＆ Newを続けていくうちに、日常での会話も増え（例えば、あの後どうなった？続きを楽しみにしているよ、など）、仕事の話しかしなかった社員間での会話が大きく広がっていった。

また、Yさんは自ら、社員一人一人の名前を呼んで挨拶（あいさつ）するようにした。「挨拶は社員から社長にするもの。社長からするものではない」という前社長の考えから大きく転換したのだ。声を掛けたときの様子から、体調が悪そうな社員や悩みを抱えていそうな社員には積極的に話し掛けて話を聴くようにしていった。

こうした工夫や働き掛けを通じて、社員からの信頼を獲得したYさんは、「社員が考え、自分で決めて行動する」ための道筋をつくることにした。

3 エンパワーメントの考え方を活用したリーダーシップ

この段階で、Yさんと一部の幹部そしてわれわれコンサルタントが議論を重ね、経営の進め方として「エンパワーメント」の考え方を導入することにした。エンパワーメントの導入には、Yさんの根底にある考え方が大きく影響している。「事業については社員が一番理解しているので、その社員の持っている潜在能力を引き出し、発揮させる」ことに経営の主眼を置いたのである。

一般にエンパワーメントは「権限委譲」と訳されているが、それ以上に組織における自律性の向上、社員の能力発揮、意思決定の迅速化といった組織構築を目指すことが重要である。

『社員の力で最高のチームをつくる』(ケン・ブランチャートほか著・ダイヤモンド社)によれば、エンパワーメントの取り組みには三つのポイントがある。一つ目は、「正確で重要な情報を全社員が共有する」こと。会社の情報を共有するとともに階層組織の思考を排除する。二つ目は、「境界線を明確にして自律的な働き方を促す」こと。つまり説得力のあるビジョンを提示し、価値観を定義する。その上で個人の目標や役割を明確にする。そして三つ目は、「階層的組織特有の思考をセルフマネジメント・チーム型思考に置き換える」こと。すなわち、チームワークを重視し、チームが自立するように支援と励ましを与えることである。

[1] 徹底した「情報公開」

Yさんはまず、自社の経営状況を社員間で共有することから始めた。従業員満足度調査の分析結果も公開し、そこで挙がった社員からの質問に対して経営陣が一つ一つ答えを示した。また、改善提案については、該当部門全員で検討し、可能なものから実行に移していった。

特徴的だったのは、Yさん自ら顧客の現場に出向いて、自社商品の使い勝手などメーカー目線では分からない顧客からの声を取り上げ、社員全員に公開したことだ。企画担当者やデザイナーはそれを踏まえて、みんなでいろいろな改良を考え、ユーザー目線に立った新商品を出し続けた。そうした取り組みはT社でも経験のないことであり、社員たちも当初は「そこまでやるの?」とやや抵抗気味であった。しかし、新商品への好反応が増えるとともに、メンバーも自信と達成感を抱くようになっていった。

商品の企画・改良を進める中で、最初はYさんから意見を言うこともあったが、途中からメンバーに任せて進めるようにした。すると、企画メンバーは自ら顧客を訪問し、モニターを依頼して情報収集をするようになった。これまであまり重視してこなかった顧客アンケートについても、どのようなクレームが寄せられても社員全員にオープンにし、改善策を検討するようになった。その改善への取り組みの一つが「不良品クイズ」である。何が不良なのかを廊下に並べ、品質を高める重要性をクイズ形式で啓発していった。こうした施策が実を結び、数年後には、製品の優秀性が認められて表彰を受けるまでになった。

[2]「理念・ビジョン」と「仕事の意味」「自分の役割」を共有

T社は創業以来「お客さま第一」「社員第一」「地域貢献」という経営理念を掲げている。経営理念はややもすると、壁に飾って唱和する程度の「絵に描いた餅」になってしまうことが少なくない。T社が掲げていた理念も、ながめているだけでは当たり前のことが書かれているだけで、自分のこととして考えられるようなものではない。しかし、自分たちが作っているものが、危険を伴う工事の現場で使われるものであり、製品の不良は命に関わると考えれば一気に自分ごとになってくる。

そこでYさんは、社員同士で経営理念の意味を掘り下げ、問い直す取り組みを始めた。例えば、「お客さま第一」については、毎日行う朝礼でグループに分かれ、「もしも自分たちの作っている製品がもとで事故が起きたら、お客さまと大事な家族はどうなるか」を考える時間をつくった。それをグループ内や皆の前で発表し共有することで、次第に自分たちの仕事の重要性や、自分たちの使命とは何かを考える土壌が醸成されていった。そして、仕事の意義・使命に対する考え方も、自分たちは「現場で使うための製品を作っている」のではなく、「現場で働く人たちの安全と家族の笑顔を守っている」へと変わっていった。

こうした意識変化が、「[1] 徹底した『情報公開』」とともに進められた顧客からの情報収集や改善への取り組みを後押しする形となった。さらに、製品開発や工場が中心となっていた改善提案活動は、「"不"を取り除く小さな改善を積み重ねていこう(不:不便、不満、不要等)」というスローガンの下、全部門へ展開され、小さな積み重ねが、大きな安全をつくり出すという活動へと発展した。つまり、経営理念を深掘りして自分ごととして捉え直し、自分たちの仕事の意義を再度考えることで、「自分が貢献できることは何か」「自分の役割は何か」を見つけ、行動することができるようになったのだ。

[3] 階層的組織を「セルフマネジメント・チーム」へ転換

セルフマネジメント・チームへの転換において最も重要なカギになるのが、「管理職が部下のコントロールをいかに手放せるか」という点である。部長・課長といった管理職になると、自分自身が意識しなくても周囲の自分を見る目が変わってくるため､つい偉くなったような気になってしまう。そのため、自分の感覚に合わないものにはつい口出しをして変えさせる、ということが起こってしまう。T社の場合、このコントロール欲求を排除することも一つの大きな壁だったという。上司の立場からすると、「失敗しないように」という親心でもあるのだが､「意見は言うが、決めるのはチームメンバー」という姿勢を貫くよう、Yさんは管理職に言い続けた。

逆に、先代の薫陶を受けて育ったベテラン組の中には､「自分では決められない」「言われたことはやり切るので決めてくれ」という人もいた。このような行動を変えていくのに一番時間がかかったという。「失敗から学ぶ」という考え方をYさんが率先して実施したことが、組織全体として「自分で考え実行する」という文化風土を醸成することに成功した大きな要因であった。

そのためにも､会社全体として失敗を前向きに受け入れられる､「心理的安全性」を担保できる組織風土をつくることが重要であったことは言うまでもない。

課題解決のためのヒント

組織変革というと大げさに思えるかもしれないが、その道のりはちょっとしたことの積み重ねである、ということがこの事例から見えてくる。一つ一つは特にこれといった特別な手法があるわけではない。組織変革に成功した人の多くは、「当たり前のことを当たり前にやった結果」と語っている。

それを考えていくと、組織変革とは「組織や個人の行動様式を変えること」ではなく、「組織や個人が本来持っている状態に戻してあげること」ともいえるのではないだろうか。

また、ここでは経営者の事例を紹介したが、ミドルマネジメントであっても同じようなケースが起こり得る。あまり経験のない部署に赴任して改善をしなければならない、問題のある部署の立て直しを命ぜられた、出向先のグループ会社で手腕を発揮しなければならない、海外の関連会社に管理職として赴任する――意外とこうした機会は少なくない。そういう機会に遭遇したときには、この事例で挙げたポイントを思い出してほしい。

5 高いパフォーマンスを上げる組織文化・風土の形成

組織風土改革はトップと人事で進める「仕事の進め方改革」

CASE

生活情報サービス業のD社は、前職で営業マンとして辣腕(らつわん)を振るった社長が立ち上げた会社である。営業の仕事が面白く、やりがいを感じていた前職時代の社長は、(今では考えられないことだが) 数カ月も休みなしで長時間勤務の仕事を続けていた。当時、自社の保有する情報だけでは本当に有益な情報を提供できないと分かると、(もちろん合法的に) 他社の保有する情報まで提供してお客さまに大変喜ばれた。このときのお客さまの喜ぶ顔が忘れられず、「お客さまに役立つ情報を提供する会社」をつくろうと起業を決意した。

社長にとっては上記のような働き方が当然であったため、起業後は、社員に対して強要はしないものの、長時間労働をいとわない規範を作ってきた。仕事に対する想い、とりわけお客さまに喜んでいただくことに対する想いは非常に強く、いいアイデアが思いついたら明け方まで議論を続けることも少なくなかった。そんな生活に耐えられない社員の離職率は高かったが、あまり気にも留めなかった。

あるとき社長は、他社で従業員満足度調査が注目されていることを知り、特別な課題意識はない中でD社でも実施してみた。「これだけ毎日充実した仕事をしているのだから、社員の満足度も高いだろう」と思い込んでいたが、診断結果は「C判定 (SABCDの5段階評価)」であった。D判定がほとんど出ないことを考えると、全国平均からしてもかなり低い評価結果だった。これを機に、社長は「働きたい会社No.1」プロジェクトを本格的に立ち上げ、組織や人事の在り方を抜本的に変えることにした。その結果、10年後には従業員満足度調査で全国トップクラスになり、主催会社から表彰された。関連会社も10社以上に増え、従業員数も10倍以上になった。

D社は、どのようにして組織風土改革を実現し、他社がうらやむような企業文化を形成するに至ったのだろうか。

解説　D社の事例から考える組織風土改革のポイント

1 トップの想いをベースに社員の挑戦を引き出す

本項では、D社の事例を基に、組織風土改革を進める際のポイントについて解説する。

当時社長は、「自分の考えていることや想いは必ず伝わっているはず」「自分が先頭に立って仕事をしていれば伝わらないわけがない」と考えていた。また、「そうでないとおかしい」「自分の想いを受け取れない社員は辞めても仕方がない」という程度にしか考えていなかった。したがって、せっかく入社した社員が退職しても、あまり気にも留めなかったのである。

しかし、社員満足度調査の結果から、自分の想いが社員には全く伝わっていなかったことを知り、大きなショックを受けた。経営理念を打ち出してはいたものの、その背景にある意味や想いまでは、ほとんど社員に伝えてこなかったことに気付いたのである。これをきっかけに、社長は自分の想いを「ストーリーテリング」という形で可視化することにした。

「ストーリーテリング」とは、印象的な体験談やエピソードなどの「物語」を引用することによって、伝えたい想いやコンセプトを想起させ、聞き手に強く印象づける手法のことである。抽象的な単語や情報を羅列するのではなく、物語を時系列で語りビジョンを見せることで、①多くの共感を得ることができ印象に残る、②物事の価値をより伝えることができる、③聞き手が主人公になれるという三つの特徴がある。近年は、理念共有はもとより、さまざまなプレゼンの場でも活用されている。

D社ではこのストーリーテリングが功を奏し、社長の想いは社員から好意を持って受け止められた。

ところがその後、お客さまへの継続的なフォローを目的とした事業を社長主導で立ち上げ運営していたが、あまり盛り上げらないまま停滞してしまった。社長は、この段階になって初めて、「結局、自分の想いを社員に押し付けるだけで、新しい事業を創る組織風土と仕組みが欠けていた」ことに気付いた。そして、「自分が考えて社員にやらせるのではなく、社員が自ら発想し実践する会社にしよう」という想いを抱くに至った。

これを契機に、D社では「企業文化や組織・人事システムは、すべて経営理念の実現に向けて社員の挑戦を引き出すように設計する」という思想の下で改革を進めていくこととした。

2 トップと人事で進める組織風土改革

[1] マトリクス組織はタスクフォース優先

D社の社長は、顧客フォローを行う新規事業を立ち上げた当時、「新しい生活の提案と『安心と喜び』を得られる社会の仕組みを作っていく」という理念の下、従来の生活情報サービスの提供を行う機能別組織と、新しい事業開発を進めていくタスクフォース組織を同時に進めるマトリクス組織を導入していた。

マトリクス組織には、機能別組織の利点である専門性を保持したまま、市場の変化に素早く対応しながら業務を推進できるメリットがある。一方で、1人の社員に対して複数の指示系統が存在するため、マネジャー間の意思疎通が重要になり、業務の推進よりも内部調整により多くの時間を要する場合があるというデメリットもある（マトリクス組織については、「**9 変化対応力向上への挑戦**」も参照）。

マトリクス組織を導入後のD社においても、このデメリットが全面的に発生していた。本業である生活情報サービスが成長基調であったため非常に業務量が多く、機能別組織の長が「タスクフォースに参加する時間があったら本業をしっかりやれ」と、タスクフォースに参加する若手をけん制する事態が度々起こった。これにより、新規事業を担うタスクフォースは停滞が起こり始めたのである。

そこで社長は、「当社の理念に沿って考え、タスクフォースの参加に足止めをするのはやめよう。今後は既存業務の外部委託化等で効率化を推進することにしよう」という方針を打ち出した。この判断の背景には、「マネジャーは自部門のことのみならず、全社の将来のことも考えて仕事を行う役割がある」という考え方があった。ついつい目の前の業務に集中してしまうことを戒め、本来の自分の役割を思い起こさせるには十分な方針であった。

新規事業のタスクフォースは、社内の審査を経て選抜され正式に発足するため、タスクフォースが同時に何十本も走っているわけではない。起業家精神を持つ若手の才能を開花させ、D社のグループ企業として新会社設立につなげる意図があった。このタスクフォースから、当時入社2年目であった若手が社長になった例もある。なお、新規事業提案は、入社が内定した学生でも可能であることを付け加えておく。

[2] 社員満足度調査のフィードバックと改善活動

D社では社員満足度調査の結果を100％社員に公開している。また、部門別のデータも取っているので、調査結果が悪かった部門には、人事部門を通じて改善策を検討するよう推奨している。あくまで推奨にとどめ、強制的に実施させることはない。ただし、調査は毎年実施しているので、改善が見られなかったら警告、それでもダメであれば部門長交代という厳しい措置が待っている。

[3] 役員の方針宣言と社員からのフィードバック

D社では役員も、自分の管掌業務に関する「行動宣言」を打ち出し、社員に公表する。半年ごとに社員が行動宣言の実践状況を評価し、上記と同じく評価の低かった役員は社長面談が行われ、改善を要求される。それでも改善がなされなかったら警告、それでもダメな場合は役員交代という厳しい処置が待っている。こういう仕組みを導入すると、役員が社員に厳しいことを言えなくなり迎合するケースも他社では見られるが、D社では常に「理念に沿った行動が取られたか、その上で成果を出しているか」が問われる形になっているので、こうした問題は生じていない。

また、社員には新規事業等の発案を推奨しており、社長に直接提案できるルールとしている。社内では、社長を「○○さん」と愛称で呼ばせることにし、月1回のランチミーティングを通じて何でも言いやすい環境もつくり出している。

[4] 理念を自分ごととして語る会

理念主導型の経営をしている企業は、少なからず定期的にこういった会合を開いている。できるだけ社員が一堂に会する場をつくり、「ピザパーティー」のような気軽な形式とするなど、社員が参加しやすいように工夫している。スピーチを担当する社員は、前述のストーリーテリングの手法を活用し自分の経験を発表する。きれいなパワーポイントの資料を作ったり、奇をてらったりという演出は一切ない。等身大の自分で、理念との関わりを自らの経験と重ね合わせて語る。

それに対して、聴いているメンバーからは質問が飛んだり、自分も同じ経験をしたと同意の声が飛んだりする。もちろん聴いているだけのメンバーもいるが、自分の経験と重ね合わせ内省をしている。

この会で行われていることは、単に理念を共有するというだけではなく、「自分の内なる価値観を探り、自分の行動の原点を見いだす」というプロセスである。入社までは自分の価値観に気付いていなかった社員も、この「語る会」を通じて、自分の内なる動機や価値観に気付いていくことが多い。

3 カルチャーフィットの人材採用により個人の能力を最大限発揮させる人材マネジメント

D社の人事部門は、「社員の能力発揮を阻害する要因を排除する」という考え方に立ち、人材マネジメントを実施している。

[1] 採用は、理念と企業文化に合う人

D社の採用活動では、「理念と企業文化に共感した人材だけを採用する」という方針の下、「優秀だけれど価値観が合わない」社員ではなく、「優秀でなくとも価値観が合う」社員を採用している。理念や価値観の合う人を優先し、それを通過した人材に対して能力・スキルに基づく選考を行う。

具体的には、「上司の指示の下、徹底して働く社員」ではなく「自律して働ける社員」であるかどうかを選考基準の一つとしており、そのために「BEI: Behavioral Event Interview」と呼ばれるコンピテンシーインタビューを徹底して行っている［図表3-3］。BEIでは、過去の特定の成功体験やイベントの概略を最初に述べてもらい、その成功体験についてなぜ、どうして、どのように取り組んだのかを、回答を誘導しないように事実のみを聞き出していく。将来の希望ではなく過去の事実を丁寧に掘り起こしていくインタビュー方法である。人間は時を超え、場所を変え、テーマを変えても根底では同じような考え方や行動を繰り返すため、BEIによって入社後の自社への適応が可能かどうかを判断することができる。

この方式を採用してから数年後、D社では、蓄積されたインタビュー結果から導き出される内定者の傾向を分析した。併せて、社内で活躍している人（スタープレーヤー）を分析し、さらにその結果を採用時のBEI面接などに活かす試みがなされている。この面接では、応募者がどのような強みを持っ

図表3-3　BEI面接の構造・ステップ

【BEI面接とは】
被面接者が過去に行った仕事や活動について、そのときに考えたことや取った行動などをインタビューによって掘り下げることで、被面接者の価値観や行動特性を明らかにする手法

【BEI面接の構造】
1. あなたが経験した状況やタスクはなんですか？　（状況やタスク）
2. あなたがそのときに取った行動はどのようなものですか？　（行動）
3. その行動によって生まれた結果はどのようなものでしたか？　（結果）

【評価のポイント】
1. 成果につながる行動を評価する
2. 再現性のない行動は評価しない
3. 行動レベルで検証可能かどうかを判断する

第一プロセス Plan	第二プロセス Do / 第三プロセス Check / 第四プロセス Action	成果・結果
・これまで自分自身が成功したと思える実践例を話してもらう（どのようなテーマで、何をしたか）。 ・その目的や背景、重要成功要因を確認する。 ・最初のプロセス（まず最初に何をしたか）を特定する。	・具体的に何をしたか、その次に何をしたかを明確にし、行動を浮き彫りにする。また、なぜそれを最初に実施したかを質問する。 ・実施するときにどのようなリスクが予想されたか、それを回避するためにどのような施策を打ったかなどを質問する。 ・苦労した点、工夫した点、考えた点なども具体的に質問する。 ・周囲を巻き込んだか、単独で実施したかなども質問する。 ・その時の自分の役割なども聞く。自分がリーダーとして仕切ったか、メンバーとして行動したかなども質問する。 上記のような質問を通じて、具体的な行動を深掘りする。	・成果を特定する。（とても重要：成果を出すために何を実施したかといったことを確認する） ・結果として得られた成果は何かが明確でないと、ただやみくもに実施したにすぎない、ということになってしまう。

ているかを、面接者から面接終了後にフィードバックしている。採用試験に受からなかった応募者からも、第三者からのフィードバックは次の面接に向けた励みになると非常に好評である。

[2] 人事評価：自社が重視する価値観を体現する人物を評価

当然のことだが、人事評価は報酬を決定するためだけに行うものではなく、社員が経営の方向性と合った行動を取っているかどうかを判断し、評価し、人材育成につなげていくものである。その当たり前のことを当たり前のように実施しているのがD社の人事評価である。

D社の人事評価制度に特段変わったものはないが、評価の納得性を担保するため、上司が成長を促進するためのミーティングを頻繁に行っている。上司は質問を主体とした面談を行うが、必ず聞くのが「君の仕事を進める上で、何か私にできることはないか」である。それによって支援的なスタイルをより推進することが目的である。よくあるのが「何かあったらいつでも相談に来い」であるが、D社はそれをせず面談の場で解消するようにしている。これを繰り返し行うことで、上司に相談するという心理的なハードルが低くなり、日ごろから相談に行く習慣が出来上がる。このように、心理的安全性を担保するという組織文化を形成するための小さな仕掛けを随所に埋め込んでいる。

[3] 個人のキャリア形成

D社では、定期的な人事異動は行っていない。部門間での異動を行う際は社員の希望を優先し、会社からの一方的な異動命令はない。これは「自律型社員を採用する」という採用方針とも連動する考え方であるが、「自分のキャリアは自分でつくる」という方針が根底にある。他社によく見られるような標準的なキャリアパスもなく、自分のキャリアビジョンを上司と共有し、上司は部下のキャリア形成を支援する体制を取っている。前述［2］のように、面談で上司が部下に「君の仕事を進める上で、何か私にできることはないか」という質問を投げ掛ける背景には、キャリアに関するこのような考え方があるのだ。

また、ボランティア活動などプライベートな取り組みや社会貢献活動を会社が支援する制度も用意している。それによってワーク・ライフ・バランスも実現できるように支援している。

課題解決のためのヒント

社長が始めた「働きたい会社No.1」プロジェクトは、役員クラスからの批判もあったし、趣旨がうまく伝わらず離職した人も少なからずいる。また、組織文化をつくり上げていくということは、1年や2年といった短い年月で実現できるテーマではない。しかしこの活動を積み上げていく中で、会社の価値観に合う人材がどんどん入社してくるようになった。

組織・人事システムは、すべて経営理念の実現に向けて社員の挑戦を引き出すように設計することになっており、社員の内発的動機づけを高めることが重要なポイントになっている。すなわち、「自分で考えて、自分で決定し行動する」という基本原理が守られていることが、高いパフォーマンスを上げる組織文化・風土の醸成に寄与しているのである。

会社を生活のために働く場ではなく、自己実現する場にするためには、社員に向けた経営トップの強い思いと、それを社内制度として具体化し運用を進める人事部門の役割が非常に重要であることを教えてくれる事例である。

6 「1on1 ミーティング」のススメ

次世代の働き方に向けたマインドづくり

CASE

大手電機メーカーＡ社の人事部長Ｘは、事業部別の従業員アンケート結果を見てＢ事業部のことが気になった。

Ｂ事業部は近年業績も好調で、上層部から聞こえてくる話では部門内の風通しも良い様子である。人事評価結果を見ても、上司による一次評価、二次評価が適切に行われているようである。

ところがＢ事業部は、他部門に比べて従業員アンケートの結果が芳しくない傾向にある。具体的には、

「上司が話を聞いてくれない。面談の機会すらない」

「自分のどこが評価されていて、また、どこに課題があるのか分からない」

――という声も上がっている。

Ｂ事業部の数名の管理職に聞いてみると、

「いや、日ごろからメンバーとはよく話をしていますし、部門全体としてコミュニケーションはしっかり取れていると思いますよ」

「半期ごとの面談はしっかりとできていますよ」

――と言う。確かに、形式的には社内のルールに沿って、評価のための面談が行われているようである。

Ｂ事業部では今後、部門全体としてテレワークの推進も予定しており、社員間で顔を合わせる機会が少なくなるため、コミュニケーションの問題は今のうちに何か手を打っておきたい。そう思い始めたＸ部長だが、何か有効な施策はあるだろうか。

解説　頻度の高い対話とフィードバックを仕組み化する

1 取っているつもりのコミュニケーション

組織内のコミュニケーションがうまく取れていないという話は、いつの時代も、どのような組織においても存在する問題である。人事制度との関連でいえば、人事評価のプロセスで行う面談は上司とメンバーとのコミュニケーションツールの一つであり、この場を有効に活用することが、人事評価の納得感を高めることのみならず、上司とメンバー間の信頼関係の醸成やメンバー育成の側面でも有効である。

人事評価面談は、上半期末や年度末に行われることが多い。この面談を巡る問題として、メンバーの側からは、次のような声がしばしば聞かれる。

(ア) そもそも面談が行われていない

(イ) 面談が行われていても形式的に評価を言い渡されるのみであり、自分から発言できる機会がない

それに対して、上司の側からは以下の反論が返ってくることが多い。

(a) 年度末・年度初めは繁忙期であり、面談をしている時間がない

(b) 面談はできていなくても、十分にコミュニケーションは取れている

もちろん、同じ組織内でも上司やメンバーによって面談の方法も異なれば、コミュニケーションスタイルも変わる。よって、一概に解決策を論じることはできないが、まずは「対話の機会を増やす」ことから始める必要がある。

2 「1on1ミーティング」制度の導入

事例のB事業部は、他社でも導入している「1on1ミーティング」制度を導入することで対話の機会を増やすことに成功した。この1on1ミーティングはさまざまな形で企業に導入されているが、B事業部は以下のようなルールで導入した。

①必ず月に1回、上司とメンバーが面談を実施する（議題がないことを理由に省略することは禁止とする）

②対象者は、正社員全員とし、原則として育児休業等による休業中の社員も含むものとする
③面談時間は1回15分とする。15分を超えそうな場合には、翌月にその話題を繰り越す
④面談終了時に翌月の面談の日程を決めておく
⑤面談内容について、上司から人事部等への報告は不要とする
⑥話題が出てきやすいように「1on1ミーティングガイド」を作成し、人事部が上司に配布する

これらの各項目は、上司・部下のそれぞれが挙げた、前記（ア）−(a)、（イ）−(b）の課題に対応したルールである。いわば、強制力をもって面談を実施することで「声を聞いてくれない」というメンバーに配慮し、また、15分を超えないこと、報告を不要とすることで上司への過度な負担を避けようとしたのである。

ポイントは「事業部の制度としてコミュニケーションの機会を設ける」ところにある。これまでも自発的にチームメンバーとの面談を実施する上司は存在していたが、これは仕組み化されていないので、上司によって面談実施の有無や頻度に差が出ていた。また、繁忙期になれば、実施を予定していても見送られてしまうケースもあった。そこで、「毎月1回・15分」と決めることで、メンバー誰もが上司と対話する機会を得られるようにしたのである。

当然のことながら、このような制度化は上司側の負担増につながる。制度導入に際して、B事業部の上司側から聞かれたのは、第一に「時間に余裕がないので、面談は全員ではなくケアが必要なメンバーだけを対象にすればよいのではないか」という懸念の声、第二に「そんなに話をすることがないのではないか」という不安の声である。

第一の時間的な負担は、避けることのできない課題である。しかしながら、実際に制度として実施したB事業部では、「業務のアサインがやりやすくなった」「高業績者のパフォーマンスがさらに上がった」とのプラスの評価が上司側から聞こえてきた。年間を通じた上司自身の業務負荷を軽減するために

も、この制度が機能していることがうかがえる。

第二の点は、前記⑥に挙げた「1on1ミーティングガイド」により解決した。毎月面談を実施すると、「今回は話すことがない」といった声が、上司側からもメンバー側からも聞こえてくる。議題がなくなれば、面談を省略しようとするのは当然だ。そこで、下記のような上司側の「話題リスト」を設け、対話が途切れないよう工夫をした。

- 今月、最も注力した業務は何か？
- 先月と比べて、どのような点で自身の成長を感じることができたか？
- 来月、気掛かりな業務はあるか？
- 体調はどうか？
- 今月の○○研修で、どのようなことを学んだか？

このリストのポイントは、「今月、面談で話題にしたこと」「来月、確認することと」のチェックリストを兼ねていることである。

メンバーの人数が多くなれば、前月の面談内容をすべて覚えておくことは難しいが、あまりにも覚えていないと面談相手の心証を害しかねない。そこで当月の面談時に、次の面談で確認する項目をあらかじめリストからチェックしておき、次月の面談の際にそのチェック項目を確認することで、毎月の面談に連続性を持たせるようにした。

また、1on1ミーティングの導入により、B事業部における人事評価面談を巡るメンバーからの不満も減少した。「毎月面談することによって、メンバーが評価を納得して受け入れている」という上司側の声が複数上がってきている。1on1ミーティングにより面談の頻度を上げれば、具体的な成果や行動に対する記憶が明確な状態でフィードバックを行うことが可能となったためである。

3 1on1ミーティングの目的の明確化

B事業部は、「定期的な面談の機会を設け、コミュニケーションの活性化を図る」ことを目的として1on1ミーティングを導入し、それ以上に目的を具体化しなかった。結果として、B事業部においては制度が定着したが、本来、人事部としては、制度の導入目的をより明確に定めるべきであろう。

実際に、「コミュニケーションの活性化」という抽象的な目的で導入したものの、「自分はコミュニケーションが取れている」「人事評価のための面談は既に実施している」等の意見が多発し、制度が形骸化してしまう例もある。そもそも、1on1ミーティングは、単に人事評価の納得性を高めることのみならず、メンバーのキャリア形成支援、業務負荷の調整、離職防止、メンタルヘルス不調防止等の対策、ハラスメントの事前察知、職場環境の改善等さまざまな方面で機能する。目的をしっかりと理解させることが、1on1ミーティングの継続的な実施につながるものと考える。

4 1on1ミーティングにより、次世代の働き方に対応する

近年、ダイバーシティへの取り組み、テレワークの普及、成果主義を採用する企業の増加等、働き方を巡り多くの変化が起きている。同じ組織のメンバーであってもそれぞれ価値観が異なり、単一の考え方を押し付けることはできない。

また、メンバーが目の前にいない環境で仕事を進めることも増えてくる。行動が見えない分、「成果を問う」仕事の進め方にシフトする。この場合、目指す成果のレベル・内容について意識合わせをし、状況の変化を踏まえて都度見直しをしなければならない。同じ環境下にいれば、状況変化を肌感覚で共有しながらそれとなくベクトルを擦り合わせることができるとしても、テレワークではそれが難しい。これまで以上に積極的にコミュニケーションを取ろうとする意識が必要になる。

環境変化の下で、企業にはこれまで以上に「多様性への受容」と「変化への対応」が求められ、その分、企業と従業員、上司とメンバーとの信頼関係が必要となる。この点、1on1ミーティングが根付いている会社では、ミーティングを通してコミュニケーションを取ろうとする姿勢が生まれ、信頼関係が形成されることにより、次世代の働き方をより良く実現できるのではないだろうか。

人事評価の観点からも、組織マネジメントの観点からも、上司とメンバーとの適切なコミュニケーションは必要不可欠であり、そのためにはある程度のコミュニケーション回数が必要となる。この点、組織で何らかの制度を設け、1on1ミーティングのように定期的かつ頻回なコミュニケーションを重ねる仕組みを構築することが有用である。

特に、今後、ますます多様な働き方が求められる中で、これに対応するためには、上司とメンバーの信頼関係の構築が必須である。まずは1on1ミーティングを導入することで、コミュニケーションの機会を増やし、次世代の働き方を実現するためのマインドづくりを始めてはいかがであろうか。

7 ダイバーシティ推進のその先にあるもの

職場のメンバーの貢献にどのように応えるか

CASE

女性社員が継続して働くことができる仕組みづくりは、法律に後押しされる形で進んできた。その結果、残念ながら職場によっては弊害が生じている。例えば、制度を利用して家庭生活との両立を実現する社員がいる一方で、制度を利用する社員と、職場の他のメンバーとの間に軋轢（あつれき）が生じるケースである。このほか、出産適齢期の女性社員が多く、産休や子育てのタイミングが重なって人手不足に陥るケースも見られる。

■A社

多くの小売業がそうであるように、A社の現場で働く人材には、出産・育児の適齢期の女性社員が多い。子育て社員は休日・早番・遅番を希望しないことが多く、平日の定時のシフトを彼女たちが占めることで、結果として子育てをしていない社員が負担の大きい時間帯をカバーする状態が続いており、不満が生じていた。管理職は、子育て社員とそれ以外の社員の両方に配慮が必要で、板挟みの状態にあった。一方、子育て社員は制度を利用しつつも、職場の他のメンバーに負担を掛けていることを気にして肩身の狭い思いをしており、職場のメンバー全員が不満や居心地の悪さを感じていた。

■B社

B社では、産前産後休業、育児休業等を利用する社員が出た場合、派遣社員を受け入れて欠員を埋めるなど、業務量増加への対策は取られていたが、引き継ぎや本人の職場復帰後のフォローなどで、職場のメンバーには少なからず負荷が生じていた。制度を利用する社員の増加を見込んで、ダイバーシティを支える職場のメンバーに対する施策検討が望まれていた。

ダイバーシティ施策を進めつつ、職場のメンバーが一丸となって業務に取り組む環境づくりには、何が必要だろうか。

解説　メンバーが多様化する中で、一丸となって目標達成に取り組む環境をつくるために必要なことは何か

1 ダイバーシティ推進施策が進んだ組織で起こること

ここ数年、日本企業では多様な人材の労働参加・活用を促す施策の導入が進み、女性の活躍推進に向けては、出産や育児をきっかけに退職することなく、キャリアを継続できる環境が整備されてきている。

しかし、課題解決のための取り組みが欠けたまま、法律の要請に応える形で諸制度の導入が進められた結果、制度利用者にとっては働き続けやすい環境が整えられつつある半面、職場の他のメンバーの負担の上にそれが成り立っている企業も少なくない。出産・育児のケースを例にとってみると、職場で誰かが産休を取得する場合、仕事の総量や達成水準、期日などは変化しない一方で、人員が減った分の仕事は他のメンバーが分担して対応することになる。他のメンバーからすると仕事が純増したと感じるだろう。

派遣社員や他部署からの異動によって欠員を補充する場合でも、受け入れのやりとりや業務に慣れるまでのフォローのために負担が生じることは避けられない。また、多くの場合、本人の復帰後は派遣社員など外部からの支援は引き上げとなる。一方で、本人は子育てをしながら復帰するため、緊急時対応や残業を伴う仕事は難しく、引き続き、職場で他のメンバーがフォローする場合が多い。当初からこのような事態を想定して、子育て中の社員には緊急対応が求められる仕事は割り振られないこともある。

ダイバーシティ施策は本来、多様な人材の力を生かして組織パフォーマンスの最大化を図り、働きやすい環境づくりを進めるための取り組みである。しかし現状では、A社やB社の例のように、ダイバーシティ施策の推進によって職場のメンバーの負荷が高まり、制度を利用する本人と他のメンバーとの分断が生じるケースもしばしば見られている。こうした分断が生じた組織では、社員の能力を十分に引き出せない上、チーム一丸となって目標達成に取り組む意識が育まれにくくなる。

ダイバーシティ施策の対象は、シニア社員や障害を抱える社員、外国人労働者とさまざまだが、ここでは女性活躍推進の取り組みを例として、職場内

での負担の偏りにより不都合が生じているケースの課題改善について考える。

2 ダイバーシティ施策を支える社員の貢献に対する報い方

[1] 貢献に金銭的報酬で報いるケース

A社では、子育て社員以外のメンバーの負担に金銭的報酬で報いることとした。A社は恒常的な人手不足のために業務負荷が高い上、一部の社員に負担が偏る状態が続くことを理由に退職する人材が後を絶たず、人事部は常に欠員補充のための採用を行っていた。このため、従業員満足度を向上させて離職を防ぐため、早急に従業員の理解を得られる対策を講じる必要があった。そこでA社では、誰もが嫌がり身体的負荷も高い早番・遅番のシフトに入った場合に支給する手当を新たに設けることとした。

制度の検討に当たり、社内でヒアリングを行ったところ、社員の多くは早番・遅番など負荷の大きいシフトに入ることの必要性と重要性を認識しつつも、子育て社員の負担軽減のために自分たちが犠牲になる状況に不公平を感じていた。このため、早番・遅番手当の新設は分かりやすいし、働いた分だけ報われるので歓迎したい、との意見が寄せられた。一方、子育て社員からは、職場の他のメンバーに負担が掛かる状況に肩身の狭い思いをしていたので、手当の創設は公正と感じるとの回答を得た。

導入する以上、社員の受け止め方を考慮する必要がある。A社の場合、シフトに入った回数に応じて手当を支給することで、シフトに入るメリットを社員が実感できるようにした。手当の導入と金額設定について、経営層の承認が得られるか懸念されたが（手当額はシフト1回当たり1000円に設定したが、対象となる社員の人数が多く、月額で約500万円の原資が必要だった）、人件費増額に対して、欠員補充のために生じていた採用・育成コストの減少分や、会社業績に貢献する社員の処遇改善とサービス品質向上への期待（従業員満足度の向上がサービス向上につながる）が総合的に評価され、手当の新設が実現した［図表3-4］。

図表3-4 貢献に金銭的報酬で報いる場合のメリットと検討のポイント

メリット	・負担と手当の関係が明確で即時性（毎月支給）がある ・負担を受け入れるインセンティブが社員に生じる ・支給基準が明確で、運用がしやすい
検討ポイント	・費用対効果が妥当か

導入後、若年層を中心に手当が支給されるシフトに入ることを希望する社員が一定程度現れ、人員の融通も利きやすくなった。また、社員の不満や負担感は金銭的報酬によってある程度解消され、人材流出にも歯止めがかかる形となった。

[2] 貢献に非金銭的報酬（感謝と認知を伝えること＝称賛）で報いるケース

B社は、女性社員の消費者としての目線を商品開発やマーケティングに活用することを重視し、ダイバーシティ施策の推進を全社で取り組むべき課題と位置づけている。一方、同社の社員年齢の構成上、今後はさらに出産・育児の適齢期を迎える社員が多くなることが予想されていた。加えて、男性社員の育児・介護休業取得の促進にも取り組む方針であり、こうした制度の利用者増加を見込んで、職場のダイバーシティ推進を支える社員に報いる施策の検討が望まれていた。

そこで同社は、育児・介護休業や短時間勤務等の制度を利用する社員を支えたチームのメンバーに対して、「全社で目指すダイバーシティ推進職場の実現に対する貢献」を表彰する制度を新たに設けることとした。

表彰の様子は社内報に掲載し、ダイバーシティに対する経営の方針を伝えるとともに、職場のメンバーの貢献をたたえる場とした。表彰を受けたチームには30万円ほどの報奨金を授与し、サポートの状況に応じて上司がメンバーに配分することとした。

配分される1人当たりの報奨金は高額ではなく、負担への対価としての性格は弱いものの、この制度のメリットは、社員の日ごろの貢献を会社として認めて、公の場で感謝を表明する点にある。A社のように手当を支給した場合、金銭が明確に絡むため言明しにくく、広報誌などを活用して定期的に社

図表3-5 貢献に表彰で報いる場合のメリットと検討のポイント

メリット	・日ごろの貢献を認めて、会社としての感謝を公式に表明することができる ・表彰する側の裁量が大きく、運用の柔軟性が高い
検討ポイント	・職場にどの程度の不満がたまっているか。表彰制度は即効性のある取り組みではないが、職場の不満を解消するのに十分か ・一過性の施策とすることなく、人事部として継続して取り組む余力があるか

員の貢献を認めるメッセージを発信することは難しいのではないだろうか。

一方で、表彰制度は、貢献してから表彰されるまでにタイムラグがあるため、即効性のある取り組みとは言い難い。職場の不満が高まっていて、人材の流出が起きている企業では迂遠（うえん）な取り組みとなるだろう。また、表彰の対象範囲を明確にせず、ある程度緩やかに運用する場合、その運用の力量も試される。各職場で適切な対象を選定できるか、人事部で制度を運用する余力があるかも検討すべきポイントである［図表3-5］。

3 報酬以外による状況の改善

[1] 制度を利用して働く本人が働きやすくする取り組み

報酬以外での状況改善の方法として、子育ての制約を受けながら働く本人が、制約を意識せずに働くことのできる環境を整える施策も有効だ。

子育て中の社員は、緊急時の対応や宿泊を伴う出張が難しいなど、業務に制限があることを理由として、本人に仕事を十分任せきれていないケースが少なくない。このようなマネジメントを行っていると、職場の他のメンバーの負荷が高まるほか､本人のやる気をそぎかねない。不測の事態が起きても、職場のメンバーで補い合うことができる環境の整備や、テレワーク等を併用して勤務時間・場所の制約を緩和するための取り組み、さらには、業務の平準化によって他のメンバーがしわ寄せを受けることがないような仕組みをつくることが求められる。

[2] 業務の見直しなど職場の負荷軽減に向けた取り組み

特定の制度を利用する本人だけでなく、職場のすべてのメンバーが、仕事もプライベートも充実させることができる環境づくりも必要だ。待遇に偏りがあると、「子育て中など特別な社員だけが恩恵を受けて、自分たちはそうではない」という不公平感が生じやすくなる。誰もがプライベートを充実させられる環境づくりとして、有給休暇の取得率の向上、定時に帰宅できるようにするための業務の配分の見直しなどの取り組みが期待される。

さらに踏み込んで、業務そのものを見直すことも重要である。実態を確認すると、他部門の期待に応える形で肥大化した（サービスレベルを向上させてきた)業務を抱えるケースが多くの企業で見られる。業務の整理・統合や、納期の見直しなど、サービスレベルの適正化を図ることが有効であり、その場合は全社的に業務を見直すことが必要である。

さまざまな事情を抱える社員が、ダイバーシティ制度を活用して働き続けることができる環境は、多くの企業で整いつつある。今後さらにダイバーシティを進めるためには、当人を支える職場の他のメンバーに対して、金銭的・非金銭的報酬を組み合わせて報いることが必要だ。加えて、ダイバーシティ施策の検討をきっかけとして上司のマネジメントや業務そのものの見直しにつながるとより良い。

いま一度職場の状況を確認して、当人以外の職場のメンバーに負担が掛かっている実態があれば、改善策を検討してはどうだろうか。

8 スピードと顧客志向を高める組織デザイン

顧客への提供価値を高める一貫した組織づくり

CASE

G社は、創業者の長男が2代目社長を務める社員数50人ほどの出版社だ。小規模ながら、創業当初からジャンルにこだわらず、その時代に求められるものを編集者の情報収集力とセンスで出版してきた。

使い勝手のよいもの、実用的なものを提供することで、読者が新たな行動のきっかけをつくっていけるような書籍を提供していく。読み捨てられない書籍、一家に1冊必ずあるような書籍で、世代を超えて読み継がれるものをつくっていきたいというのが社長の想いだ。

本屋大賞に選ばれるようなすごいヒット作品はないが、何年にもわたって売れ続ける書籍があるので、昨今の出版不況下でも何とか持ちこたえている。しかし、個人の発想やセンスだけでは、企画書が提出されるまでのスピード感が圧倒的に遅い。良いアイデアが出てきたとしても形になるまで時間がかかり過ぎる。

また、営業は書店に早く紹介し、売り上げに結びつけたいので、「いつできるのか！」と編集者に催促するばかり。

機能別組織を採用し、それぞれの分野、持ち場で専門性を発揮しているが、気が付けば、マネジメントができる管理職人材がほとんど育っていない問題も抱えていた。

こうした状況に社長は、「出版業界の厳しい現状は社員も十分に分かっているはずなのに、スピードは遅いし、顧客に突き刺さる企画もなかなか出てこない。全体を見る人間は自分しかいないし、何とかならないものですかね……」と嘆いている。

このような状況で、G社は何を考えて進めなければならないのだろうか。

解説　個人の問題に帰結させず、組織全体をデザインし直す

1　激しい環境変化に対応できない組織体制

G社の社長が抱える問題は、各社とも悩み深いところではないだろうか。

この問題の一つ目は、「書籍の企画を個人に帰結させてしまっていること」である。業界自体が安定した成長期であればそれもいいかもしれないが（事実そうして生き残ってきた）、業界自体がデジタルコンテンツに押され衰退気味であり、紙媒体の書籍中心の業態であれば乗り遅れてしまうことは必至だ。かといって、すぐにデジタルコンテンツに切り替えればいいという話でもない。書籍にこだわりのある人材がすぐに切り替えてデジタルコンテンツの仕事ができるかというと、ノウハウ不足に加えておそらくモチベーションも上がらず、簡単には移行できないであろう。

二つ目の問題は、「組織間の連携が取れていないこと」である。一言でいうと「編集はつくる人、営業は売る人」といった機能が固定化していて、顧客志向で全体を見る人が社長しかいないことである。

機能別組織は、急激な変化の少ない安定的なビジネス環境において、組織内部の効率性や生産性の向上が成功要因となるような企業には向いているが、変化の激しい業界、スピードを求められる業界では向かないといわれている。

メリットとしては、意思決定を組織トップに集中させることができ、効率的に業務を進めることができることと、業務を専門化するために、専門人材を養成するには適していることが挙げられる。しかし、全体よりも部門利益を優先させてしまうことと、急激な外部環境の変化に対応しづらいことがデメリットである。加えて、会社全体を見てマネジメントする人材が育ちにくい問題もある。機能別組織で育った人間が、取締役になっても自部門の利害代表者のごとく振る舞うのはその典型的な例である。

さらに、それぞれの部門に横たわる特有の仕事の進め方や風土があるので、部門間の連携がしづらく、部門間葛藤が起こりやすいともいわれている。研究開発と営業、製造と営業の仲が悪いといったことがその典型である（組織構造については、「**9 変化対応力向上への挑戦**」も参照）。

三つ目の問題は、「社長の考える書籍のコンセプトと、社員が考えるコンセプトが乖離(かいり)していること」である。「誰の、どのようなニーズに対して、どのような要素が入った書籍をつくるのか」というコンセプトがあまり可視化されていない。違う土俵で話をしているので、最終的な意思決定は「これなら社長や経営幹部も納得するのではないか」といったあいまいな形で行われる。もちろんマーケティングデータも活用しながら検討を進めているが、書籍ごとに内容が違うので、その時々に何を重視して企画内容を決めるかを都度議論している。話し合いのプラットホーム（議論の土台となる共通の認識）がないまま決めているので、意思決定が極めて感覚的なものになってしまうのである。

これでは編集者も社長・経営幹部も、納得のいく解が得られないまま仕事を進めていくことになる。

2 機動的に活動できるネットワーク型プロジェクト組織へ

G社は出版業界を取り巻く厳しい経営環境の中で、顧客ニーズにスピーディーに対応できる組織への転換を模索していた。そこで、G社では、外部環境への適応と、顧客ニーズの充足の両面を満たす組織形態として、「ネットワーク型の要素を入れたプロジェクト・チーム型組織」を導入することにした。この組織形態の導入に伴い、部門横断的なプロジェクト・チームが生成されることになった。

チーム型組織は、①多様な背景を持つメンバーが組織の壁を越えて協力関係をつくることができること、②対話によって画期的なアイデアが生まれ、優れた仕事の進め方を発見することができること、③少人数であるため、意思決定のスピードアップが可能であることなどの強みがある。

また、ネットワーク型にすることで、「これまでの書籍出版で培った人脈や、協力会社との共同開発や交流を目的とした緩やかな提携関係」をつくることができ、また社員個々人のネットワークを活用することができるという強みもある。

一方、チーム型組織の「成功の要件」として、第一にリーダーの育成やチームメンバーの構成、マネジメントからの支援や権限委譲が重要なポイントとなる。また、第二には、チーム目的の達成に向かうプロセスの中で、仕事がしやすくなるよう環境整備が必要であり、少々悩ましい部分もあった。

チームリーダーについては、新しい組織形態の導入段階では編集から輩出するものの、この組織がうまく機能し始めた後は、編集以外の部署でも自分のアイデアで書籍を出版したいという社員がいれば、チームリーダーとして立候補してよいという考え方で進めていった。また、これまでは編集長がすべてのプロジェクトの面倒を見ていたが、チームリーダーがサポート役として「コーチ」を任命することができ、自立的なプロジェクト運営ができるような組織設計にした。コーチは、事業全体が分かる人でもいいし、自分のパートナーとして相談できる人でも構わない。指名はリーダー本人に任せることにした。また何かを決めるときは、必ず専門家など第三者の意見を聞き、意思決定するというルールを作った。

この組織形態をあえて「ネットワーク型」と名付けたのは、出版業界の特性からして、外部の著者やデザインなどの協力者があって初めて成り立つ業態であることが大きな理由である。今後は個々人のネットワークで仕事を進めるのみならず、それらのネットワークを組織として積極的に活用していき、そのつながりを組織の無形資産としていくという意味が込められている。

3　組織運営のオペレーション・システム（OS）をつくる

以上の考え方の下、幹部社員と議論を重ねプロジェクト・チーム型組織への転換を図ったが、これだけでは実際には組織は動かない。

大事なのは、ハード（仕組み）をつくっても、ソフト（運用）が伴わないと組織は動かないということである。そこで、社長の方針である「コンテンツ・マーケティング」の考え方を組織運営のOSとして導入することにした。

コンテンツ・マーケティングとは、一言でいうと以下のとおりである。

> 商品企画から制作・広告宣伝、販売や顧客との関係性強化まで一貫して実施することで、顧客のファン化を実現し利益に結びつく行動を促すこと

これまでのG社の組織は、前述のとおり「編集はつくる人、営業は売る人」と完全に分かれていた。それぞれの仕事は全うしていたが、編集はつくったら終わり、売るのは営業と割り切っていたので、編集スタッフは、書籍の表紙をきれいに作ることには関心があっても、どのように広告宣伝するのか、PRするのかについてほとんど関心はなかった。ましてやプロジェクト全体に責任を持つという考え方は頭になかった。

一方で営業スタッフは、販売は自分の仕事であっても、広告宣伝・PRについては、必要性は感じながらも自分の仕事ではないと考えていた。ましてや何が売れるテーマであるかは関心の外という状態であった。

そこで、[図表3-6] のようなフォーマットで企画のストーリーを作成し

図表 3-6 リーダーが企画段階で検討するフォーマット例（簡略版）

戦略オプション（※1）	・どのようなコンセプトの書籍なのかを明確に提示する
ターゲット市場：編集担当（※2）	・主にターゲットとする市場（顧客）はどこか ・ターゲット層のニーズ
ターゲット・プロフィール：編集担当	・ターゲットのライフスタイルを浮き彫りにするようなプロフィールを詳しく設定する
商品政策：編集担当	・商品コンセプトを明確にする ・商品によって変化するライフスタイルの明確化
価格政策：編集担当	・どのような価格帯で勝負するか ・ライバル（類似の商品）の価格帯はどうか
広告宣伝・PR：広告宣伝担当	・「自分のためにつくってくれた」と思わせられるか ・どのようなメディアミックスを検討するのか
店舗政策：営業担当	・どのような形で書店に置いていただくか ・書店および書店以外という選択
販売手法：営業担当	・売り方の手法を選択する ・FABE[4]の手法なども検討する
ファン化への道筋：全部門	・情報、イベント、読者まつり等ファン同士が集まって自分の趣味を語ったり自慢したりする場をつくる

※1 「戦略オプション」は、各プロジェクトを貫くコンセプトのことを指す。
※2 左欄の「○○担当」などと示された部分は、その部門が中心となって起案・策定するという体制をとっている。リーダーは、全体をまとめ、一貫したコンセプトで企画されているかどうかをチェックする。

---

4 FABE：Feature（特徴）、Advantage（優位性）、Benefit（顧客便益）、Evidence（証拠）の頭文字をとった言葉で、提案のコンセプトや訴求方法の分析に使えるフレームワークのこと。

てから、その具体化に向けた検討を部内で進めることとした。その際のポイントは、「整合性:ストーリーにズレがなく整合性が取れているか」「一貫性:それぞれの事柄が矛盾なく語られているか」「読者志向：読者のライフスタイルに寄り添っているか」の3点である。これらの観点から議論し、テーマ候補の絞り込みを行っていった。企画が通った段階でカスタマー・ジャーニーマップ[5]を作成し、プロジェクト・チームをスタートさせた。

企画会議に参加した人には、この段階で企画内容についてのイメージやストーリーが共有されていたことは言うまでもない。

4 会議を進めるに当たっての問いの作り方：解よりも問いを

このプロセスで最も重要なのが「ターゲット・プロフィール」をどうつくるかである。これまでは編集者の想いが強すぎて、それが他者に伝わらないことが多かった。そこで、ターゲット・プロフィールをつくるときの問いをどうするかに時間をかけた。以下はその例である。

例えばペットの本をテーマとして会議を進める場合、

- そもそも人間にとってペットって必要なの？　ペットの何がいいの？
- ペットが死んだときってどんな気持ち、状態、感情、行動？
- ペットをチョーかわいがっている人の生活ってどんな一日？
- ペットを飼っている家で育った子どもってどんな子ども？

など、ダイレクトにプロフィールを検討するのではなく、当たり前だと思っていたことから少しずつ掘り下げて検討を深めていくこととした。「この企画でいこう」と決まった後も問いをぶつけた。

- そもそもこの企画は、書籍ではなく別の媒体でいいのではないか？
- 手に取りたくない本、買いたくない本ってどんな本？
- 読むのはとても大変だけど、読み始めたらやめられない本とは？

などの問いを作ることで、議論を深めていった。こういった深め方ができな

5 顧客が商品を認知し、購入し、さらに購入後の行動（例えば評価・レビュー・口コミなど）に至るまでを「旅」と捉え、その一連の行動を時系列で把握する考え方、および、それを所定のフォーマットに落とし込む作業のこと。

いと浅い議論に終始し、「正解探しのループ（コンセプトを深掘りするのではなく、正解を探すだけの議論になってしまうこと）」にはまり込むことになる。問いによって思考を深めるマネジメントが重要である。

課題解決のためのヒント

業績が低迷したり、思ったような企画が出てこなかったりすると、つい個人に責任を押し付け、人事評価で縛ろうとする考え方がまだまだ根強い。「どう解決するか」の前に、「顧客ニーズを発見すること」が重要である。また、新しい組織を導入すればそれでよしとせず、その運用のための新たなオペレーションシステムも併せて導入する必要がある。さらに、その運用をより強固なものとするために、「問い」をベースにしたマネジメントへの転換が必要である。これら三つがそろって初めて、新しい組織が機能することをお伝えしたい。

「新しい酒は新しい革袋に盛れ」は新約聖書の言葉であるが、新しい組織を導入するには、新しいマネジメントの方法も併せて導入しないといけないということである。古いマネジメントのまま新しい組織を導入しても、新しい組織は崩壊してしまう。揚げ句の果てに、「全く新しい組織は全く役に立たない」と組織のせいにしてしまい、結局は何も変わらないということになるかもしれない。

9 変化対応力向上への挑戦

機能別組織からチーム制組織へ

CASE

多くの会社では、組織改編を行って新部署を設置する場合には、その業務分掌を定めて既存組織との役割分担を明確にし、取締役会の承認を得て組織規程を改定することが必要とされる。

かつての情報通信業A社でも同様であり、部署の新設・改廃を行うためには、社内の利害調整や根回しなど、複雑で時間のかかるプロセスが必要であった。こうした状況を打破するため、A社では組織の在り方を抜本的に見直すこととなった。

旧組織では、管理本部、営業本部、技術本部等の下に複数の「部」を設置し、業務分掌規程を整備してその職務内容を明確化していた。これに対し、新組織では部を廃止し、代わりに多数のチームを設置する「チーム制組織」(Team-based Organization) へと移行することに

図表 3-7 A社の組織再編イメージ

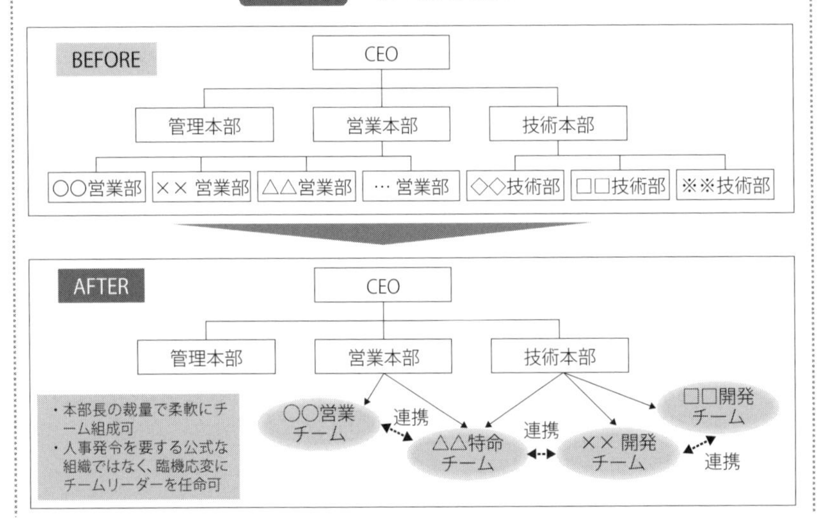

なった。新組織では、チームの業務分掌を定めた規程は存在せず、本部長の裁量で自由にチームを構築・解体できる。また、チーム長の任免も(経営の承認を要することなく)本部長の意思決定に委ねられている。

このような組織体制に移行したA社の狙いはどこにあるのだろうか。

解説　環境変化をにらみ、組織の機動性を高める

1 組織構造とは

経営目標を達成するためには、仕事の割り振りや意思決定の流れを明確にし、効果的・効率的に業務を遂行できるよう組織を組み立てる必要がある。

伝統的な組織構造には、大別すると、機能別組織(Functional Structure)、事業部制組織(Divisional Structure)およびマトリクス組織(Matrix Structure)の三つがある。

[1] 機能別組織

機能別組織では、技術部、営業部、製造部などの機能(function)に応じて組織が組み立てられる[図表3-8]。まず、組織内の業務の洗い出しを行っ

図表 3-8　機能別組織と事業部制組織

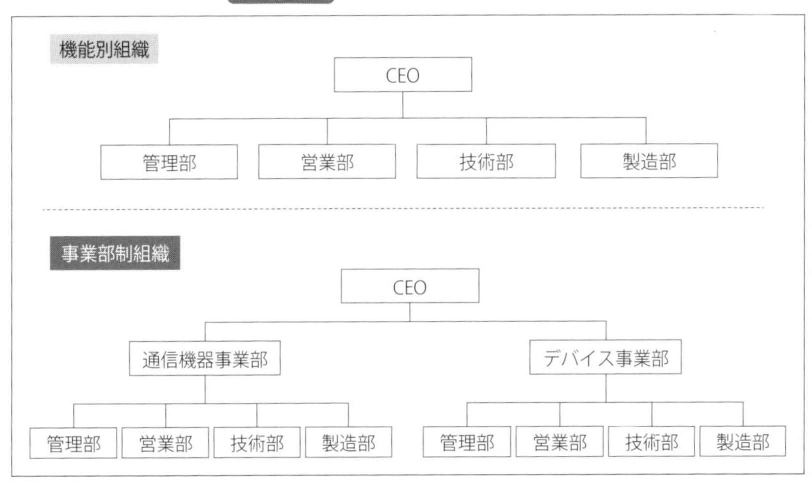

て、類似した機能をくくって「部」を形成する。必要であれば、同様のプロセスを経て部の中に複数の「課」を形成する。次に、それぞれの部や課が担当する業務内容を整理分類した業務分掌規程を作成し、各組織が所管する業務範囲を明確化する。こうしておかないと、それぞれの組織がどの業務に責任を持つのかが曖昧になったり、いずれの組織も所管していない業務が発生したりして、組織間のコンフリクト（対立）を引き起こす懸念があるからだ。

機能別組織の利点として、まず、技術、営業などの機能軸に沿って組織が組み立てられるため、部内に専門スキルが蓄積されることが挙げられる。また、必要な経営資源と意思決定の権限がそれぞれの部に集中するため、効率的・効果的に組織管理を行うことができる点も強みである。

その一方で、専門性に特化するがゆえに、技術、営業、管理など機能間の連携が進みにくいという欠点がある。また、企業規模がそれほど大きくないときは効率的であるが、製品ラインが増え、異なるマーケットで他社と競争しなければならなくなった場合、マーケットの事情に即して迅速に意思決定を行うことが難しくなる。例えば、機能別組織の場合、技術部がすべての製品の開発設計や生産技術に関する意思決定を行わなければならなくなるが、これでは技術部の機能がパンクしてしまうおそれがある。

［2］事業部制組織

そこで、企業の取り扱う製品やマーケットが拡大すると、機能別組織から事業部制組織へと移行することが一般的である。

［図表3-8］の下段に示した図は、製品別の事業部を持つ組織の例である。事業部制組織の場合、それぞれの事業部（division）別に管理部、営業部等が設けられ、意思決定の権限は各事業部長に移譲される。事業部はそれぞれのマーケット環境に即して経営資源の配分や意思決定を行うことができるため、経営環境の変化に柔軟に対応できるメリットがある。

一方で、各事業部内に類似した名称の部が設置されるため、業務の重複が発生する。さらに、各事業部が同じ顧客を奪い合ったり、縄張り争いを繰り広げたりするなどの弊害が生じやすく、事業部間の連携・調整の問題（いわゆる「タテ割り」の問題）も課題となる。

こうした課題もあるものの、一定規模以上の企業では事業部制で組織が組み立てられることが多い。

［3］マトリクス組織

機能別組織、事業部制組織双方の抱える課題を解決する組織形態として、マトリクス組織がある。これは、機能軸と事業軸（商品軸、地域軸）を縦と横に組み合わせた格子状のマトリクスで組織を組み立てることで、機能別組織と事業部制組織の長所の「いいところ取り」を意図した組織形態である。

マトリクス組織は二つの軸でマネジメントを行うため、事業部制組織の場合よりもさらに迅速な意思決定が可能である。その一方で、組織構造が複雑化するため、組織運営が煩雑になり、機能軸と事業軸にレポートラインが複線化することによるフラストレーションの発生（複数の上司の発生）等の短所がある。

一般にこのタイプの組織構造を採用する企業は少ないとされるが、その実例は身近なところでも見られる。例えば、スーパーマーケットである。スーパーマーケット内の各部門は、営業部（店長）の指揮命令に従い、店舗としての売り上げ拡大を目指しつつ、商品部（バイヤー）の指導助言に沿って売

図表 3-9　マトリクス組織（スーパーマーケットの例）

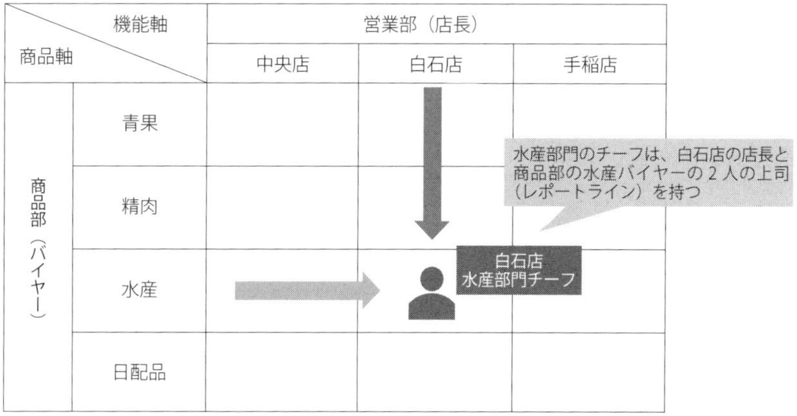

機能軸／商品軸		営業部（店長）		
		中央店	白石店	手稲店
商品部（バイヤー）	青果			
	精肉			
	水産		白石店 水産部門チーフ	
	日配品			

水産部門のチーフは、白石店の店長と商品部の水産バイヤーの 2 人の上司（レポートライン）を持つ

れ筋商品の発掘や販売促進を図る必要がある［図表3-9］。マトリクス形式で組織を組み立てることにより、営業戦略に沿った売り上げ拡大と商品戦略に沿った販売促進の双方を同時に追求することができるのである。

2 変化対応力を追求した組織構造

組織構造は、機能別組織→事業部制組織→マトリクス組織と発展してきた。しかし、いずれの組織形態にせよ、「部」「課」など、業務分掌規程を整えたフォーマルな組織が組み立てられ、その中で業務の標準化や専門化、ルール化が行われる点は共通している。

ルールにのっとった組織運営は、職務遂行の不確実性を除去し、安定的に仕事を進める上で不可欠である。しかし、競争が激しく、経営環境が目まぐるしく変化する企業では、ルールや手続きを重視した組織運営を行っていたのでは、競争に敗れ去り、市場からの撤退を余儀なくされることが必至である。

そこで、近年は、硬直的な組織構造と決別し、変化対応力の向上を追求する動きが見られるようになった。冒頭の事例で紹介したA社の「チーム制組織」はその一例である。チーム制組織の下では、組織の壁や業務分掌などの硬直的なルールが取り払われ、経営環境の変化に応じて柔軟にチームが生成・消滅する。新しい事業・商品を展開するときには新チームを立ち上げればよいし、不要になれば速やかにチームを解体できる。チーム長の任免も現場の判断でスピーディーに行うことが可能である。さらに、一人が複数のチームを兼務する場合や部門横断的なチームが編成される場合もあるため、メンバー同士の協働が促進されるのである。

チーム制組織には、チーム長の任免基準が不透明になったり、組織の運営ルールが曖昧になったりするなどの欠点もある。しかし、従来型の硬直的な組織構造の限界を打破すべく、このような組織へと進化する企業も現れているのである。

非営利組織や市場環境が比較的安定している事業では、フォーマルなルールに基づく組織（機能別組織、事業部制組織等）が今後とも重要であり続けるだろう。一方、ICT産業など技術革新への迅速な対応が求められる業種では、組織の硬直性を打破して機動性を高めるための仕掛けを考えなければならない。

組織構造にOne Best Model（単一の最善モデル）はあり得ない。過去の成功体験に依存するのではなく、自社の置かれた経営環境を冷静に分析し、組織を進化させていかなければならない時代になっているのである。

10 目標達成にこだわる組織とは

ゴールではなく、ストーリーを見える化する

CASE

経営環境変化が加速する今日、全社目標の達成に向けて、全社員が一丸となって取り組むことの重要性はさらに増している。そのための羅針盤となるのが中期経営計画であるが、緻密に計画を立て、社員に共有しても、結果的に目標が未達成に終わってしまうという企業は少なくない。

機械メーカーO社もその例に漏れなかった。O社は取引先の8割がグループ企業であり、着実に業績を伸ばしてきた反面、リスクヘッジとしてグループ会社以外の新規顧客基盤を強化することが課題とされていた。

そこで、社長と部長クラスで中期経営計画を策定し、具体的な目標の一つに、「新規取引先からの売り上げを前年比110%とすること」を掲げた。この目標は、全社員が参加する経営計画発表会の場でも明示され、半期ごとに進捗(しんちょく)状況が確認されるなど、全社的に注目は高まっていた。

ところが、1年目の期末時点では大幅な目標未達となったため、O社はある改革を行った。社員が設定した目標の達成度に応じて評価を行う「目標管理制度」を導入し、業績意識を高めようとしたのだ。

しかし、実際に社員が立案する目標は、単に全社目標を丸写ししたものや、「(業務と関わりのない)資格を取得する」など、全社目標には直接影響しないものが目立った。このような問題が解消できないまま、結果的に2年目の期末時点でも目標達成はかなわなかったのである。

本来、目標達成を実現するための仕組みである「目標管理制度」を導入したにもかかわらず、O社が目標未達に終わった要因は、いったいどこにあるのだろうか。

解説　目標達成までのストーリーを見える化する目標管理制度

1 はじめに

目標管理制度（Management By Objectives；以下、MBO）は、P.F.ドラッカーが提唱したマネジメント手法で、日本でも多くの企業が人事評価制度に取り入れている。しかしMBOを運用している企業の中には、O社のように目標達成につなげられず、機能不全に陥っているケースが数多く見られる。ここでは、問題を抱える企業で多く見られる現象とその原因に着目し、目標達成にこだわる組織へと脱皮するための具体策について解説する。

2 目標管理制度の狙い

MBOを日本語に直訳すれば、「目標による管理」となる。そもそも目標とは、「目指す姿（期待される成果）」のことであり、O社でいえば、中期経営計画で示される内容や、目標として掲げられた「新規取引先からの売り上げが前年比110％の状態」が該当する。当然、目標と現状にはギャップ（差）があるが、このギャップが、一般的に「問題」と呼ばれるものである。

PDS（Plan-Do-See；計画－実行－検証）は、問題解決のためのマネジメントサイクルであるが、MBOは、これを支える効果的なツールである［図表3-10］。

図表3-10　マネジメントサイクルと目標管理制度の関連性

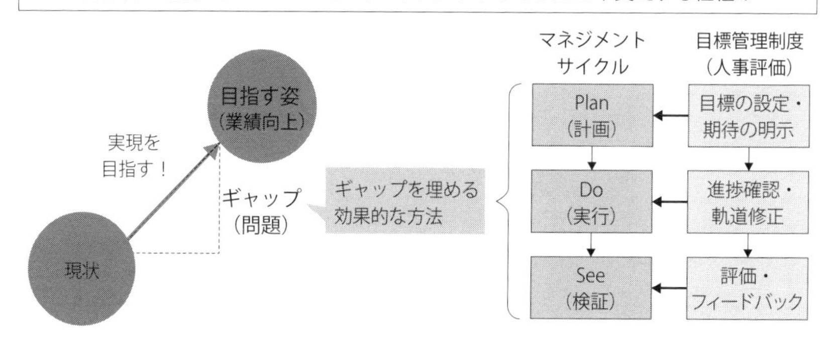

すなわち、MBO（目標による管理）とは本来、「企業として目指す姿（目標）を明確にすることで、問題を見える化し、その問題を組織全体で解決するための手段」なのである。ここで本来と記述したのは、実際にMBOを運用している企業の中には、この狙いが十分に理解されないまま、「人事評価のための手段」と誤認され、機能不全に陥っている状態が散見されるためである。

3 目標管理制度が機能不全に陥りやすい企業の特徴

「MBOが機能不全に陥っている状態」について、ここでは、「目標設定や中間面談、期末の評価などに時間をかけているにもかかわらず、会社全体の目標達成にはつながらない状態」と定義する。

この状態が数年続くと、MBOはマネジメント手法ではなく、単なる「人事評価のための手段」と誤解され、社員の間にも“やらされ感”が蔓延(まんえん)したり、運用そのものが軽視されたりする事態に陥る。

機能不全に陥っている企業は、①全社目標と個人目標がリンクしていないケース、②目標達成までのアクションプランが明確化されていないケース、③期中の軌道修正がうまくできていないケース、という三つのいずれかに当てはまることが多い。①と②はPlan、③はDoおよびSee部分の機能不全であるが、いずれのケースにも共通する原因が存在する。それは、「目標達成までのストーリーが共有されていない」ということだ［図表3-11］。

目標達成に向けて効果的にMBOを活用するためには、“ストーリーを共有する”ことが肝心である。“ストーリーを共有する”とは、ゴール地点の目標・成果を示すだけでなく、ゴール地点に至るまでの具体的なプロセスを共有するということである。

図表3-11 機能不全に陥りやすい企業の特徴

Plan部分の機能不全
→ 1 全社目標と個人目標がリンクしていない
→ 2 目標達成までのアクションプランが明確化されていない
Do・See部分の機能不全
→ 3 期中の軌道修正がうまくできていない
▶ 目標達成までのストーリーが共有されていない

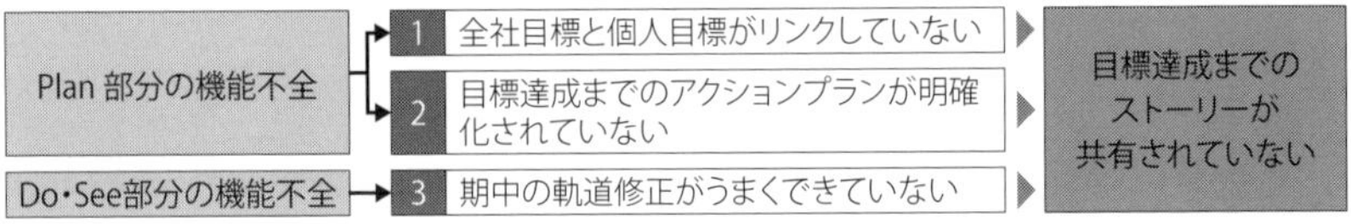

4 「目標達成までのストーリー」を共有せよ

［1］全社目標と個人目標がリンクしていないケース

目標達成にこだわる組織では、スタート地点の目標設定の段階から、ストーリーが共有されている。全社的に目指す姿と、個人目標がリンクしているのである。具体的には、中期経営計画に即して部門ごとの目標が設定され、その部門目標の達成に向けて、さらに個人目標が設定される……というような、個々の目標が上位目標を下支えしている構造が理想的である。

しかし、機能不全に陥っている企業では、このような構造になっていないことが多い。仮に全社員が目標を達成したとしても、全社目標は達成されないという事態に陥っている。O社はその典型である。

O社では、MBOの狙いや、その重要性が説明されないままに運用されており、また、目標を設定する際は、個々人が目標管理シートに記入して上司に提出する形式をとっていた。そのため社員は、全社目標そのものは認識していたものの、それらと個人目標をリンクさせる必要性に気付かず、単なる“思いつきの目標”を設定していたのである。

一方、目標達成にこだわる企業では、大前提として、MBOが重要なマネジメントツールであることや、PDSとの関連性などについて、研修などを通じて十分な説明を行っている。その上で、目標設定の際は、上長と部下が直接話し合う場を設けている。全社や部門の目標を上長がかみ砕いて説明し、それらとリンクする個人目標を部下に考えさせ、必要に応じてアドバイスを行うのである。

この話し合いの場で、いかに達成までのストーリー（プロセス）をありありとイメージさせられるかが、上長の腕の見せどころである［図表3-12］。

例えば［図表3-12］のように、全社目標が「営業利益率10％アップ」だった場合、上長が「われわれの部署は営業利益率を10％向上させるぞ！」というゴールだけを説明したのでは、部下は目標達成までのストーリーは見通せないだろう。ここで重要なのは、全社目標を達成するための段階的な方策を部下と共有することで、ストーリーを具体的にイメージさせることであ

図表 3-12 達成までのストーリーをイメージさせる目標の展開

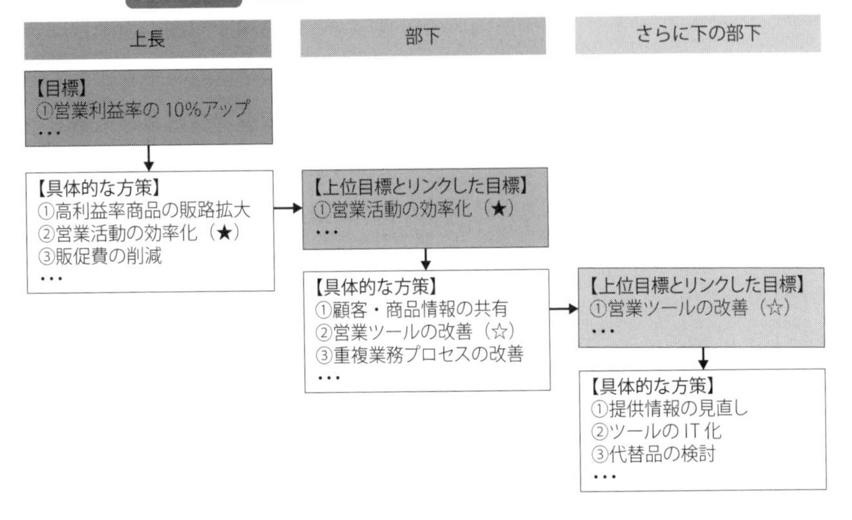

る。[図表3-12] を見ると、上長の目標を実現するために具体的な方策が複数示され、それが部下の目標とリンクしている（★および☆部分）のが分かるだろう。

[2] 目標達成までのアクションプランが明確化されていないケース

上位目標とリンクする形で個人目標が設定できても、目標達成に向けたストーリーの共有は十分とはいえない。

O社では、目標とするテーマとその達成基準を記入する、一般的な形式の目標管理シートを活用していた [図表3-13]。しかしこれだけでは、「どのような取り組みを、いつまでに完遂するのか」という具体的なストーリーまでは明確にならない。この場合、社員は目標の重要性は理解しているものの、日々の業務に追われるうちに期末を迎え、成果が上がらないまま目標未達に終わってしまう。具体的な進め方が明確になっていない以上、積極的に行動に移すことは簡単ではない。

この問題を解決するために有効なのが、アクションプランの作成だ。アクションプランとは、個人目標の達成に必要となるアクション（行動）の計画書である。目標達成にこだわる企業では、[図表3-14] のような「アクショ

図表 3-13 一般的な目標管理シート（O 社の事例）

目 標 管 理 シ ー ト

対象期間　令和　年　月　日～令和　年　月　日

氏名		等級		一次評価者	印
部署		役職		二次評価者	印

【評価の基準】S：120%以上、A：110～119%、B：100～109%、C：90～99%、D：80～89%、E：80%未満
【小計の基準】S：120点、A：110点、B：100点、C：90点、D：80点、E：70点

【期初記入欄】			【期末記入欄】				小計
目標テーマ	達成基準	ウエート	達成状況（実績・成果）	自己評価	一次評価	二次評価	
							0
							0
							0
		0%				合計	0

ンプランシート」を導入し、目標とするテーマ、達成基準に加え、具体的なタスクや、その完遂時期などについて、期初にあらかじめ見える化していることが多い（煩雑化を避ける場合は、目標管理シートの中にアクションプランを盛り込むケースも見られる）。

アクションプランの作成でポイントとなるのは、「上長ではなく部下本人が作成し、上長は部下の創意工夫を引き出す役目に回ること」である。目標達成という至上命題に加えて、「部下の成長」という副次的な効果を狙うためだ。

目標達成までのストーリーを見通すためには、物事を俯瞰する力や分析力

図表 3-14 アクションプランシート

ア ク シ ョ ン プ ラ ン シ ー ト

対象期間　令和　年　月　日～令和　年　月　日

氏名		等級		一次評価者	印
部署		役職		二次評価者	印

	該当する上位目標	目標とするテーマ	達成基準	必要な経営資源（ヒト・モノ・カネ）	具体的なアクション	副担当者	スケジュール												備考（留意点など）
							4	5	6	7	8	9	10	11	12	1	2	3	
1																			
2																			
3																			

など、一定のスキルを要する。これらは短期間で会得できるものではなく、慣れと訓練から身に付くものである。アクションプランの作成はまさにこの訓練に等しく、繰り返し実践することで、目標達成につなげるための方策を見いだす力や、ひいては的確に目標設定する力が養われるのである。

[3] 期中の軌道修正がうまくできていないケース

ここまでは目標設定（Plan）に関するポイントを解説してきたが、期中の実行（DoおよびSee）の部分においても、ストーリーの共有が必要となる。これは「進捗管理を行う」というシンプルなことなのだが、機能不全状態にある企業では、ここでつまずくケースも多い。

進捗管理というと、O社のように進捗率を確認する中間面談を半期に1回程度実施したり、独自の進捗管理シートを作って細かく記述させたりする企業が多い。実は、これで進捗管理をした気になってしまうことが、機能不全に陥る落とし穴である。

進捗管理とは本来、「計画と実際とのズレを把握して修正すること」である。したがって上長は、進捗率はもちろん、アクションプランと現状のズレを適時把握し、軌道修正したストーリーを再度部下と共有しなければならない。大幅な軌道修正が必要な場合は、個人の目標やアクションプランそのものを見直すことも必要となる。また、目まぐるしい経営環境の変化に適応するためには、半期や四半期に1回の面談では不十分であり、月次や週次単位で軌道修正すべき目標もあるだろう。

上記のような、本来の進捗管理を徹底しようとする企業の間で2018年ごろから注目を集めたのが、「1on1」である。1on1では、上長と部下が、1回30分程度のラフな面談を、週次や日次という短期サイクルで実施し、目標達成に向けて部下が直面している悩みや実務的なハードルを確認する。これを踏まえて、どのように軌道修正すれば目標を達成できるのか、上長は部下の創意工夫を促すとともに、最適と思われるストーリーを共有するのだ（1on1については、「**6『1on1ミーティング』のススメ**」も参照）。

このような取り組みが主体的に行われるのであれば、必ずしも「こと細かに進捗管理シートに記入する」といった煩雑な手続きを設ける必要はなく、より実務的にMBOを運用することができるだろう。

目標達成にこだわる組織へ変われるかどうかは、「上長が部下に、ストーリー性を持って目標達成までの具体策を明示できるかどうか」が分かれ道である。ただしこれには、物事を俯瞰する力や分析力など、一定のスキルを要する。

MBOを運用する社員に対し、研修などのトレーニングを継続的に実施しているのも、目標達成にこだわる組織の特徴である。また、目標設定を「上長と部下の面談」という限られた場にとどめるのではなく、一定のメンバーが一堂に会して行い、相互の協力体制を強めようと試みる企業も存在する。

簡単に目標を達成できるウルトラCは存在しない。MBO本来の機能を強化するために、ここで解説したポイントを参考としていただきたい。

11 部門間連携を促進する取り組み

「自部署が一番大変」という誤解を解く

CASE

事業を円滑に運営するためには、さまざまな部署や職種が連携・調整を図りながら、機能的に業務遂行することが求められる。ところが、情報共有をはじめ部門間の連携が思うように進まず、頭を抱えている企業は今も昔も少なくない。

製品の開発から販売までを一気通貫で行う機械メーカーK社は、業績を堅調に伸ばしてきたが、さらなる業績拡大に向けて新規顧客の開拓が課題となっていた。そこで、開発・設計・製造等の製造部門と営業部門が一体となったプロジェクトを発足し、新規顧客開拓、ひいては業績拡大を目指した。

プッシュ型営業を強化する、新製品の開発に着手するなどの対策に取り組んだものの、思うように成果が表れず、次第に製造部門と営業部門の対立が表面化し始めた。製造部門は「営業担当者の力量不足」について不満を漏らし、営業部門は「製品の競争力強化」を製造部門に要求するようになったのである。

本来連携すべき部門が、売れない原因を互いに押し付け合い、むしろ連携が損なわれている事態を重く見たK社は、「リーダーシップ研修」という名の下、全部門の係長以上を一堂に集め、定期的に研修を行った。

実はこの研修では、スキルや知識を学ぶことよりも重視されたものがある。それは、「自部署が一番大変だ」という不満を相互に聴き合うグループ討議だ。K社では、この試みによって部門間を越えたコミュニケーションが活発化し、品質向上や業務改善に向けた取り組み・会議体などが自主的に生まれることとなった。成功のカギはどこにあったのだろうか。

解説　「部門間連携」を促進する研修プログラムの在り方

1　はじめに

会社の成長にとって意見の対立（コンフリクト）は重要であり、一定程度はプラスの効果をもたらす。しかし、K社で生じた「製販の対立」は、合理的な「意見の対立」ではなく「感情的な対立」であり、組織の士気やパフォーマンスを低下させ、企業の成長にマイナスとなっていた。

ここでは、このような部門間の対立が生じる背景を明らかにした上で、K社の事例を題材にその解決策について考察する。

2　部門間連携における問題

[1]　古くからある問題：製販の対立

K社で発生した製造部門と営業部門の対立は、多くの企業、特に製造業では古くから見られる問題である。繁忙期には、製造部門は「営業部門は製造ラインの状況を顧みていない。納期など無理な条件で受注するので、自分たち製造部門が苦労している」と言い、営業部門は「製造部門は言い訳ばかりで、顧客第一の精神に欠ける」と不満を漏らす。一方、売り上げが伸び悩んでいる時期には、製造部門は「営業力が弱い」と責め、営業部門は「製品が売れないのは、製品に魅力がないからだ」と製造部門の責任を追及する。

本来、製造部門と営業部門は「いかに顧客の要望に応えて売り上げ・利益を伸ばすか」という共通の目標に向かって、一体となって取り組むべきである。しかし、上記のような対立状態が長期化した場合、情報共有が行われないことで業務遂行に支障が出る、非生産的な対立によって社員のモチベーションが低下するなどの事態に陥り、目標達成が難しくなる。

[2]　近年生じている新たな問題：デジタル化の進展を妨げる対立

また、近年、デジタルトランスフォーメーション[6]を推進する多くの企業で、新たな組織間の対立構造が生じている。

---

6 デジタルトランスフォーメーション（Digital Transformation; DX）：データやデジタル技術を活用してさまざまな変革を行い、競争優位性を確立すること。

例えば、デジタル化を進める上で専門組織が設けられ、その専門組織が営業部門に対し、「AIを活用した最適な営業ルートの提案」をしたケースを想定しよう。営業部門としても、データを用いた判断（AIを活用した提案）に、一定の合理性があることを頭の中では理解しつつも、「営業担当者としてこれまでに培った勘と経験が、機械に劣るはずがない」「営業現場の経験がない組織に、とやかく言われたくない」という感情が邪魔をする。一方、デジタルの専門組織は、論理的に示したデータドリブン[7]の意思決定は、当然に受け入れられるものと信じていたのに、「なぜ営業部門は理解してくれないのか」という不満を抱く。この状態が続くと、両部門で不満が蓄積し、結果として、高いコストをかけて導入したAIや分析した結果は使われず、社内の対立を生んだだけの取り組みに終わってしまうこととなる。

3 部門間の対立が生じる原因

部門間の連携が進まない原因は、組織構造によるもの、社風によるもの、メンバーの個人特性によるものなどさまざまで、いずれか一つに限定することは難しい（組織構造については、「**9 変化対応力向上への挑戦**」を参照）。

しかし、先述した①製販の対立と、②デジタル化の進展を妨げる対立が生じる一因には、ある共通点が存在する。それは、いずれの部署も「自部署は苦労を強いられる一番大変な部署である」と感じていることである［図表3-15］。

組織が専門化すればするほど、「他部署の貢献や苦労」が見えづらくなり（実際はいずれの部署もそれぞれの苦労や大変さを抱えているが）、「自部署が一番大変だ」という誤解が生じるのである。製品やサービスが具体的に形として見える①の場合はまだ一定の理解を得やすいが、②のようなデジタルの世界では、製品やサービスが目に見えないため、他部署の貢献に意識が向きづらく、より一層他部署への理解が深まりにくい状況となる。

7 データドリブン（Data Driven）：経営やマーケティングなど企業運営のために必要な意思決定を、データを基に判断し実行すること。

図表 3-15 部門間の対立が生じる一因

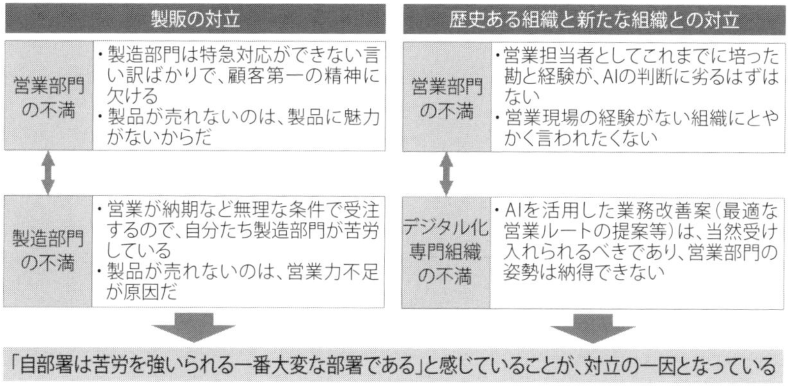

製販の対立	
営業部門の不満	・製造部門は特急対応ができない言い訳ばかりで、顧客第一の精神に欠ける ・製品が売れないのは、製品に魅力がないからだ
↕	
製造部門の不満	・営業が納期など無理な条件で受注するので、自分たち製造部門が苦労している ・製品が売れないのは、営業力不足が原因だ

歴史ある組織と新たな組織との対立	
営業部門の不満	・営業担当者としてこれまでに培った勘と経験が、AIの判断に劣るはずはない ・営業現場の経験がない組織にとやかく言われたくない
↕	
デジタル化専門組織の不満	・AIを活用した業務改善案（最適な営業ルートの提案等）は、当然受け入れられるべきであり、営業部門の姿勢は納得できない

↓

「自部署は苦労を強いられる一番大変な部署である」と感じていることが、対立の一因となっている

4 研修で「自部署が一番大変だ」という誤解を解く

「自部署が一番大変だ」という感情の下に生じている部門間の対立を解消する方法の一つとして、当事者同士の相互理解の促進による意識改革が有効である。

ここでは、K社が行った「リーダーシップ研修」を例に、その具体策を見ていこう。①研修の目的・位置づけ、②対象者、③研修プログラム、④研修後の取り組みに分けて、ポイントを解説する。

[1] 研修の目的・位置づけ

まず、研修の名称に注目したい。あらためて言うまでもなく、K社が研修を行った目的は「部門間連携の強化」にある。研修の名称は、一般的には目的を体現することが少なくない（この場合、例えば「部門間連携スキル研修」など）が、K社ではあえて「リーダーシップ研修」という名称を用いた。

感情的な対立が生じている状態で「部門間連携の強化」を前面的に打ち出した場合、研修開催前からけん制し合うケースや、研修に前向きな気持ちで参加できなくなるケースが見られる。このような事態を防ぐべく、K社は研修名に一工夫加えたのである（実際、業績拡大を実現するには部門間の連携を引き出すリーダーシップが必要不可欠で、名称は的外れではない）。

[2] 対象者

次に研修の対象者を見てみよう。

「部門間連携の強化」を目的とした研修では、折衝・調整のスキルや職務権限を有する管理職のみを対象とするケースが一般的であるが、K社では非管理職の係長クラスから、管理職の課長クラス、副部長クラス、部長クラスの4階層を対象とした。これには「トップダウンのみならず、ボトムアップでも部門間連携を強めたい」という意図が込められている。

管理職に対しては、部門間連携の重要性を理解しつつも、担当組織の利得を優先するあまり、部門間の機動的な連携が進みづらいことが懸念された。しかし係長クラスであれば、現場リーダーとしての情報共有などフラットに連携しやすい面がある。この現場レベルの連携が、全社的な連携に波及することを期待したのである。

対象者は、1グループ5名程度に分けられ、その5名はいずれも異なる部門のメンバーで構成された。

[3] 研修プログラム

冒頭の事例紹介にも記載したとおり、K社は、スキルや知識を学ぶプログラムよりも、「自部署が一番大変だ」という不満を相互に聴き合うグループ討議の時間を重視した。前述したように、組織が専門化するほど他部署の貢献や苦労は見えづらくなり、「自部署が一番大変だ」という誤解が生じやすい。K社でもこの誤解が対立を生じさせる根本的な原因と推察されたことから、本研修ではこの誤解を解消することが至上命題とされたのである。これを達成すべく、次のようなプログラムで研修が行われた［図表3-16］。

研修は全体で270分（4.5時間）の構成だが、グループ討議はこのうちの実に56%（150分）を占める。

オリエンテーション（Step1）の後のStep2は“発散”の段階で、参加者各自が「自部門の苦労・工夫していること」を思いつくだけ洗い出し、グループ内で共有した。内容は、「仕様が変更になった際の手戻り工数がいかに多いか」（製造部門）や、「他社との競争に勝って注文を取るために、いかに頻繁に顧客を訪問しているか」（営業部門）といった、どの会社にもあるよう

図表 3-16 K社「リーダーシップ研修」のプログラム

Step	テーマ	形式	所要時間	概要
1	オリエンテーション	講義	5分	・研修の目的や、プログラムの全体像について講師から説明を行う
2	聞いてよ！ わが部門の苦労話	個人ワーク	30分	・①自部門の業務の流れ、②「うちの部門は大変だ」と感じることや苦労・工夫していることの2点について、ワークシートに洗い出す
		グループ討議	60分	・個人ワークで洗い出しを行った①と②について、グループ内で1人ずつ発表する ・他部門から見て、「確かに大変だ」と感じたら素直にねぎらい、自部門が助けられている点があった場合は、その内容をフィードバックする
休憩			10分	
3	部門間連携に向けてリーダーシップを発揮するために	講義	20分	・部門間で対立が生じやすい原因について解説する ・「新規顧客開拓」「業績拡大」に向けて、どのようなリーダーシップが期待されているのか説明を行う
4	どうする？ 苦労話の解決策	個人ワーク	40分	・Step2と3の内容を踏まえ、上記②の解決策（具体的なタスクや進め方、スケジュール等）を検討し、ワークシートに記入する
		休憩	5分	
		グループ討議	90分	・Step4の個人ワークで、「他部門の協力を要する解決策」を講じる必要が出た場合、他の参加者に協力を要請し、一緒になって対策を検討する（タスク、取り組みメンバー、スケジュール等の計画を具体化する）
5	研修の振り返り	講義	10分	・研修全体のおさらいを行い、研修後に必要となる取り組みについて説明を行う
合計			270分 (4.5時間)	

な情報が共有されたが、ローテーションが活発化していないK社では初めて耳にする参加者も多く、討議を通じて相手の意見に耳を傾けようとする雰囲気が徐々に醸成されていった。

Step3では、部門間の対立が生じるメカニズム（本項の❷および❸）や、「会社の成長に向けて、なぜ連携が重要なのか」といった内容で講義が行われた。

Step4は“収束”の段階で、Step2で挙げた「自部門の苦労をどのように解消するか」というテーマで検討を行った。まず、個人ワークで解決策を検討し、自部門だけで対応可能な解決策について、具体的なタスクや進め方、スケジュールを設定する。次に、他部門の協力を要する解決策については、グループ討議の場で他の参加者に協力を要請し、一緒になって対策を検討する。他の参加者から見ても、会社にとって有益と考えられるものは、その場で計画（タスク、取り組みメンバー、スケジュール等）を具体化する。このように、「各メンバーが、会社にとって有益と考える解決策について、相互に連携して計画を具体化する」というStep4の取り組みが、この研修の極めて重要な点である。

K社はもともと、トップダウンで部門間の連携強化を推進していたが、現場のメンバーにとってはやらされ感が強く、主体的な参画が得られていない状況にあった。しかし、現場のメンバーを取りまとめる立場にある係長以上の社員が、研修を通じて部門間連携の必要性について腹落ちした上で、「自らの意思で連携を行う」というマインドセットが醸成されたことで、研修後も各現場で積極的な参画が促されたのである。

[4] 研修後の取り組み

上記のように、研修直後は参加者のマインドセット醸成の効果を期待できるが、研修をやりっ放しにしていては、次第にその効果は薄れてしまう。そこでK社は、研修後も参加者同士が互いに励まし合い、学び合う仕掛けを導入した。具体的には、研修で同じグループになった参加者をメーリングリストに登録して、各計画の進捗（しんちょく）状況、成功事例や課題などについて、月に一度報告し合う体制をつくり上げた。

これにより、成功事例を横展開して共有する、課題について相互にアドバイスを行うといったコミュニケーションが活性化されるとともに、品質向上や業務改善に向けた取り組み・会議体などが自発的に生まれることとなった。

日本企業ではこれまで、さまざまな部署で経験を積むほど視野が広がり、互いの苦労を理解した上で協働しようとする意向が働くという考えから、ジョブローテーションを通じてゼネラリストを育成してきた。ところが昨今、

業務の専門化・高度化が進み、専門的な人材を採用、育成しようとする動きが多く見られ、即戦力となる人材を中途採用することも珍しくない。

“専門性をベースにした人材マネジメントシステム”の有効性は否定できないが、自然体での部門間連携はより一層進みにくくなることが想定され、連携強化に向けた特別な工夫が必要となる。

K社が行った研修は、あくまでも「部門間連携のきっかけ」にすぎない。しかしながら、部門間連携の重要性について本当の意味で社員の理解を促し、主体的な参画を図りたい企業にとって有用な事例といえる。K社の事例を参考に、自社オリジナルの取り組みを検討していただきたい。

［エピローグ］
自社の人事・組織マネジメントを振り返る

1. 外部環境の変化を取り入れた人事・組織改革

2020年は、新型コロナウイルス禍のために忘れられない年となった。世界を巻き込んだ前代未聞のウイルスによる誰も経験したことがないような事態の中で、試行錯誤しながら出口を求めて日々努力している企業も多い。

さまざまな人たちが異口同音に、「アフターコロナではなく、ウイズコロナだ！」と主張しており、これからどのような事態が起きるかは全く未知数である。そうした中で、コロナ禍という未曽有の外部要因により、人事・組織マネジメントがどのように変化していくのか、リスクも加味しながら仮説を立て、検証することが求められている。

まず、概略ではあるが、コロナ禍による象徴的な変化ともいえるテレワークの広がりにより、人事・組織マネジメントにもたらされる変化の仮説を提示する［図表］。

戦略や組織が転換しているにもかかわらず、これまで同様の人事制度やマネジメントを運用しようとしても、いろいろな面で齟齬（そご）が生じることは目に見えている。人事部門としては、仕事環境が変化したことで検討すべき課題を明確にし、それに対応することが重要といえよう。

特に、近い将来、人事制度改革やマネジメント改革に取り組もうとされている読者の方々には、以下のことに留意して取り組まれることをお勧めする。

2. 組織デザインの三つの視点

自社に合った組織デザイン[1]を実現する上では、以下の三つの合理性を満たしておく必要がある。

（1）戦略合理性

（2）組織管理合理性

（3）業務特性合理性

---

[1] 戦略・組織構造・業務プロセス・報酬・人材の五つの概念を含む考え方のこと。

図表　テレワークで変わる人事・組織マネジメント

これまでの在り方		テレワークでの在り方
人が人を管理する：人を変える	➡	働きやすい仕組みをつくり、その仕組みを管理する：仕組みや環境を整える
1. マネジメント行動に関する変化		
・X理論の人間観：生来怠け者　放っておくと怠ける	➡	Y理論の人間観：自己実現のために自ら行動し進んで働く
・階層型の組織による統制型マネジメント：指示系統で動く	➡	関係性重視・対話重視の支援型マネジメント：個々人の力を引き出す
・権限の集中（中央集権）	➡	権限の分散化、課題に近い人がリーダーシップ発揮
2. 組織に関する変化		
・階層型組織：指示命令系統の明確化	➡	ネットワーク型組織：自律的な業務遂行
・内部のメンバー中心の管理　情報はトップ・管理職に集中	➡	内外のメンバーとの連携・協働　情報はメンバーで共有
3. 業務に関する変化		
・業務の属人化 自分しか分からない業務の存在	➡	業務の可視化 全員が業務の進捗状況を確認しながら業務遂行
・職務発想：これ以外の仕事は私の仕事ではない	➡	ミッション発想（顧客への提供価値）：目的を明確にした業務
4. 人事評価・教育・コミュニケーション		
・結果とプロセス：対面での対話前提 総合的な評価	➡	果たすべき職務（ジョブ）や役割責任の明確化 役割責任を果たせたかどうかという評価
・隙間時間等による対面の指導・コミュニケーション	➡	フォーマル・短サイクルでの指導・コミュニケーション
・業務とプライベートは別	➡	ワーク・ライフ・バランスの充実による各種知見の向上、生産性の向上
5. 採用		
・採用等は勤務地に制約される	➡	勤務地に制約されない採用により多様な人材の獲得が可能

この三つの合理性を満たすことによって、外部環境の変化に対応するとともに、組織が効率的・有機的に機能し、戦略を効果的に実行することができる集合体として成り立つという考え方である。

[1] 戦略合理性：自社の構築した戦略に対して合理的であること

戦略は「外部環境への最適適応」であるという定義から考えると、企業は常に外部環境を注視しそれに対応した戦略を構築しなければならない。そのために最適な組織構造や組織運営の仕組みを検討し、戦略を実行する人材を発掘・育成・評価・処遇・活用するための人事システムを構築する。つまり、戦略・組織・人材マネジメントの一貫性の下に設計しなければならないということである。

例えば、技術革新のスピードが早いためプロダクトライフサイクルが短く、顧客対応などにおいてスピードを求められる業界にあって、顧客のニーズや現場の声などが意思決定権者によどみなく伝わらなくてはならないにもかかわらず、多層階の組織構造が妨げとなって企業の死活問題につながるケースもあり得る。改善のためには、プロジェクトチーム型組織や外部との連携も可能になるネットワーク型の組織構造へ転換を図るなどの改革が必要だ。また、その組織で求められる人材像を明確にし、何を組織の成果とするかを議論し、人事評価等に落とし込んでいくことも必要だ。

戦略・組織・人材マネジメントが一貫性を持って運用されないと、それは「絵に描いた餅」の戦略・経営計画になってしまう。しかし現実は、求められる人材像とはあまり関係のない、処遇のためだけの昇格が行われていたり、戦略課題としての新規市場へのアプローチよりも既存市場からの数字達成を重視した人事評価が行われていたりと、上位方針から乖離(かいり)した人事管理が行われていることがある。

戦略実行を後押しする人事制度ではなく、こういった人事制度になっている企業が実は昨今少なくない。人事制度のみ独り歩きしている典型的な事例であろう。

[2] 組織管理合理性：人間の行動様式や心理に対して合理的であること

当たり前の話であるが、人間は機械ではない。人間の心理や集団のダイナミズム、個々人の行動特性などを理解したマネジメントを怠ると、組織が機能しなくなることは明白だ。

例えば、人がやりがいを持って仕事を進めるためには、内発的動機づけが重要であることはさまざまな研究によって証明されている。代表的なものとして、エドワード・デシの米ゼロックス社での実験から導き出された内発的動機づけの考え方が分かりやすい。

①自己決定感：自分の意思で決めているという感覚

②有能感：自分は能力があり、やると思ったことはこなせるという感覚

③他者受容感：自分は他の人に受け入れられているという感覚

これらの内発的動機づけを満たすような簡単な例を提示する。

①「自己決定感」を高める例

計画立案等さまざまな意思決定への部下の参加を支援する、また新しい業務やプロジェクトへの挑戦ができる仕組みを構築することなどがある。

②「有能感」を高める例

頑張ればできそうな最適なチャレンジレベルの目標や業務を自分の努力によって達成したときに、有能感を最も感じることができる。逆に失敗したときも、その原因と改善策を部下がきちんと理解できれば、「次はできる」という気持ちになる。

③「他者受容感」を高める例

相互の関係の質を高め、自己開示が促進されるような対話を増やすことである。それによって本人にとってリスクのあること（弱みを見せるような発言）を言っても受け入れられる土壌が出来上がり、心理的に安心・安全な場が形成される。

ほかにもいろいろな例はあるが、基本的には、個人の組織へのエンゲージメントを最大限引き出す仕組みを構築し、運用することが非常に重要になってくるということである。

[3] 業務特性合理性：個別業務の内容や特性に対して合理的であること

各部門のミッション実現や目標達成のために、それぞれの業務特性に合わせた組織設計を行うことが求められる。具体的には、組織の規模、人材要件、業務プロセス、配属される人材の特性などを踏まえた体制・ルールづくりが必要である。

例えば、生産現場での業務は前後工程の業務を理解し、マニュアルに沿って実行することで生産性を向上させることが重要である。そこでは属人化するような業務のやり方は排除しなければならない。一方、開発や企画部門などは、個々人の創造性や発想などを最大限引き出すためのチームの設定、意欲を高める評価制度やマネジメントなどが大きなカギである。それぞれの業務の特性に合わせた組織構造、組織や人材要件、責任・権限範囲、そしてそれを動かすための人事システムを構築する必要がある。

これらの三つの視点を加味しながら組織デザインを実施し、外部環境の変化に強い組織を構築していただきたい。

3. トップや人事スタッフの組織観や人間観をいま一度見直してみよう

最後に、人事システムを構築する際に非常に重要な観点が、「組織観」「人間観」である。日頃の自分の言動が、相手にどのように伝わっているかは、自分では分からないものだ。経営理念では「社員を大切に」と書いてあっても、全く違う言動を取っているマネジメントクラスも多い。いくら頭では「社員が大切」と分かっていても、言動がそうならないこともある。そこには自分自身のこれまでの経験やそこで培った考え方が大きく影響する。成功体験もあれば失敗体験もあるし、成長過程での経験もある。それらが自分自身の隠れた前提となって言動に表れてくるのである。そこで、これまで日本の高度経済成長を支えてきた中心的な価値観に触れながら、今後の人事をどのような方向性で進めていくべきかを考えていきたい。

これまで日本企業は、資本主義的経済システム（投資以上の回収を利益という形で得ることにより拡大再生産を目指す）を考え方の中心に置いて経営を行ってきたが、このシステムはピラミッド構造の中で組織を安定させるために継続的な底辺拡大が必須となる。そのために企業は、市場拡大・消費拡大・労働力拡大を企図して実施してきた。これらの活動を支えるために、長時間労働や休日返上など、個人の生活を犠牲にすることを余儀なくされた。豊かな生活を手に入れるためには、経済合理性を受容する選択をせざるを得なかった。

そうした流れから、経営トップにとっては企業の利益追求が絶対的使命となり、社員らには利益目標の必達を厳命してきたのである。成果主義人事で個々人を競争させ、成果を上げた人間に厚い報酬を与え、成果を上げない人間には叱責を与えるというマネジメントが常態化してきた。社員も自分の生活を豊かにするために努力をしてきたが、それにも限界がある。表面的なことを取り繕うために、組織ぐるみで長年にわたって不正や改ざん、隠蔽（いんぺい）などが繰り返されてきた企業事例はニュースでもたびたび取り上げられてきた。また、目標必達を強要するパワハラなどのハラスメントに起因する、社員のメンタルヘルス不調の増加も大きな社会問題となった。

これは、人間をあたかも機械や道具のように取り換えのきくものとして扱う「機械論的パラダイム」をその根底として行ってきた従来型の経営に限界が訪れているという前兆ではないだろうか。2010年ごろを境に日本の人口も減少の一途をたどり、今後は生産年齢人口が大きく減少していく中で、新たな組織・人材マネジメントの在り方を模索する時期にきているのではないだろうか。日本企業の生産性向上が叫ばれる昨今、待ったなしの改革が求められている。

近年、スポーツ界では、組織マネジメントの在り方を改革し、成果を出し続けている例として、帝京大学ラグビー部や青山学院大学駅伝部などのチームが紹介されている。これらのチームは、人間を個性ある生命体として扱い、相互作用の中で意味を作り出す「生命論的パラダイム」の価値観を根底に持っている。時期を同じくして、ホラクラシーやティール組織などの次世代型の組織・人材マネジメントの考え方が席巻するようになってきたのも偶然とはいえない。

これらの組織の共通の価値観は、「目標よりも目的（Purpose）重視」「権限委譲と自由裁量」「自分で考え、主体的に行動するセルフマネジメント」「協働関係、対話重視」「相互学習、チームとしての成果」などである。これらの考え方は一朝一夕で実現できるものではない。しかし、人事部門として人材採用、育成、評価、処遇、活用といった一連の活動場面において、改革可能な視点は多く残されている。従来型の組織マネジメントで行き詰まりを感じているとすれば、十分に検討に値するテーマばかりである。

魅力ある企業として多様性のある人材を最大限活かすためにも、人事部門としては、コロナ禍を組織・人材マネジメントを大きく変える機会と捉え、思い切って変革へと舵（かじ）を切っていただくことを切望する。

［執筆者プロフィール］

株式会社日本総合研究所　リサーチ・コンサルティング部門
人事組織・ダイバーシティ戦略グループ
日本総合研究所において人事・組織分野のマネジメント・コンサルティングを専門とするグループ。15名超の人事コンサルタントが、事業構造の変革に応じた人材マネジメント戦略の立案、具体的な施策・制度の設計・運用支援、さらには、生産性向上に向けた組織・機能・業務の見直しまで、人と組織に関する改革を総合的に支援している。

〈編著者〉
林 浩二　人事組織・ダイバーシティ戦略グループ　部長／プリンシパル
京都大学経済学部卒業、コーネル大学大学院修了（労使関係修士）。労働省（現 厚生労働省）を経て2001年より日本総合研究所。人事労務管理を専門フィールドとし、国内系から外資系まで幅広い企業において人事制度改革を支援。著書に『進化する人事制度「仕事基準」人事改革の進め方』『基本と実務がぜんぶ身につく 人事労務管理入門塾』（いずれも労務行政）などがある。
［執筆担当］プロローグ　1章：7、8、9　2章：1、4、5、11　3章：9

〈著者〉
井上達夫　人事組織・ダイバーシティ戦略グループ　シニアマネジャー
一橋大学商学部卒業後、株式会社東海総合研究所（現 三菱UFJリサーチ＆コンサルティング株式会社）を経て、2019年より日本総合研究所。人事制度改革、グループ人材マネジメント改革、人材育成体系構築およびコーポレート・ガバナンス改革（特に役員人材マネジメント改革）を得意とする。
［執筆担当］2章：6、10

太田壮祐　人事組織・ダイバーシティ戦略グループ　シニアマネジャー
早稲田大学大学院先進理工学研究科修了後、日本総合研究所入社。人事理念・人事戦略に基づく人事制度設計を中心とした人事労務管理全般を専門とする。経営戦略策定や業務改革、情報システム開発などのコンサルティング実績も有し、幅広く顧客企業の経営課題解決を支援する。近年では、労働人口減少時代における人材活用方法の調査・研究など官公庁からの委託事業にも従事。
［執筆担当］1章：5、11　2章：8

織田真珠美　人事組織・ダイバーシティ戦略グループ　マネジャー
慶應義塾大学法学部法律学科卒業、日本総合研究所入社。人事労務管理を中心とした経営コンサルティングと災害からの復興や社会福祉分野の調査研究を専門とする。
［執筆担当］1章：4　2章：10　3章：7

片岡幸彦　東京保健医療専門職大学　リハビリテーション学部　教授
日本大学大学院修了（経営学修士）。教育団体入社後、住友ビジネスコンサルテイング、日本総合研究所を経て、東京保健医療専門職大学。「未来を拓く組織づくり」をコンセプトに、時代の変化に適応した自律分散型組織の組織デザインをテーマとして活動している。近年は、ベンチャー企業・新規事業のスタートアップ期や急成長期の組織と人材マネジメントを主要な研究テーマとしている。
［執筆担当］3章：1、2、3、4、5、8　エピローグ

國澤勇人　人事組織・ダイバーシティ戦略グループ　マネジャー
学習院大学法学部卒業、一橋大学大学院国際戦略研究科修了（経営法修士）、グロービス経営大学院修了（経営学修士）。日本総合研究所入社後、法務部門、人事部門を経て、人材採用戦略立案、人材育成体系構築、デジタル人材育成、デジタル経営のための組織改革、役員人材マネジメント改革、産学官連携推進等のコンサルティングに従事。
［執筆担当］1章：1　3章：6、11

髙橋千亜希　人事組織・ダイバーシティ戦略グループ　マネジャー
立教大学大学院現代心理学研究科修了（臨床心理学修士）。産業カウンセラー（一般社団法人日本産業カウンセラー協会）。国内独立系コンサルティングファームを経て、2016年日本総合研究所入社。人事制度の構築・運用、組織開発、人材育成など一貫して人事組織コンサルティングに従事。上場企業から中堅・中小企業まで幅広い企業の支援を行う。近年では、シニア人材活用に関する調査研究をはじめ、官公庁の委託事業も手掛ける。
［執筆担当］1章：2　2章：2、7　3章：10、11

高橋敏浩　人事組織・ダイバーシティ戦略グループ　上席推進役／シニアマネジャー
神戸大学経済学部卒業、三井住友銀行（旧 住友銀行）を経て、1985年より日本総合研究所（旧 住友ビジネスコンサルテイング）。組織の業績向上と働く人のモチベーション・アップを目指して人事・組織に関するコンサルティングを提供。幅広い業種にわたり、一部上場企業から中堅、ベンチャー企業に至るまで35年以上に及ぶ多数の診断・指導経験を有する。近年ではグループ企業再編成や合併案件、人材育成のための研修等も多数手掛ける。
［執筆担当］1章：3、6、10　2章：3、9

カバー・本文デザイン／エド・グラフィック・デザイン
印刷・製本／三美印刷株式会社

コンサルタントが現場から語る
人事・組織マネジメントの処方箋

2020年11月12日　初版発行

編　者　株式会社日本総合研究所 人事組織・ダイバーシティ戦略グループ
発行所　株式会社 **労務行政**
〒141-0031　東京都品川区西五反田3-6-21
住友不動産西五反田ビル 3 階
TEL：03-3491-1231
FAX：03-3491-1299
https://www.rosei.jp/

ISBN978-4-8452-0471-7
定価はカバーに表示してあります。

訂正が出ました場合、下記 URL でお知らせします。
https://www.rosei.jp/static.php?p=teisei